语文书里的"大人物"

（升级版）

中国古代人物篇

浦宇平 编著

山东科学技术出版社

·济南·

图书在版编目（CIP）数据

语文书里的"大人物"：升级版/浦宇平编著. --济南：山东科学技术出版社，2024.3
ISBN 978-7-5723-1730-9

Ⅰ.①语… Ⅱ.①浦… Ⅲ.①名人－生平事迹－世界 Ⅳ.①K811

中国国家版本馆CIP数据核字(2023)第140465号

语文书里的"大人物"（升级版）
YUWENSHULI DE "DARENWU" (SHENGJI BAN)

责任编辑：李海英　韩晓萌　张梦叶

主管单位：山东出版传媒股份有限公司
出 版 者：山东科学技术出版社
　　　　　地址：济南市市中区舜耕路517号
　　　　　邮编：250003　电话：（0531）82098088
　　　　　网址：www.lkj.com.cn
　　　　　电子邮件：sdkj@sdcbcm.com
发 行 者：山东科学技术出版社
　　　　　地址：济南市市中区舜耕路517号
　　　　　邮编：250003　电话：（0531）82098067
印 刷 者：山东临沂新华印刷物流集团有限责任公司
　　　　　地址：临沂市高新技术产业开发区新华路
　　　　　邮编：276017　电话：（0539）2925659

规格：32开（148 mm×210 mm）
印张：21　字数：270千　印数：1~10000
版次：2024年3月第1版　印次：2024年3月第1次印刷
定价：158.00元（全6册）

点一盏灯

我在二十岁做校园媒体的时候就爱写深度报道、人物访谈，总试图在时效的事件背后，探寻人性的幽微，挖掘潜藏的规律。把新闻做成历史，是我求学生涯的理想之一。

可惜造化弄人。大学毕业后，半推半就地裹挟在互联网的浪潮里，犹如一叶扁舟漂浮在时代巨轮的身侧，看似劈波斩浪，其实是随波逐流，在价值无从锚定的汪洋之上颠簸浮沉。总有人说，迎上了风口猪也会起飞——可我不想做一头猪，哪怕是一头会飞的猪。

于是手脚并用呼哧带喘地游上岸，希望脚踩大地，可以找到足以锚定更长时间、跨越更大时空的意义和价值。所幸之前做校园媒体时的习惯还顽强地留在身上，读一本书，听一则故事，聊一段掌故，我所关心的还是背后的人物、性情，或规律。白纸黑字的一段光荣事迹

或是故纸堆里的一则人物生平，总让我觉得死气沉沉，而穿透文字和历史的迷雾，让这个人活生生地站到面前来，给他拍拍土、抖抖尘，一切都鲜活了。

小时候，总想"做个大人物""创番大事业"。而今身处现实丛林，踩着前人的脚印，努力踏出一条未必通往远大前程的道路，即便无人问津，却也渐渐悟出一些人活一世的意义。

孔子的伟大，不是因为"大成至圣先师"的名号——那是后世帝王粉饰太平的说辞，而是因为他"累累若丧家之狗"，在礼崩乐坏的时代，知不可为而为之，给华夏文明留下了一个孤独而高大的背影。

苏轼的伟大，不是因为诗书画俱佳的后世评价——那不过是天纵英才的毫末技艺，而是因为他以区区一介书生，短短几十年光阴，在迷雾中艰难前行，给知识分子留下一条"也无风雨也无晴"的归途。

哥伦布的伟大，不是因为开辟了通往新世界的航路——那惊涛骇浪的航路写满了贪婪和残酷，而是因为他独辟蹊径又坚持不懈，以超拔的顽强，为人类树起了一面勇敢闯荡、永不言弃的大旗。

闻一多的伟大，不是因为他在最后一次演讲时抛却

生死的大义凛然——那是热血沸腾的激愤呼告,而是他以诗人的赤子之心、以名士的孤傲气节,"铁肩担道义,辣手著文章",给后学晚辈树起一座善恶分明的丰碑。

这才是大人物,这才是大事业。

大人物之"大",是因其不以被人记住作为追求,但历史记住了他们,因为有了他们,这个世界才变得美好。

生活在这个已有无数大人物生活过的世界上,是我们的幸运。而人活一世的意义也在于此——以绵薄之力行必行之路,以赤子之心知不可为而为,在迷雾中奋力前行,为这个美好的世界点一盏灯,让它变得更加五光十色。

未来是我们的,更是你们的。

愿在前行的路上,遇到你。

于上海

孔 子

1分钟了解孔子 / 1
孔子：万世景仰的至圣先师 / 2
课文赏析　古人谈读书（一）/ 9

司马迁

1分钟了解司马迁 / 13
司马迁：忍辱负重著《史记》/ 15
课文赏析　将相和 / 23

孟浩然

1分钟了解孟浩然 / 29
孟浩然：盛唐山水田园诗派第一人 / 30
课文赏析　宿建德江 / 37

李 白

1分钟了解李白 / 39
李白：传奇而坎坷的一生 / 41
课文赏析　望天门山 / 46

王 维

1分钟了解王维 / 49
王维：诗中有画境自高 / 51
课文赏析 送元二使安西 / 58

杜 甫

1分钟了解杜甫 / 60
杜甫：心系苍生写"诗史" / 61
课文赏析 闻官军收河南河北 / 67

白居易

1分钟了解白居易 / 70
白居易：质朴自然开新风 / 72
课文赏析 暮江吟 / 78

刘禹锡

1分钟了解刘禹锡 / 81
刘禹锡：豁达坚韧谱华章 / 82
课文赏析 望洞庭 / 87
课文赏析 浪淘沙·其一 / 92

王安石

1分钟了解王安石 / 94
王安石：品德高洁的"拗相公" / 96
课文赏析 元日 / 102

1分钟了解孔子

人物名片

孔子(前551—前479),出生地在鲁国陬邑(今山东省曲阜市),字仲尼。春秋时期著名的教育家、思想家,儒家学派的创始人,被后世尊为"大成至圣先师"。

孔子晚年汇编六经:《诗》《书》《礼》《乐》《易》《春秋》。

3岁丧父,家贫,干粗活,好钻研礼仪。

15~26岁,发奋读书,才德显露,小有名气。

30~50岁,收徒讲学,提倡"有教无类",弟子三千。

26~30岁,任鲁国小官,管理牧场、仓库等。

70~73岁,回到鲁国,专注教育和古籍整理。73岁去世。

55~70岁,被迫离开鲁国,携弟子周游列国。

50~55岁,在鲁国掌管水利、司法、外交,官至代理宰相。

孔子：
万世景仰的至圣先师

孔子出生在公元前6世纪中叶，正值中国历史上的春秋时代，父亲是鲁国的一名武将，在孔子三岁时就去世了。父亲去世后，孔子的家境日渐贫寒，他从小就帮家里干很多粗活。幼年时的孔子性格比较孤僻，喜欢模仿祭祀礼仪，常常独自将一些祭祀用的礼器摆放出来，学着行礼。

孔子十五岁时就立志要好好学习各种知识和本领，经过发奋苦读，三四年后，他的道德修养和知识才能日渐显现，逐渐有了些名气。也许是遗传了父亲的好体格，成年后的孔子身体健壮，臂力过人，身高九尺三寸（今1.9米以上），属于标准的山东大汉，远非后人心目中的文弱书生形象。而且孔子酒量超凡，据说从来没有喝醉过，但他从不以武勇和酒量为豪。

孔子二十六七岁的时候，为鲁国贵族做过文书，还做过委吏（管理仓库的小官）和乘田（管理牧场的小官）等小官。这些官职虽然负责的都是些小事，但孔子做得很出色。他说："叫我管理牧场，我就要把牛羊养得肥肥的。

让我管仓库，账上就不能出一点儿差错。"青年时期的孔子就这样认真负责、踏踏实实地工作着。

由于用功好学，孔子逐渐成为博学多才的人，在鲁国名气越来越大。三十岁左右时，孔子开始在乡间收徒讲学，早期的学生有颜路、曾点、子路等。此后，孔子多数时间都在从事教育事业，他广收门徒，相传弟子三千，贤者七十二。孔子率先提出"有教无类"的进步口号，他认为一个人无论贫富、贵贱、智愚、善恶都应当接受教育，突破了"学在官府"的限制，在一定意义上打破了贵族对知识的垄断。可以说，孔子是私人讲学的先驱和代表。不仅如此，孔子还能做到因材施教，他所教学生的性情、智能、学习态度等都各不相同，如颜回、子贡聪慧机敏，高柴、曾参憨直忠厚，但经孔子的教导，最终都学有所成。

由于超凡的能力和学识，孔子很快得到提拔，被任命为鲁国的中都宰，政绩非常突出，当时周边各国都想学习孔子的治理方法。五十六岁时，孔子升任**代理宰相**，兼管外交事务。

孔子在任期间，鲁国的内政外交等各个方

> **代理宰相：**
> 由于孔子升迁过快，不符合当时官员晋升标准，因此为代理宰相。

面均大有起色，国家实力大增，百姓安居乐业，恪守礼法，社会秩序非常好，史书上称"路不拾遗，夜不闭户"；同时，孔子还通过外交手段，迫使齐国归还了在战争中侵占鲁国的大片领地。

孔子在鲁国的突出政绩引起了鲁国邻国齐国的恐慌，由于齐国的离间，孔子被迫离开鲁国，带领弟子周游列国。由于其政治理想与当时急功近利的社会风气格格不入，所以一直未得到重用。历经种种磨难，颠沛流离十四年，孔子在年近七十岁时返回鲁国，全身心专注于教育工作和古籍整理。

公元前479年，孔子逝世，终年七十三岁，被葬于曲阜城北的泗水岸边。

孔子去世后，他的弟子及再传弟子把孔子及其弟子的言行语录和思想记录下来，整理编纂（zuǎn）成儒家经典《论语》。孔子创立的儒家学说影响了中国社会两千余年，在世界上也产生了广泛的影响。孔子被列为世界十大名人之一、世界十大思想家之首。宋朝宰相赵普曾说过，"半部《论语》治天下"，虽有夸张的成分，但也说明了孔子的思想对中国文化、历史、政治等方面的重大影响。

名人轶事

孔子相师的故事

相传有一天,孔子率众弟子乘车出游,经过一个地方,见有一小孩用土围了一座"城"坐在里面。孔子就问:"你看见车为什么不躲开呀?"

那孩子回答道:"人们说您孔老先生上晓天文,下知地理,中通人情。可是,今天我见您并不怎么样啊,从古至今,只听说过车子躲避城,哪有城躲避车子的道理呢?"

孔子听这小孩说得头头是道,心生欢喜,便笑着问道:"你叫什么名字啊?"

小孩答:"我叫项橐(tuó)。"

孔子心想,这个小项橐看起来很有智慧,我要考考他,便问道:"什么山上没有石头?什么水里没有鱼儿?什么门没有门闩?什么牛不生犊?什么马不产驹?什么城里没有官?"

项橐想了想,回答说:"土山上没有石头,井水里没有鱼儿,空门没有门闩,泥牛不生犊,木马不产驹儿,空城里没有官。"

孔子听完,暗暗吃惊,心想这孩子真是学识过人啊。没想到项橐接着反问孔子:"鹅鸭为什么能浮在水面上?雁鹤为什么善于鸣叫?松柏为什么冬夏常青?"

孔子回答:"鹅鸭能浮在水面上,是因为它们的脚是方的;雁鹤善于鸣叫,是因为它们的脖子长;松柏冬夏常青,是因为树心坚实。"

项橐听后哈哈大笑:"不对不对!龟鳖能浮在水面上,难道也是因为它们的脚方吗?青蛙善于鸣叫,难道也是因为它们的脖子长吗?竹子冬夏常青,难道也是因为竹心坚实吗?"

孔子觉得这孩子学识渊博,连自己也辩不过他,不禁长叹一声,俯下身子和蔼地对项橐说:"后生可畏,我当拜你为师。"接着回头对弟子们说:"三人行必有我师焉,要不耻下问!"

孔子学琴

孔子学习很刻苦，也很虚心。有一次，孔子随**师襄子**学鼓琴，练习的曲目是《文王操》。

孔子苦练了很多日子，师襄子说："你已经弹得不错了，可以学新的曲子了。"孔子说："我虽然已经熟悉了这个曲子的弹法，但并没有全部掌握其要领。"又练了很多日子，师襄子又说："可以了，不用再练了，这首曲子你已经掌握了，应该学新的曲子了。"可孔子摇摇头说："不可以，我还没有完全领悟曲子的意境。"又过了很长时间，师襄子认为这回真的可以不用再练了，可是孔子仍然认为自己没有完全体会出作曲者的心境，不能完好地呈现这首曲子。于是，又反复钻研，体会琴曲的内涵，直到他感觉文王的形象在乐曲中充分表现出来了，才罢休。

师襄子：
春秋时鲁国的乐官，圣人孔子的老师。

古人谈读书（一）

知之为知之，不知为不知，是知也。

敏而好学，不耻下问。

默而识之，学而不厌，诲人不倦。

我非生而知之者，好古，敏以求之者也。

学如不及，犹恐失之。

吾尝终日不食，终夜不寝，以思，无益，不如学也。

——《论语》

孔子读书学习很讲究策略，他"学而时习之"，提倡读书融会贯通、学以致用；他提出"独学而无友，则孤陋而寡闻"，要求学习要常和朋友交流，组成学习小组；孔子晚年研读《周易》，由于反复翻阅以至"韦编三绝"。这篇《古人谈读书（一）》讲的就是孔子在《论语》中对学习方法和学习态度的有关论述。我们一起来了解一下：

语文书里的"大人物"

知之为知之,不知为不知,是知也。

知之为知之,这里的两个"知"都是知道的意思;两个"之"在这里作代词宾语,代替人或物;是知也,这里的"知"通"智",智慧的意思;也,语气词。

知道就是知道,不知道就是不知道,这才是真正的智慧。人愿意主动去学习的前提之一是"想知道自己不知道的"。人类的进步,都是从意识到自己的无知开始的。可惜有很多人总自以为是地认为自己懂的已经够多了。"实事求是"四个字里,有人生的大智慧。

敏而好学,不耻下问。

敏,指聪敏;而,而且;好,喜好;耻,以……为耻;下问,向地位、学问不如自己的人请教。

天资聪颖而又好学的人,不以向地位比自己低、学识比自己差的人请教为耻。重要的是学到什么,而非地位如何。

默而识之,学而不厌,诲人不倦。

默,不说话;识,读zhì,记住;而,连词;之,代词,指代要记住的内容。学,学习;而,连词;厌,满足;诲,教诲;倦,疲倦。

默默地用心记住所学的知识,不厌倦,不满足。教学生要有耐心,不怠倦。

我非生而知之者,好古,敏以求之者也。

非,并不是;而,连词;之,代词,代表道理;者,

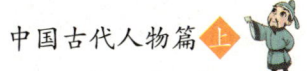

助词；好，喜好；古，古代文化；敏，勤勉；以，介词，用；求，追求；之，代词；者也，表判断语气。

我并不是生下来就什么都知道的人，只是一个喜好古代文化、勤奋敏捷地去求取知识的人罢了。没有人能"生而知之"，学东西都是"好而求之"，因为感兴趣，所以孜孜以求。

学如不及，犹恐失之。

学，学习；如，好像；不及，追不上；犹，还；恐，担心；失，失去；之，指代学习的东西。

真正有志于学的人，应当有着唯恐学不到、唯恐学不会的紧迫感。"学如不及"体现的就是这种为学不知满足的紧迫感和主动进取的学习态度。

吾尝终日不食，终夜不寝，以思，无益，不如学也。

吾，我；尝，曾经；终日，整天；食，动词，吃饭；终夜，整晚；寝，动词，睡觉；以，用来；思，思考；无益，没有益处；学，学习；也，语气词。

我曾经整天不吃饭、整夜不睡觉地去思索一些问题，发现没有什么用处，还不如踏踏实实去学习。

平哥伴读

韦编三绝 wéi biān sān jué

释义 孔子晚年很爱读《周易》，翻来覆去地读，竟使编联竹简的皮绳断了好几次（见于《史记·孔子世家》），后来用"韦编三绝"形容读书勤奋。

例句 孔子读书勤奋以至于韦编三绝的故事激励着我们用功学习。

成语典故

春秋时期的书主要是用竹简制作的，为了方便阅读和收藏，人们会用线、绳之类的东西将散乱的竹简按次序编联固定起来，最后成书。通常，用丝线编联的叫"丝编"，用麻绳编联的叫"绳编"，用熟牛皮绳编联的叫"韦编"，其中以熟牛皮绳最为结实。像《周易》这样厚重的书，自然是用熟牛皮绳编联起来的。

孔子晚年喜欢读《周易》，反反复复地阅读，不知将书翻开来又卷回去了多少遍，最后把编竹简的牛皮绳也磨断了好几次。所以后人常用"韦编三绝"这个成语来比喻读书勤奋刻苦。

1分钟了解司马迁

人物名片

司马迁（约前145或前135—?），字子长，西汉史学家、散文家。被后世尊称为历史之父。代表作有《太史公书》，后称《史记》。

出生于夏阳，从小饱读史书。

20岁左右全国漫游，为写《史记》实地考察。

46岁因李陵之事下狱，受腐刑，狱中写《史记》。

35岁父亲去世，司马迁继承其史官职务。

50岁被赦免出狱，做了中书令。

汉宣帝时期，其外孙献出《史记》。

55岁《史记》完稿。稿件保存于女儿家。

司马迁：
忍辱负重著《史记》

公元前145年（一说公元前135年），司马迁出生于夏阳（今陕西省韩城市）。那里南临黄河，北面是著名的龙门山，大河名山，气势雄浑，同时又有丰富的历史文化底蕴，相传大禹曾在龙门凿山治水。司马迁的童年是在家乡度过的，他"耕牧河山之阳"（《史记·太史公自序》），与农夫牧童为伴，在饱览故乡山河名川的同时，也有机会听到许多相关的历史传说和故事，乡土文化培育了司马迁的豪迈灵秀之气。

相传司马迁家族世代都是史官，父亲司马谈曾任**太史令**，是一位刻苦勤奋的学者。司马谈有志于整理中华民族数千年历史，撰写一部规模空前的史书。做太史令之后，他就开始搜集阅读史料，为修史做准备。但是司马谈感到自己年事已高，要独立修成一部史书，无论时

> **太史令：**
> 也称太史，古代官职名。西周、春秋时掌管起草文书，编写史书，兼管国家典籍等。秦汉时设太史令，职位渐低。

语文书里的"大人物"

间、精力,还是才学知识,都有些力不从心,所以他寄厚望于儿子司马迁,希望他能够早日参与其事,最终完成这一宏愿。年幼的司马迁也在父亲的指导下刻苦读书,十岁时已能诵读《尚书》《左传》《世本》等典籍,为后来撰写《史记》打下了深厚的文化基础。

在父亲的指导下,二十岁的司马迁进行了一次为期两年多的全国漫游,为写《史记》进行实地考察。考察过程中,他获得了大量第一手材料,为保证《史记》的真实性和科学性奠定了坚实的基础。

他漫游汨罗江畔,在当年**屈原**投江自沉的地方,高声吟诵《离骚》《天问》,忍不住涕泪长流,所以后来他写的《屈原列传》才那么哀婉动人,因为他真正走进了屈原的心灵。

他到曲阜瞻仰孔子的陵墓,还和孔子故乡的儒生一起揽衣挽袖,一步一揖,学行古礼,以此表达对孔子的崇敬和纪念。

在**孟尝君**的故乡薛城,司马迁走街串巷,考察民风……他一路走,一路考察,不放过任何一个了解当地历史的人,不放过任何一个流

屈 原:
战国时期楚国诗人、政治家,中国历史上第一位伟大的爱国诗人,被誉为"中华诗祖"。

孟尝君:
指田文,齐国人,战国四公子之一,乐善好施,号称拥有三千门客。

传于民间的故事，获得了许许多多从古籍当中得不到的历史资料。同时他还广泛接触普通百姓的生活，对社会、对民生的观察和认识逐渐深入。他遍历名山大川，饱览祖国山河的壮美，既陶冶了性情，也提高了文学表现力。司马迁的这次漫游，是他走向成功的极为坚实的一步，是非常典型的"读万卷书，行万里路"。

公元前110年，汉武帝举行大规模的巡行封禅，步骑十八万，旌旗千余里，浩浩荡荡。司马谈作为史官随行，不料途中身染重病，经汉武帝允许留在洛阳养病。司马迁匆匆赶到洛阳见到了奄奄一息的父亲。临终之际，父亲希望司马迁一定要完成自己编写史书的宏愿，不要有一丝遗漏，司马迁流着眼泪点头答应。洛阳相会，竟成为这对钟情于史学的父子之间的生死诀别。

司马谈死后，司马迁继承了父亲的职务。公元前99年，在西汉与匈奴的战斗中，大将李陵（西汉名将李广之孙）带兵以少敌多，虽奋勇作战，但最终战事不利，在不得已的情况下投降了匈奴。皇帝十分生气，认为李陵叛国，而朝廷众臣也全都附和汉武帝一起声讨李陵。身为太史令的司马迁向来为人正直，他了解李陵绝非苟且之人，勇敢地站出来为李陵申辩，列举了很多李陵对朝廷忠心耿耿之事，说李陵一定会再寻找时机报国的，希望皇帝能再

语文书里的"大人物"

给李陵一次机会，使其功过相抵。但后来有人谎称李陵为匈奴练兵以期攻打汉朝，这彻底坐实了李陵谋反的罪名。司马迁不仅没能救下一员爱国大将，更是为此葬送了自己的后半生。他被下了大狱，在狱中遭受严刑审讯和残酷折磨，几乎断送性命。

当时，司马迁只有两个选择，一个是被处死，一个是受腐刑（古代的一种肉刑）。身为男子汉，受腐刑是一种极大的侮辱，还不如一死了之。但是司马迁想到自己还没有完成父亲编写史书的遗愿，深感痛心。此时，他又想到从前**周文王**在被囚禁的漫长岁月里仍能推演《周易》；孔子周游列国受尽苦难，失意之时仍坚持编写《春秋》；屈原遭到放逐还写出了《离骚》；**孙膑**被剜掉膝盖骨仍能发愤修完《孙膑兵法》……历史上这些千古名篇，大都是古人在身处困境、心情忧愤的情况下完成的，自己为什么不能忍辱负重完成修史大业呢？于是，司马迁毅然选择以腐刑赎身死，在坚忍与屈辱中，立志完成父亲的遗愿。

司马迁不顾身心创伤，在狱中倾尽全力编

周文王：
指姬昌，周朝奠基者。

孙 膑：
战国时期齐国军事家，孙武的后代，著有《孙膑兵法》。

著《史记》。在书中，司马迁对古代一些著名人物的事迹都作了详细的记述。他对农民起义领袖陈胜、吴广给予高度评价，对被压迫的下层人物表示同情。他还把古代文献中过于艰深的文字改写成当时比较浅显的语言，人物描写和情节描述形象鲜明，语言生动活泼。

公元前96年，**汉武帝**大赦（shè）天下，司马迁出狱后当了**中书令**。除应付必要的公务外，他几乎把所有的精力都投入《史记》的编写中。直到公元前91年，《史记》全书完成，共一百三十篇，五十二万余字，记载了上至上古传说中的黄帝时代，下至汉武帝太初四年间，共三千多年的历史。司马迁承受着身体和心灵的摧残，忍辱负重完成了中国历史上第一部纪传体通史。由于当时政治环境险恶，司马迁对这部著作能否流传于世非常担心。他未雨绸缪，抄写一"副本"留在京师长安，呈送给汉武帝审查（后不知所踪），将原稿作为"正本"秘密送往女儿婆家——"华山脚下"的杨家珍藏。

司马迁的女儿嫁给汉昭帝时期的丞相杨敞

汉武帝： 西汉第七位皇帝刘彻，汉景帝刘启的儿子。十六岁时登基，是杰出的政治家、文学家。

中书令： 古代官名，帮助皇帝在宫廷处理政务。

后,生了两个儿子,大儿子杨忠,小儿子杨恽。杨恽自幼聪颖好学,母亲便把自己珍藏的《史记》拿出来给他阅读。杨恽被书中的内容深深吸引,如饥似渴地读起来。杨恽后来被封为平通侯,他看到当时朝政清明,认为此时正是外祖父司马迁这部巨著重见天日的时候,于是上书汉宣帝,把《史记》献了出来,此后又经种种波折,这部伟大的历史巨著才得以广泛流传。

封禅(shàn),封为"祭天",禅为"祭地",封禅是指中国古代帝王在太平盛世或天降祥瑞之时祭祀天地的大型典礼。

古人认为群山中泰山最高,为"天下第一山",因此帝王应到最高的泰山去祭过天帝,才算受命于天。封禅是古代帝王的最高大典,只有改朝换代、江山易主,或者在久乱之后天下太平时,才可以封禅天地,向天地报告重整乾坤的伟大功业,同时表示接受天命而治理人世。

延伸阅读

了解《史记》

公元前104年,司马迁开始《史记》的创作。前后经历十四年,才得以完成。

《史记》是中国历史上第一部纪传体通史,最初称为《太史公书》或《太史公记》《太史记》,记载了华夏文明自诞生开始至汉武帝太初四年间共三千多年的历史。《史记》不但史学价值极高,文学性也很强,是大学历史系、文学系学生的必读书目。其中的历史人物故事非常多,例如《项羽本纪》《李斯列传》《廉颇蔺相如列传》《刺客列传》《仲尼弟子列传》等,许多故事被选入了语文课本中。

《史记》由本纪、表、书、世家、列传五个部分组成。

第一部分是本纪,主要记录帝王生平、政绩等,是整本书的一个朝代提纲。按照年月记录记述帝王的言行政绩。其中记载先秦历史的有五篇,依次是五帝、夏、殷、周、

语文书里的"大人物"

秦；记载秦汉历史的有七篇，分别记录了秦始皇、楚霸王项羽、汉高祖刘邦、高后吕雉、汉文帝刘恒、汉景帝刘启、汉武帝刘彻。

第二部分是表，就是用表格简列世系、人物和史事。

第三部分是书，主要记述制度沿革，涉及礼乐、天文、兵制、经济等方面的内容。

第四部分是世家，主要记述子孙世袭的王侯封国的历史事件及重要人物事迹。比如鲁国、齐国就记录其中。孔子虽然达不到世家的级别，但司马迁非常喜爱儒家文化，所以也将其放到世家里面。

第五部分是最精彩的列传，是除了帝王、诸侯以外的其他各类人物的生平事迹，一共有七十篇，包括毛遂自荐（毛遂）、负荆请罪（廉颇）、破釜沉舟（项羽）、胯下之辱（韩信）、卧薪尝胆（越王勾践）、纸上谈兵（赵括）等。内容实在太多，我们不一一列举了，同学们可以自己查找阅读。

毛遂：
战国时期赵国平原君的门客。

项羽：
秦末起义军领袖、西楚霸王，中国历史上最强的武将之一，古人对其有"羽之神勇，千古无二"的评价。

韩信：
西汉开国功臣，杰出的军事家，与萧何、张良并称为汉初三杰。

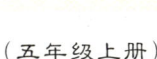

将相和

《将相和》的故事出自司马迁的《史记·廉颇蔺相如列传》。"将"指廉颇,"相"指蔺相如,"和"是和好的意思。全文由"完璧归赵""渑(miǎn)池之会""负荆请罪"三个小故事组成。其中,完璧归赵是起因,渑池之会是发展,负荆请罪是结果。故事情节环环相扣,一波三折,引人入胜。来看课文:

战国时,秦国很强大,常常进攻别的国家。

开篇点出当时的历史背景,正是由于国家纷争,才发生了下面的故事。

有一回,赵王得了一件无价之宝,叫和氏璧。秦王知道了,就写了一封信给赵王,说是愿意拿十五座城换这块璧。

廉 颇:
战国末期赵国名将,有些高傲和嫉妒心,但勇于改过,以国家利益为重。

蔺相如:
战国时期赵国大臣,赵国著名的政治家、外交家。

赵王接到信后非常着急，立即召集大臣来商议。大家说秦王不过是想把和氏璧骗到手罢了，不能上他的当；可要是不答应，又怕他派兵来进攻。

正在为难的时候，有人说有个叫蔺(lìn)相如的人，勇敢机智，也许他能解决这个难题。

赵王把蔺相如找来，问他该怎么办。

蔺相如想了一会儿，说："如果秦国提出用城换璧，我国却不答应，那理亏的是我们。如果我们把和氏璧给了秦国，秦国却不给我们十五座城，那理亏的就是他们。我愿意带着和氏璧到秦国去。如果秦王真的拿十五座城来换，我就把璧交给他；如果他不肯交出十五座城，我一定把璧完好无缺地带回来。"于是赵王就派蔺相如带着和氏璧去了秦国。

蔺相如到了秦国，进宫见了秦王，献上和氏璧。秦王双手捧住璧，一边看一边称赞，绝口不提十五座城的事。蔺相如看这情形，知道秦王没有拿城换璧的诚意，就上前一步，说："这块璧有点儿小毛病，让我指给您看。"秦王听他这么一说，就把和氏璧交给蔺相如。蔺相如捧着璧，往后退了几步，靠着柱子站定。他怒发冲冠，说："我看您并不想交付十五座城。现在璧在我手里，您要是强逼我，我的脑袋就和璧一起撞碎在这柱子上！"说着，他举起和氏璧就要向柱子上撞。秦王怕他真的把璧撞碎了，连忙说一切都好商量，就叫人拿出地图，把允诺划归赵国的十五座城指给他看。蔺相如说和氏璧是无价之宝，要举行个隆重的典礼，他才能交出来。秦王只好跟他约定了举行典礼的日期。

蔺相如反复思量，觉得秦王还是不会信守承诺的，一到客舍，就叫手下人化了装，带着和氏璧抄小路先回赵国去了。到了举行典礼那一天，蔺相如进宫见了秦王，说："秦国的国君历来不守信用，我怕有负赵王所托，已经让人把和氏璧送回赵国了。如果您有诚意，先把十五座城交给我国，我国马上派人把璧送来。我们怎么敢为了一块璧而得罪强大的秦国呢？我知道欺骗了您是死罪，您可以杀了我，但请好好考虑我的话。"秦王没有办法，只得客客气气地把蔺相如送回了赵国。

这就是"完璧归赵"的故事。蔺相如立了功，赵王封他做上大夫。

机智勇敢的蔺相如见机行事，粉碎了秦王的阴谋，最终完璧归赵。然而，一波才平，一波又起，渑池之会又让赵国陷入两难的境地。这一次，蔺相如又该如何应对呢？

渑 池： 源于古水池名，本名黾池，以池内注水生黾（一种水虫）而得名。现为河南省三门峡市渑池县。

语文书里的"大人物"

过了几年，秦王约赵王在渑池会面。赵王胆怯，不敢去。但蔺相如和大将军廉颇认为对秦王不能示弱，还是去好，赵王才决定动身，让蔺相如随行。廉颇带着军队送他们到边境上，作好了抵御秦军的准备。

赵王到渑池与秦王会面。秦王要赵王鼓瑟。赵王不好推辞，鼓了一段。秦王就叫人记录下来，说在渑池会上，秦王令赵王鼓瑟。

蔺相如看秦王存心侮辱赵王，便向前走了几步，说："赵王听说秦王擅长秦国的音乐，希望您能击缶助兴。"秦王很生气，拒绝了。蔺相如再次上前要求，秦王还是拒绝。蔺相如说："您现在离我只有五步远。如果您不答应，我就跟您同归于尽！"秦王左右的卫士想杀了蔺相如，但蔺相如怒目圆睁，厉声呵斥，卫士竟不敢上前。秦王被逼得没办法，只好敲了一下缶。蔺相如也叫人记录下来，说在渑池会上，秦王为赵王击缶。

秦国的大臣不甘心，继续发难，但蔺相如毫不示弱，直到会面结束，秦王也没占到便宜。秦王知道廉颇已经在边境上作好了准备，

缶(fǒu)： 文中秦王所击的缶，是古代一种盛酒的陶器。春秋战国时曾拿它当作乐器。

不敢拿赵王怎么样，只好让赵王回去。

蔺相如在渑池会上又立了功。赵王封蔺相如为上卿，职位比廉颇还高。

蔺相如又一次凭自己的智慧和胆识维护了赵国的尊严，职位也超过了廉颇，引得廉颇不满，"将"和"相"之间的矛盾由此产生。蔺相如会如何化解这个矛盾呢？

廉颇很不服气，他对别人说："我廉颇立下了那么多战功。他蔺相如就靠一张嘴，反而爬到我头上去了。要是我碰见他，一定要让他下不来台！"蔺相如听说了，就请病假不上朝，免得跟廉颇见面。

有一天，蔺相如坐车出去，远远看见廉颇过来了，他赶紧叫车夫把车往回赶。蔺相如的**门客**们可看不顺眼了，对蔺相如说："您见了廉颇像老鼠见了猫似的，为什么要怕他呢？"蔺相如说："诸位请想一想，廉将军和秦王比，谁厉害？"门客们说："当然秦王厉害！"蔺相如说："秦王我都不怕，还会怕廉将军吗？秦王之所以不敢进攻我们赵国，就是因为有我们两个人在。如果我们俩闹不和，就会削弱赵国

> **门　客：**
> 古代达官贵人家中养的一些人，有的具真才实学，能在关键时刻替主人办事，但也有一些徒有虚名。养门客之风出现于春秋时期，盛行于战国时期。

的力量，秦国必然乘机来攻打我们。我之所以避着廉将军，为的是我们赵国啊！"

蔺相如的话传到了廉颇的耳朵里。廉颇静下心来想了想，觉得自己为了争一口气，就不顾国家利益，真不应该。于是，他脱下战袍，背上绑着荆条，到蔺相如门上请罪。蔺相如见廉颇来请罪，连忙出来迎接。从此以后，他们俩成了好朋友，同心协力保卫赵国。

蔺相如胸怀大度，处处避让，廉颇也意识到自己的错误，勇于改过，避免了将相之间的矛盾冲突。结尾一句既照应了题目"将相和"，又深化了主题，只有将相一心，才能国泰民安。

平哥伴读

1分钟了解孟浩然

人物名片

孟浩然（689—740），字浩然，号孟山人，襄州襄阳（今湖北省襄阳市）人，唐代著名的山水田园派诗人，世称"孟襄阳"。代表作有《春晓》《过故人庄》《宿建德江》《望洞庭湖赠张丞相》等。

生于襄阳书香之家，从小苦读诗书，声名渐显。

17岁在襄阳县试高中榜首。后隐居鹿门山，创作诗词。

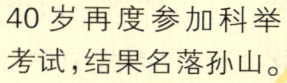

18~35岁，辞亲远行，以求进身之机。

40岁再度参加科举考试，结果名落孙山。

52岁因病去世。

求仕失败后归隐山林，写下大量山水田园诗。

落榜后，创作《望洞庭湖赠张丞相》，求张九龄引荐。

孟浩然：
盛唐山水田园诗派第一人

"春眠不觉晓，处处闻啼鸟。夜来风雨声，花落知多少。"

孟浩然这首《春晓》朗朗上口，言浅意浓，为世人传唱，流传至今。

689年，孟浩然出生在襄阳城（今湖北省襄阳市）一个书香之家。受到家庭文化的熏陶，孟浩然小小年纪就苦读诗书，聪颖好学又志存高远，小时候的孟浩然就是那个"别人家的孩子"，是父母的骄傲和家族的希望，年纪轻轻就在当地小有名气。

历经十余载的寒窗苦读，功夫不负有心人。十七岁那年，孟浩然在襄阳参加了县试，诗赋、试策、帖经三场考下来，一气呵成，高中榜首，轰动了整个襄阳城。如果能在接下来的考试中继续出色发挥的话，进士及第指日可待。可是，就在看起来前途一片光明的时候，从小接受正统儒家教育的孟浩然出乎意料地做出了一个大胆而又任性的决定——不再继续参加科举考试，而是跑到鹿门山过起了与世隔绝的隐居生活。

隐居的孟浩然一心苦读诗书，不断提升自己的文学修养，写了不少优秀诗作。一年后，孟浩然辞亲远行，拜谒公卿名流，以求进身之机，但一直没被朝廷重用。他在年过四十岁时又做了一个大胆的决定——再度参加科举考试，结果却名落孙山，再一次错过入仕的机会。"犹怜不才子，白首未登科"一句，足可以想象当时孟浩然失落到极点的心情。

落榜后的孟浩然很是落寞伤感，好在有一群好友相伴，其中就包括王维。孟浩然曾给当时任丞相的<u>张九龄</u>写过一首诗——《望洞庭湖赠张丞相》，以求引荐，诗云：

　　八月湖水平，涵虚混太清。

　　气蒸云梦泽，波撼岳阳城。

　　欲济无舟楫，端居耻圣明。

　　坐观垂钓者，徒有羡鱼情。

诗的前四句通过水墨画式的大笔渲染，将八百里洞庭的壮观景象跃然纸上。后四句委婉地表达了自己希望能报效国家却无用武之地的心境。张九龄学富五车，也十分爱惜人才，收

张九龄
（673—740）：唐朝开元名相、政治家、文学家、诗人。

到这首诗，自然明白孟浩然的心思。只是后来发生的一件事，让张九龄也难以找到向皇上举荐他的机会。

一次，好友王维私下邀请孟浩然到自己办公的内署小坐，两人说笑间，忽然听到室外有人高喊："皇上驾到！"孟浩然一听皇上来了，吓得赶紧爬到床底下躲了起来。王维是个聪明人，可不愿犯欺君之罪，待唐玄宗一进屋，就禀报了实情，并说孟浩然才学非凡，诗文俱佳。惜才的唐玄宗听后高兴地说："我也听说这个人很有才学，却没有见过，怕什么呀？还要躲起来！"接着命孟浩然出来，让他即兴赋诗一首。这可是天赐良机啊！可孟浩然在慌乱中竟作了这样一首诗，让他再一次与仕途擦肩而过。诗云：

北阙休上书，南山归敝庐。

不才明主弃，多病故人疏。

白发催年老，青阳逼岁除。

永怀愁不寐，松月夜窗虚。

唐玄宗听了那句"不才明主弃"后龙颜就不悦了，生气地说："卿不求仕，而朕未弃卿，奈何诬我？"（你从没向我请求做官，我也不曾抛弃你，何出此言呢？）说完拂袖而去。

事后王维哭笑不得，心想你为啥不背那首《望洞庭湖赠张丞相》啊，里面既有八百里洞庭的壮观景象，也表达了你发挥聪明才智报效国家的愿望，皇上横听竖听都会满意的，你却偏偏去作这样一首牢骚诗！张九龄听说这件事后，也不便再向皇帝举荐孟浩然了。

　　面对拂袖而去的皇上，孟浩然虽有自责，但也知道自己再无缘仕途了，竟生出一种因祸得福、豁然开朗的感觉，这何尝不是一种解脱呢？从此，孟浩然放弃了求官的想法，隐居山林，写下大量吟咏山水田园的诗文。孟浩然的诗虽不如王维的诗境界开阔，但在艺术上有独特造诣，开创了盛唐田园山水诗派之先河，给开元诗坛带来了新鲜气息，得到世人的倾慕。李白称颂他"高山安可仰，徒此揖清芬"，杜甫礼赞他"清诗句句尽堪传"。

　　740年，王昌龄南游襄阳，特地去拜访孟浩然。正巧孟浩然患背疾在身，郎中告诫他千万不能食鱼鲜等物。可是老友相聚，心情格外欢畅的孟浩然把郎中的嘱咐抛到了九霄云外，开怀畅饮，大口食鱼。王昌龄走后没多久，孟浩然就病情加重，驾鹤西去了，时年五十二岁。

míng luò sūn shān
名落孙山

释义 指应考不中或选拔时落选。

例句 即使这次考试名落孙山，也不要轻言放弃，只要努力，总有一天会金榜题名。

成语典故

在宋朝的时候，有一个名叫孙山的才子，他很善于讲笑话，所以附近的人都喜欢叫他"滑稽才子"。

有一次，他和一个同乡的儿子同去京城参加科举考试。放榜的时候，孙山终于从榜文的最后一行找到了自己的名字，虽说是倒数第一，毕竟也是榜上有名，而那位同乡的儿子没有上榜。

不久，孙山先回到家里，同乡便来向他询问自己的儿子有没有考取。孙山既不好意思直说，又不便隐瞒，于是随口念出两句不成诗的诗句来："解名尽处是孙山，贤郎更在孙山外。"意思是说榜上的最后一名是我孙山，而令郎的名字却还在我孙山的后面。

从此，人们便根据这个故事，把投考学校或参加考试没有被录取的情况叫作"名落孙山"。

名人轶事

孟浩然与李白的友情

孟浩然比李白大十二岁,可以说是李白年轻时的偶像级人物。李白与孟浩然第一次相见是在李白二十多岁的时候。那时李白乘船从四川沿长江东下,到了襄阳,听说前辈诗人孟浩然隐居在城东南,就特地前去拜访。孟浩然看了李白的诗,大加称赞,两人习性相投,一见如故,很快就成了挚友。他们相约去往江夏(今武汉市),游历了一个多月。最后,孟浩然要去广陵,于是二人在<u>黄鹤楼</u>道别。李白站在高楼上眺望着孟浩然乘坐的帆船渐行渐远,内心百感交集,写下了那首后世传诵的千古名篇《黄鹤楼送孟浩然之广陵》:

故人西辞黄鹤楼,烟花三月下扬州。
孤帆远影碧空尽,惟见长江天际流。

黄鹤楼: 位于湖北省武汉市长江南岸的武昌蛇山之巅,是"江南三大名楼"之一。

（六年级上册）

宿建德江

〔唐〕孟浩然

移舟泊烟渚，日暮客愁新。
野旷天低树，江清月近人。

730年（唐玄宗开元十八年），孟浩然离开家乡赶赴洛阳，漫游吴越，借以排遣仕途失意的郁闷。路过烟雾迷蒙的江边，停下小舟，一时羁（jī）旅之情袭上心头，遂写成这首含义隽永的短诗。

"移舟泊烟渚"，行船停靠在江中一个烟雾朦胧的沙洲边。一面交代环境和背景，一面也为下文抒情做铺垫。"泊"是停船靠岸的意思。

"日暮客愁新"，"客"是诗人自指。日暮时分，船要靠岸停宿，江面上水烟蒙蒙，诗人不免心生愁绪。舟车劳顿，在这众鸟归林的黄昏时刻，羁旅之愁蓦然而生。

"野旷天低树"，苍苍茫茫，旷野无垠，放眼望去，远处的天空显得比近处的树木还要低。"天低"和"野旷"相互依存，相互映衬。

"江清月近人"，夜幕降临，明月高悬，却又映在澄清的江水中，来与舟中人亲近。"近"和"清"相辅相成，互为因果。

"野旷天低树，江清月近人"这番景致，只有人在舟中方能领略。本是无垠的孤独，却忽见明月从天而降，似来亲近作伴，羁旅之愁顿得慰藉。

然而，言虽止，意未尽。诗人曾带着莫大的希望奔向长安，而今只能怀着一腔被弃置的忧愤，面对四野茫茫、江水悠悠、明月孤舟，那羁旅的惆怅，仕途的失意，理想的幻灭，人生的坎坷……千愁万绪，纷至沓来。这个江边舟中的夜晚，想必不太好过。全诗虽只有一个"愁"字，却把诗人内心的忧愁体现得淋漓尽致。

1分钟了解李白

人物名片

李白（701—762），字太白，号青莲居士，又号"谪仙人"，唐代伟大的浪漫主义诗人，被后人誉为"诗仙"。代表作有：《行路难》《蜀道难》《将进酒》《早发白帝城》等。

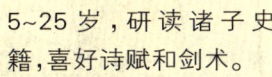

5~25岁，研读诸子史籍，喜好诗赋和剑术。

40~44岁，被唐玄宗奉为翰林，为皇帝写诗。

4岁随父迁居四川绵州，5岁读书识字。

25~40岁，离开四川，游历全国，以诗会友。

44~54岁，被朝廷排挤，弃官离开长安。

60岁带病返回镇江。61岁病重逝世。

58岁朝廷大赦，重获自由。

54~58岁，安禄山叛乱，投奔被视为叛军的永王。兵败，李白下狱，流放到夜郎。

唐玄宗赏识李白的才华,每当宴请群臣或外出郊游时,常常让李白用其敏捷的诗才,赋诗纪实。

而李白却对供人娱乐的生活感到厌倦,于是开始天天饮酒作乐,放纵自己。

有一次,唐玄宗在湖边宴游,派人找李白来写诗助兴,李白和朋友们在酒肆喝酒喝得正高兴,竟一口回绝。所以后来才有了杜甫"天子呼来不上船,自称臣是酒中仙"的诗句。

还有一次,盛宴上李白喝醉后竟然命令玄宗最宠信的宦官高力士为其脱靴。

日子久了,唐玄宗也对李白渐渐疏远。李白不得不离开长安。

弃官而去的李白从此获得了人格的自由,纵情山水,快意人生,写下大量脍炙人口的名篇。

李白：
传奇而坎坷的一生

提起李白，相信同学们都不陌生，几乎每个人从小都会背诵他的"床前明月光，疑是地上霜"。那么李白是怎样一个人呢？他又经历了怎样的人生呢？

李白出生于701年，关于他的家世背景，史书中没有详细记载，可以说除了李白这个人本身，他家族的一切似乎都很神秘。

关于李白的出生地也有很多种说法，主流说法是李白出生于西域的碎叶城，四岁时跟随父亲迁居四川绵州。

李白从小接受启蒙教育，五岁开始读书识字，十岁开始研读诸子史籍，喜好诗赋和剑术。

二十五岁时，李白只身离开四川，踏上远游的征途，途中一面广结朋友，一面积极向地方官干谒（yè），投递诗文，希望能引起社会

碎叶城： 古代地名，位于今吉尔吉斯斯坦托克马克附近，当时在唐朝管辖下。

干 谒： 为某种目的而求见地位高的人。干谒诗是古代文人为推销自己而写的一种诗歌。

名流重视，得到朝廷重用，从而干一番事业。后来李白结识了贺知章、崔宗之、玉真公主（唐玄宗妹妹）等人。贺知章非常欣赏李白的才华，称赞他是太白金星下凡，并称他为"谪仙人"。经玉真公主和贺知章举荐，唐玄宗看了李白的诗赋，十分喜爱，便召李白进宫。年逾四十的李白接到诏令，异常兴奋，以为从此可以仕途通达，实现自己的政治理想了。他立刻回到南陵家中与妻子儿女告别，并写下了激情洋溢的诗句"仰天大笑出门去，我辈岂是蓬蒿人"，毫不掩饰内心的喜悦之情。

到达长安不久，唐玄宗在金銮殿召见李白。当他远远走上台阶时，唐玄宗亲自起身迎接。谈起当时的政事，李白凭其半生饱学和丰富的阅历，一边口若悬河地与玄宗交谈，一边手不停笔地当场写下来。唐玄宗大为欣喜，竟亲手调制了一碗羹送给李白吃，并当即令李白供奉翰林，负责给皇上写诗文，陪侍皇帝左右。每当唐玄宗宴请群臣或外出郊游时，一定让李白跟随，让他凭借敏捷的诗才，赋诗纪实。李白受到玄宗如此宠信，同僚无不羡慕，但也很快就有人产生了嫉恨之心。而李白呢，却逐渐对这种在皇帝身边写诗供人娱乐的生活感到厌倦，这跟自己的政治理想相去甚远，于是开始天天饮酒作乐，放纵自己。

有一次，唐玄宗在湖边宴游，派人找李白来写诗助兴，李白和朋友们在酒肆喝酒喝得正高兴，竟一口回绝。

所以后来才有了杜甫"天子呼来不上船，自称臣是酒中仙"的诗句。

还有一次，唐玄宗举办盛宴，命李白前来吟诗助兴，李白喝醉后竟然命令玄宗最宠信的宦官高力士为其脱靴。宫里很多人看不惯李白的放浪形骸，纷纷在唐玄宗面前说李白的坏话，于是唐玄宗也对李白渐渐疏远了。李白四十四岁时，遭高力士等人诋毁排挤，离开了长安。"安能摧眉折腰事权贵，使我不得开心颜"，弃官而去的李白也从此获得了人格的自由，继续纵情山水，快意人生。

后来李白在洛阳与另外两位著名诗人杜甫、高适相识，并且成为好朋友，结伴游历山水，和诗作赋。三人作别以后，李白的仕途仍没有起色，但他依旧关注着朝中动态，写了许多批评安禄山和奸相杨国忠的诗。

755年，安禄山反叛，发动了改变整个唐朝历史的安史之乱，唐玄宗仓皇出逃，太子李亨即位。李白接受永王李璘的邀请加入永王军，以为终于有机会实现自己的政治抱负了。只可惜，这一次他又站错了队。他并不知道，自己投奔的永王已经被唐肃宗李亨视为叛军。不久，永王兵败，李白也被牵连入狱，最后被流放夜郎。

759年，因关中遭遇大旱，朝廷宣布大赦（shè），李白经过长期的辗转流离，终于获得了自由。他随即顺着长江疾驶而下，"千里江陵一日还""轻舟已过万重山"最能反映他当时欢快的心情。

761年,已六十岁出头的李白因病返回镇江。投奔了在当涂做县令的族叔李阳冰。李白在李阳冰那儿住下后,病情日渐加重,知道自己时日不多了,就开始整理自己的诗文,把一生之作托付给了李阳冰。李白的诗能够广为流传,除了他的诗具有很高的思想性、艺术性之外,李阳冰为他编辑整理也是功不可没。

762年,李白病重,与世长辞,结束了他传奇而坎坷的一生。终年六十一岁。

关于李白之死,历来众说纷纭。有一种说法是李白最终寻月而去。李白在江上一边饮酒,一边赏月,醉眼朦胧中看见波光里月亮的倒影,便奋不顾身地一跃而下,自此杳(yǎo)无音讯。这种说法虽然极富浪漫色彩,符合李白浪漫主义诗人的身份,但显然只是一种民间传说。据《当涂县志》的记载,李白是病死在他的族叔李阳冰那里的。无论李白之死有多少种说法,其实都已经不重要了,我们只要记着在中华文化的历史长河中,这位著名诗仙给我们留下的宝贵精神财富就可以了。

想一想 李白才华横溢，为什么不通过科举考试求取功名呢？

李白的一生充满了矛盾。一方面，他放荡不羁，看起来只想做一个快活逍遥之人。另一方面，他也追求功名利禄，否则也不会说出"我辈岂是蓬蒿人"那样的豪言。然而，才华出众的李白，为何不通过参加科举考试博取功名呢？这的确让人费解。通过史书的记载，我们或许能发现一些蛛丝马迹。

在唐朝，参加科举考试要通过严格的户籍审查。令人遗憾的是，李白的身份在唐朝时就说不清。李白对自己的身世也讳莫如深，就连为他撰写传记的史官也搞不清李白到底是哪里人。

《旧唐书》中只是交代了李白的父亲曾担任过任城尉，其他都没有记述。后来《新唐书》又修改了李白的身世，将李白说成是唐朝李氏先祖李暠的九世孙，李白的祖先在隋朝末年因犯了罪被流放到西域，后来从西域逃回定居在巴蜀。《旧唐书》和《新唐书》的说法截然不同，由此可见，李白的身世在一千多年前就颇有争议。李白那说不清、道不明、扑朔迷离的家世，阻断了他通过科举考试进入仕途的道路。

当时的科举制度还规定，如果家里是经商的或者关系比较近的亲属是做生意的，也不能参加科举考试。而李白的父亲恰好是经商的，所以无论从哪方面来讲，他都不符合参加科举考试的资格。

（三年级上册）

望天门山

〔唐〕李白

天门中断楚江开，碧水东流至此回。
两岸青山相对出，孤帆一片日边来。

725年，李白初出巴蜀，乘船赴江东经当涂（今属安徽），途中行至天门山，初见之下，有感而发，写了这首七绝。

这首诗写了碧水青山、白帆红日，交映成一幅色彩绚丽的画面。但这画面不是静止的，而是流动的。随着舟行，山断江开，东流水回，青山相对迎出，孤帆日边驶来，景色由远及近再及远地展开。

"天门中断楚江开，碧水东流至此回。"这两句写诗人远眺天门山夹江对峙，江水穿过天门山，水势湍急、激荡回旋的壮丽景象，给人以丰富的联想：天门两山本来是一个整体，阻挡着汹涌的江流。由于楚江怒涛的冲击，才撞开了"天门",使它中断而成为东西两山。在诗人笔下,楚江仿佛有巨大的生命力,显示出冲决一切阻碍的神奇力量,而天门山也似乎默默地为它让出了一条通道。

"两岸青山相对出,孤帆一片日边来。"诗人并不是站在岸上的某一个地方遥望天门山,他"望"的立脚点是从"日边来"的"一片孤帆"。"两岸青山相对出"的"出"字,使本来静止不动的山带上了动态美,舟行江上,顺流而下,远处的天门两山扑进眼帘,一个"出"字不但逼真地表现了在舟行过程中天门山特有的姿态,而且寓含了舟中人的新鲜喜悦之感。

这首诗意境优美壮阔,读后恍若置身其中。诗人将读者的视野沿着烟波浩渺的长江,引向无限宽广的天地中。短短四句二十八个字,可以看到诗人李白豪放不羁的性情和不愿意把自己局限于小天地里的广阔胸怀。

考点荟萃（一）

一、填空。

1. 李白，唐代诗人。字_____，号_____。

2. "□□□□相对出，孤帆一片日边来。""飞流□□□□□，疑是□□□□□。"让我们看到了寄情山水的李白。

3. "桃花□□□□□，不及□□□□□。""故人□□□□□，烟花□□□□□。"让我们看到了注重友情的李白。

4. "举头望明月，□□□□□。"让我们看到了思念故乡的李白。

5. 755年，_____起兵反叛，发动了改变整个唐朝历史的安史之乱。

二、把李白的《独坐敬亭山》这首诗补充完整。

众鸟高飞尽，□□□□□。

相看两不厌，□□□□□。

"相看两不厌"这句诗运用了_____的修辞手法，生动地写出了_____。

1分钟了解王维

人物名片

王维（701？—761），字摩诘，号摩诘居士，唐朝著名诗人、画家。王维参悟禅理，精通诗书音律，又有"诗佛"之称。代表作有《山居秋暝》《红豆》《九月九日忆山东兄弟》等。

701年出生于蒲州。

717年写下名篇《九月九日忆山东兄弟》。

721年中进士，拜太乐丞。

726年开始了半官半隐的生活。

735年任右拾遗，结识孟浩然。

744年营建辋川别业，作《辋川图》。

760年任尚书右丞。

761年与世长辞。

王维出生于山西省蒲州市。父亲擅长诗文,母亲擅长绘画。王维小小年纪便多才多艺。

咱家孩儿真是有才!

王维九岁那年,父亲因病去世,从此家道中落,王维常在家门外摆摊卖画。

王维十五岁时独自去京城应试,一句"新丰美酒斗十千,咸阳游侠多少年"语惊四座。

后来,王维在科举考试中一举夺魁,成为长安城里风度翩翩、才华横溢的状元郎。

721年,王维又以一支自己创作的琵琶曲成功打动了玉真公主,得到她的引荐。

王维：
诗中有画境自高

　　王维701年出生于山西蒲州（今山西省运城永济市）。爷爷是朝廷乐官，父亲擅长诗文，母亲擅长绘画。王维得益于这样的家庭滋养，从小耳濡目染，小小年纪便多才多艺。

　　不幸的是，王维九岁那年，父亲因病去世，从此家道中落，母亲遣散家奴，变卖房产，带着王维兄妹六人回到娘家。尽管荣华富贵不再，可母亲对孩子的教育丝毫没有放松。她每天除了教孩子读书外，还经常把自己的刺绣拿出去卖钱，补贴家用。王维和弟弟王缙也常在家门外摆摊卖画，私下帮人写文章赚取稿费，兄弟二人从中也得到了很好的锻炼。

　　王维十五岁时独自去京城应试，由于能写一手好诗，工于书画，而且还有音乐天赋，所以很快成为京城王公贵族的宠儿。一句"新丰美酒斗十千，咸阳游侠多少（shào）年"语惊四座。春风得意，走马长安，这个布衣少年带着满腔的热情，势必要在长安城闯出一片天地。

语文书里的"大人物"

十七岁那年的重阳节,王维看到别家亲友一起登高望远,共度佳节,想到自己孤身一人独居长安,思乡之情油然而生,于是提笔写下了那首著名的《九月九日忆山东兄弟》:

独在异乡为异客,每逢佳节倍思亲。

遥知兄弟登高处,遍插茱萸少一人。

721年,王维凭借自身才学得到岐王李范的赏识,在他的帮助下,又以一支自己创作的琵琶曲成功打动玉真公主,得到她的引荐。而后,王维在科举考试中一举夺魁,成为长安城里风度翩翩、才华横溢的状元郎。紧接着,精通音律的王维官拜"太乐丞",负责音乐、舞蹈等教习,以供朝廷祭祀宴享之用。没想到,仅供职几个月,就因属下伶人擅自表演黄狮子舞而被贬官。"黄"与"皇"谐音,黄狮子是只有皇帝到场的情况下才可以舞动的,故伶人私自作舞为不敬。初涉官场的王维因此被贬为济州(今山东济宁)司仓参军(古代官名),从长安的京官被贬到遥远的济州去做了一个仓库管理员。不久后,唐玄宗大赦天下,王维得以辞官回乡与妻子团聚。

玉真公主:
唐玄宗李隆基之妹,唐睿宗李旦第九女。

到而立之年，王维终于要做父亲了，可是妻子难产而死，孩子也没有保住。王维悲痛万分，独自游历江南，排解心中苦闷。青山绿水渐渐平复了他伤痕累累的心，在旅途中写下了《鸟鸣涧》等很多有名的诗篇。

735年，听闻贤明正直的张九龄出任宰相，王维按捺不住内心的激动，立刻给张九龄写了一封信，表达自己愿为国家效力的愿望。张九龄对于王维这个不可多得的人才也早有耳闻，任命他为右拾遗（古代官名），官职虽不大，但可以接近皇帝，升迁的机会很多。王维果然不负张九龄的厚望，从一个八品小官做到正五品官员。王维还在张九龄府上认识了孟浩然，二人成为好友。自陶渊明开创田园诗派以来，是王维和孟浩然把山水田园诗发展到顶峰，从此无人可以超越。

后来，王维在辋川山谷（今陕西省蓝田县南十余公里处）营建了一处园林，以修养身心，生活似乎开始顺风顺水，然而此时又一次出现波折。

张九龄当宰相的时候，尽心尽力辅佐唐玄宗，但玄宗听信谗言，在奸人李林甫的挑拨下罢免了张九龄的宰相之职，并将他赶出朝堂。满朝文武为求自保，都缄口不言。张九龄对王维有知遇之恩，他的离去使王维对官场非常失望，王维也产生了隐退之心，并不顾自身安危，为被贬荆州的张九龄写下"举世无相识，终身思旧恩"的文字。

凉州：
今甘肃省武威市，雍凉文化的发源地，曾是中国第三大城市，前凉、后凉、南凉、北凉、西夏等在此建都。

不久之后，王维也被排挤出朝廷，以监察御史的身份奉命出使凉州。王维在途中感受到与长安城截然不同的塞外风光，马车行驶至沙漠深处时，他将这美景画下来，还配了一首诗：

单车欲问边，属国过居延。

征蓬出汉塞，归雁入胡天。

大漠孤烟直，长河落日圆。

萧关逢候骑，都护在燕然。

这首《使至塞上》是如此的经典，以至于后人一提起沙漠，都会情不自禁地想到"大漠孤烟直，长河落日圆"这一千古名句。

755年，安禄山发动"安史之乱"，唐玄宗仓皇出逃，长安陷落。很多官员投靠了叛军，王维也被迫出任伪职。王维目睹"安史之乱"后哀鸿遍野、民不聊生的社会惨状，听闻安禄山在凝碧宫饮宴奏乐的热闹情景，愤然写下一首《凝碧诗》，抒发了亡国之痛和思念朝廷之情。

唐肃宗打回长安后，王维等一群曾被安禄山授予官职的人，全部收监入狱，按律当斩。

王维时任刑部侍郎的弟弟王缙因平叛有功,便向肃宗请求愿意削籍(指革职)来换取哥哥的性命。王维的好友裴迪更是在朝堂之上献出那首《凝碧诗》,其中"万户伤心生野烟,百僚何日更朝天"一句,皇帝听完,不胜悲戚。王维因此得以宽宥,被降为太子中允之职,后又升任右丞。但是,"安史之乱"让王维的心灵受到了重创,从此他深居简出,吃斋念佛,过着半隐半仕的生活。"行到水穷处,坐看云起时",极简的生活让王维寻求到了内心的平衡,也修成了千古独一无二的"诗佛"。

761年,王维平静地写信向亲友辞别,安然离世。

裴　迪:
唐代诗人,生卒年不详。是王维和杜甫的好友,裴迪有20首诗歌作品收录在王维的诗集《辋川集》里。

延伸阅读

最初的"高考"试卷居然不密封!

唐代的"高考"试卷在相当长一段时间内,不但不密封,相反,考官们还会根据他们的推荐人递上来的"行卷",与"高考"试卷相对照,来检验考生的"综合素质",决定是否录取。所谓"行卷",就是考生们在考试之前,把平时写的一些最得意的诗赋文章加以编辑,做成卷轴,带到京师,呈送给朝廷权贵或者社会名流,请求他们向主考官推荐的一种考试方式,在唐朝的考生中非常盛行。当时很多读书人想要及第,就会去干谒一些显贵,所以出现了很多干谒诗,比如前文讲到的孟浩然写的《望洞庭湖赠张丞相》。其实王维在科举考试中大放异彩,一举夺魁,除了自己的真才实学,也离不开岐王和玉真公主的引荐。"行卷"打破了"一考定终身"的弊病,为唐诗的发展起了积极作用，但也存在着很多弊端。由于"行卷"的优劣直接关系到考生的命运，不少人就在"行卷"上做起手脚，偷窃抄袭、捉刀代笔之风一时盛行，以致于朝廷录用了不少庸才。

　　武则天掌权后，为了使考试制度真正起到选拔人才的作用，遂颁诏天下，规定以后朝廷选拔人才，必须统一用纸糊上生员考卷上的姓名，监考官按答卷的优劣选拔，决定授予的官职，这就是最早的密封卷考试。直到现在，各类考试仍沿用了武则天发明的密封卷制度，只不过进行了改进，使考试选拔更加公平公正。

（六年级下册）

送元二使安西

〔唐〕王维

渭城朝雨浥轻尘，客舍青青柳色新。
劝君更尽一杯酒，西出阳关无故人。

　　此诗是王维送朋友去西北边疆时所作，这位姓元的友人是奉朝廷之命前往安西的。唐代从长安往西去的，多在渭城送别。

　　"渭城朝雨浥轻尘，客舍青青柳色新。"这两句写送别的时间、地点、环境气氛。明写春景，暗寓离别。"朝雨"在这里扮演了一个重要的角色。早晨的雨下得不大，刚刚润湿尘土。"浥轻尘"的"浥"字是湿润的意思，在这里用得很有分寸，显出这雨澄尘而不湿路，恰到好处，仿佛天从人愿，特意为远行的人安

安　西：
唐代时安西指的是天山以南的西域地区，包括今中国新疆、哈萨克斯坦东部和东南部等地。

排了一条轻尘不扬的道路。客舍是羁旅者的歇息之处，"柳"与"留"谐音，是离别的象征。选取这两件事物，自然和羁愁别恨联结在一起。洁净的道路，青青的客舍，翠绿的垂柳，构成了一幅色调清新明朗的图景，为送别提供了别样的自然环境。这是一场深情的离别，却不是黯然销魂的离别。"轻尘""青青""新"等词语，声韵轻柔明快，透露出一种轻快而富有希望的情调。

"劝君更尽一杯酒，西出阳关无故人。"饯行的宴席即将结束时主人劝酒：再干了这一杯酒吧，出了阳关，可就很难再见到老朋友了。酿满别情的酒已经喝过多巡，告别的话已经重复过多次，分别的时刻终于还是来了，主客双方的惜别之情在这一瞬间达到顶点。这句体现出此刻强烈深挚的惜别之情。要深切理解这临行劝酒中蕴含的深情，就不能不涉及"西出阳关"。处于河西走廊西头的阳关，和它北面的玉门关相对，从汉代以来，一直是内陆通向西域的要道。唐代国势强盛，内陆与西域往来频繁，从军或出使阳关之外，在盛唐人心目中是令人向往的壮举。但当时阳关以西还是穷荒绝域，风物与内陆大不相同，朋友"西出阳关"虽是壮举，却也不免要经历长途跋涉，备尝独行穷荒的艰辛寂寞。因此，临行之际"劝君更尽一杯酒"，不仅有依依惜别的情谊，还包含着对远行者前路珍重的殷切祝愿。

1分钟了解杜甫

人物名片

杜甫（712—770），字子美，自号少陵野老，唐代伟大的现实主义诗人，被后人称为"诗圣"，他的诗被称为"诗史"。代表作有《春望》《北征》及"三吏""三别"等。

712年出生于北方一个士族家族。

19岁外出游历，历时数年。

736年在洛阳参加进士考试，不幸落榜。

744年与李白在洛阳相识。

770年在一艘小船上病逝。

765年离开成都，以船为家。

安史之乱前后，写下了不朽的史诗"三吏""三别"。

757年被肃宗授为左拾遗，故世称"杜拾遗"。

杜甫：
心系苍生写"诗史"

杜甫712年出生于北方一个士族家族，少年时家庭环境优越，过着较为安定富足的生活。他自幼好学，七岁能作诗，十五岁时的诗作就引起当地名士的重视。

年少的杜甫意气昂扬，胸怀大济苍生的梦想，在出游的时候写下了"会当凌绝顶，一览众山小"的豪言壮语。同盛唐众多诗人一样，杜甫对未来充满美好憧憬，希望把自己一身的才华奉献给国家，然而，现实给了他沉重的打击。

十九岁时，杜甫外出游历，漫游吴越地区，历时数年。736年，他在洛阳参加进士考试，不幸落榜。

744年，杜甫在洛阳与被唐玄宗赐金放还的李白相遇，两人一见如故，相约同游，一同谈诗论文，结下了"醉眠秋共被，携手日同行"的友谊。

747年，玄宗搜求天下人才，下诏四海之内凡通一艺者，皆可来长安参加备选，杜甫也积极参加了考试。结果由于权相李林甫编导了一场"野无遗贤"的闹剧，参加考试的士子全部落选。科举之路既然行不通，为实现自己的政治理想，杜甫不得不转走权贵之门，投赠干谒诗文等，但均无结果。

751年，玄宗举行祭祀盛典，杜甫因献《三大礼赋》得到玄宗赏识，待制在集贤院，四年后被授予"河西尉"这样一个负责传达上级指令催逼百姓赋税的小官，杜甫不愿赴任，作诗曰："不作河西尉，凄凉为折腰。"后朝廷将他改任右卫率府胄（zhòu）曹参军，负责看守兵器。此时的杜甫已四十四岁，为生计只能接受了这个学无所用之职。当年十一月，杜甫往奉先看望妻儿，没想到刚刚进入家门就听闻自己心爱的小儿子饿死的消息，他再也抑制不住内心的痛苦和悲愤，将客居长安十年的感受和沿途见闻写成著名的《自京赴奉先县咏怀五百字》，一句"朱门酒肉臭，路有冻死骨"直击人心，表达了对封建贵族的讽刺和对黎民百姓深切的同情。而此时的唐朝也已处于风雨飘摇之中，没过多久，安史之乱爆发，叛军攻破潼关，唐玄宗西逃入蜀，长安陷落。心系国难的杜甫安置好家人便投奔前线，不幸被叛军控制在长安，当了八个月的俘虏，最后因为他官职太小，没有被囚禁，得以冒险逃出。

出逃后的杜甫时刻关注着时局发展，为剿灭安史叛军献计献策，终于被朝廷任命为左拾遗。后因朝中权力斗争，杜甫被诬陷，被贬为华州司功参军，负责祭祀、礼乐等事。759年,唐军与安史叛军发生战争,杜甫看到战乱给百姓带来的无穷灾难和人们忍辱负重参军参战的爱国行为,感慨万千,写下了不朽的史诗"三吏""三别"。

几经辗转,杜甫后来到了成都,在好友严武等人的帮助下,在城西浣花溪畔建了一座草堂(后世称"杜甫草堂"),在那里过了一段相对安稳的生活。后来,严武举荐杜甫为检校工部员外郎,做了严武的参谋,所以后人又称杜甫为杜工部。

严武去世后,杜甫再度漂泊,连座像样的房子都没有,仅有的一间茅草屋也被寒风吹破,在寒冷和孤独中度日。他从自己的处境联想到社会上广大的"寒士",幻想着天下能早日平安富裕,"安得广厦千万间,大庇天下寒士俱欢颜",表现了杜甫博大的胸襟和高尚的精神境界。

杜甫离开成都以后,北方还是兵荒马乱,他的亲友都失去了联系,他就以船为家,在湘江上漂泊,每天吃的是野菜,穿的衣服也打了很多补丁,但他的内心还是惦记着灾难深重的国家,忘不了那些受尽磨难的百姓。怀着这种

三 吏:

指《石壕吏》《新安吏》《潼关吏》。"三吏"作品体现了杜甫的思想核心——儒家的仁政思想以及"致君尧舜上,再使风俗淳"的宏伟抱负。

三 别:

指《新婚别》《无家别》《垂老别》。

沉郁的心情,杜甫五十九岁时在一条小船上病逝了。

杜甫一生穷困潦倒,四处漂泊,正如他的诗句所言"飘飘何所似,天地一沙鸥",看遍了世间的人生百态,也体验到了生活的苦辣酸甜。一代诗圣满腹才华,得不到赏识,一生为不幸和磨难困扰,最终无声无息地在一条小船上走完了生命的最后旅程,着实令人痛惜。但杜甫为我们留下了一笔巨大的精神财富,即便跨越千年,依然熠熠生辉。

余秋雨曾说:"中国从来没有一个文人,像杜甫那样用那么多诗句告诉全社会,苦难存在的方位和形态,苦难承受者的无辜和无奈……杜甫从盛唐的尾巴走来,带着不可言表的使命。尽管,他不是救世主,也不是那个平定战乱的人。但是,他却为那个乱世增添了无上的光彩!"

> **余秋雨:**
> 1946年出生于浙江,中国当代作家、学者,代表作有《文化苦旅》《山居笔记》《千年一叹》《行者无疆》等。

野无遗贤
yě wú yí xián

释义 有才能的人都受到任用，指任人唯贤，人尽其才。野：指朝廷之外，民间。

例句 李林甫对皇上说："才俊在朝，野无遗贤，可喜可贺。"

成语典故

747年，唐玄宗渴望征求全天下的人才，于是下诏，四海之内凡通一艺者，皆可来长安参加考试。结果却让人震惊，参加考试的考生们竟没有一个人中榜。原来，当时把持朝政的是奸相李林甫，他担心这些读书人利用考试机会用笔墨攻击自己。为了既能封堵天下读书人的嘴巴，也能向皇帝交差，他想出了一个自己觉得高明至极的办法，就是将这些人全部刷下，并在朝堂之上祝贺玄宗，说正是因为玄宗皇帝恩泽遍及四海，天下的贤才早已全部被朝廷任用，民间已经没有遗落的人才了。唐玄宗竟然信以为真，大举庆祝。一场"野无遗贤"的闹剧就这样结束了。

课文赏析

（五年级下册）

闻官军收河南河北

〔唐〕杜甫

剑外忽传收蓟北，初闻涕泪满衣裳。
却看妻子愁何在，漫卷诗书喜欲狂。
白日放歌须纵酒，青春作伴好还乡。
即从巴峡穿巫峡，便下襄阳向洛阳。

> **蓟北：** 在唐代泛指幽州、蓟州一带，当时是安史叛军的主要根据地，在今天河北省的北部地区。

762年冬季，唐军在洛阳附近的横水打了一个大胜仗，安史叛军头目纷纷投降。时年五十岁的杜甫听到这个消息后欣喜若狂，手舞足蹈，脱口吟出这首七律。诗的前半部分从初闻喜讯的惊喜入笔，后半部分抒发急于返乡的欢快之情。全诗情感奔放，处处渗透着一个"喜"字，痛快淋漓地抒发了作者无限喜悦的心情，因此被称为"杜甫生平第一快诗"。

"剑外忽传收蓟北，初闻涕泪满衣裳。"首句起势迅猛，恰切地表现了捷报的突然和初闻时的感受。诗人多年漂泊"剑外"，备尝艰苦，想回故乡而不能，就是由于"蓟北"未收，安史之乱未平。如今"忽传收蓟北"，诗人心中大喜。"忽传"说明捷报来得突然，"涕泪满衣裳"表现突然传来的捷报在"初闻"的一刹那所激发的情感起伏，这是喜极而悲、悲喜交集的真实表现。"蓟北"已收，战乱将息，黎民疾苦将得到解脱，诗人颠沛流离的苦日子总算熬过来了。然而痛定思痛，回想八年来经受的重重苦难，又不禁悲从中来。这一场浩劫终于像噩梦一般过去了，诗人可以返回故乡，开始新的生活，于是又转悲为喜，喜不自胜。

"却看妻子愁何在，漫卷诗书喜欲狂。"落脚于"喜欲狂"，这是惊喜的更高峰。"却看妻子""漫卷诗书"，这两个连续性的动作带有一定的因果关系。要注意"妻子"在这里指妻子和孩子，不是现在我们所说的妻子。当诗人悲喜交集，"涕泪满衣裳"之时，自然想到多年来同受苦难的妻子儿女。"却看"就是"回头看"。"回头看"这个动作极富意蕴，诗人似乎想向家人说些什么，但又不知从何说起。其实，无须说什么了，多年笼罩全家的愁云终于消散。这一句是用妻儿的欢欣来衬托自己的喜悦之情。

"白日放歌须纵酒，青春作伴好还乡。"从生活细节上细致地刻画了诗人的狂喜。老年人难得"放歌"，也不宜"纵酒"，如今不仅要"放歌"，还应当"纵酒"，正是"喜欲狂"的具体表现。这句写"狂"态，下句则写"狂"想。"青春"在这里指春天的景物，春天已经来临，在鸟语花香中与妻子儿女们相伴还乡，让人喜不自胜。

"即从巴峡穿巫峡，便下襄阳向洛阳。"这一联包含四个地名："巴峡"与"巫峡"，"襄阳"与"洛阳"，既各自对偶（句内对），又前后对偶，形成工整的地名对；"即从""便下"两句紧连，一气贯注，又是活泼的流水对。这四个地方之间都有很长的距离，而用"即从""穿""便下""向"贯穿起来，就出现了"即从巴峡穿巫峡，便下襄阳向洛阳"的疾速飞驰的画面。这里需要指出的是，诗人既展开想象，又描绘实景。从"巴峡"到"巫峡"，峡险而窄，舟行如梭，所以用"穿"；出"巫峡"到"襄阳"，顺流疾驶，所以用"下"；从"襄阳"到"洛阳"，已换陆路，所以用"向"。用字高度精准，抒发了诗人无法抑制的喜悦心情。

1分钟了解白居易

人物名片

白居易（772—846），字乐天，号香山居士,唐代伟大的现实主义诗人。代表诗作有《长恨歌》《卖炭翁》《琵琶行》等。

- 772年出生于中小官僚家庭。
- 28岁中进士。
- 30岁与元稹结交，以后诗坛"元白"齐名。
- 34岁任县尉，作《长恨歌》。
- 35岁任翰林学士。
- 37岁与元稹、李绅等倡导新乐府运动。
- 43岁被贬为江州司马。
- 50岁任杭州刺史。
- 53岁任苏州刺史。
- 70岁以刑部尚书退休。
- 74岁去世于洛阳。

语文书里的"大人物"

白居易：
质朴自然开新风

白居易772年出生于河南新郑的一个中小官僚家庭。那一年，唐朝正处于安史之乱后藩镇割据的乱局之中，唐朝盛世早已没有了从前的辉煌气象。白居易出生后不久，家乡便发生了战争。为躲避战乱，父亲白季庚把家人送往相对安全的宿州符离，白居易在那里度过了还算安稳的童年时光。

白居易从小家教很严，母亲知书达礼，谦虚谨慎，经常教导儿子读书识理，希望他能早日通过科举考试步入仕途，为国效力。父亲也天天督促他练字。白居易学习刻苦，白天写诗作文，晚上挑灯苦读，几乎到了废寝忘食的地步。由于念书、吟诗太勤奋，他的口舌上竟生出疮来，又因终日伏案疾书，手上和臂肘上也磨出了硬茧，小小年纪就有了白发。所以，没有什么成功是撞大运撞来的，背后一定都有不为人知的付出。

由于勤学苦读，白居易从小就在十里八村有些名气，街坊邻居都视他为神童。白居易出生时，李白已离世十年，王维辞世十一年，杜甫故去两年。领跑唐朝诗坛的接力棒，历史性地交到这位神童的手上。

十六岁时，白居易去往长安，拿着自己的诗作拜谒文坛大家顾况。顾况看了看白居易的名字，调侃道："米价方贵，居亦弗易。"意思是长安米价正贵，在这里居住不容易，你竟然还叫白居易？显然对这个初出茅庐的少年有些不屑，但当他翻看白居易呈给他的诗文时，立即被一首题为《赋得古原草送别》的五律吸引了，诗云：

离离原上草，一岁一枯荣。
野火烧不尽，春风吹又生。
远芳侵古道，晴翠接荒城。
又送王孙去，萋萋满别情。

尤其"野火烧不尽，春风吹又生"一句，令顾况连连赞叹！立即改口："道得个语，居即易矣。"意思就是说，能写出这样好的诗作，留在长安也很容易。有了顾况的赞赏，白居易在京城很快就名声大振。

白居易未满三十岁就进士及第，当了校书郎。元稹和他在同一年考上进士，还被一起分配到秘书省成为同事。两人志趣相投，有着同

顾况：
唐朝大臣，诗人、画家、鉴赏家。工于诗，继承杜甫的现实主义传统，是新乐府诗歌运动的先驱。

校(jiào)书郎：
古代官名。掌管校勘典籍，订正讹误。三国时设立，明清时废除。

元稹
（779—831）：唐朝大臣、文学家。

样的理想和抱负，成为一生的好友。后来两人共同倡导新乐府运动，被时人共称为"元白"。

807年，白居易授翰林学士，次年任左拾遗，得到了皇帝的赏识。他不畏权贵，尽言官之职责，频繁上书言事，并写了大量诗歌，反映社会现实，希望以此补察时政，有时甚至当面指出皇帝的错误。白居易上书言事，大多能被接纳，然而他言事的大胆率真，也常令唐宪宗感到不快，于是不久就免了他左拾遗的官职。

815年，朝中出了一件大事，宰相武元衡遇刺身亡，一同上朝的御史中丞裴度也身受重伤。事发后，唐宪宗龙颜大怒。白居易忘记了自己已不再是左拾遗，依旧像往常一样给皇帝上书，要求严惩凶手。白居易的做法引起一些大臣的不满，认为这件事不在他的职责范围之内，他如此多事是犯了僭（jiàn）越之罪，于是白居易被贬为江表刺史。白居易的母亲因赏花时不慎坠井而亡，又有不少嫉恨他的人趁机落井下石，说他在母亲死后还写赏花的诗和有关井的诗，有伤孝道，这样的人不配治郡，很快又以此为由把他贬为江州司马（古代很低级的官职）。

816年秋天，白居易在浔阳江头送别客人，偶遇一位年少因艺技红极一时、年老却被人抛弃的歌女，内心无限感慨，结合自己的遭遇，挥笔写下《琵琶行》："浔阳江头夜送客，枫叶荻花秋瑟瑟……座中泣下谁最多？江州司马青衫湿。"借琵琶女之口，说出自己心中"同是天涯沦落人"的无奈与辛酸。

后来白居易被调回京城，官至中书舍人，但他的政治主张依然不被重视。宦海沉浮，白居易历经五朝，始终不得志，心态也慢慢由早年的"达则兼济天下"转变为"穷则独善其身"。822年，白居易请求外放，先后任杭州、苏州刺史，在当地都做出了一番政绩。在做杭州刺史时，他带领百姓疏浚了西湖，解决了当地人的饮水问题。在担任苏州刺史期间，为了便利水陆交通，他扩疏河塘，修建道路，当地百姓无不交口称赞。

离开朝廷后没有了过多的官场烦扰，白居易把更多的精力投入到诗歌创作之中，在祖国大地的山水之间留下了大量脍炙人口的诗篇。

白居易的诗歌贴近百姓生活，语言通俗易懂。他每写完一首诗，都要反复修改，修改完还请朋友们点评，提出修改意见。他还经常把自己写的诗念给不识字的老太太听，老太太听懂了，他就十分高兴。如果听不懂，就立即修

> **中书舍人：**
> 古代官名，任起草诏令之职，参与机密，权力日重。

改,一直改到让她们听懂才罢休,"老妪能解"一时传为佳话。

白居易晚年居住在洛阳香山,自号"香山居士"。早年的勤奋向学严重损害了白居易的身体,以致于年老后患上了眼疾、风疾、足疾、肺疾等多种疾病。但性格开朗的他依然兴致盎然地写诗,记录那些或美好或有意义的人和事。846年,白居易在洛阳驾鹤西去,葬于香山,享年七十四岁。

白居易一生写诗刻苦至极,正如他自己所说"酒狂又引诗魔发,日午悲吟到日西",所以人称白居易为"诗魔"。

白居易一生留传下来的诗有三千多首,诗歌题材广泛,形式多样,语言平易通俗。《长恨歌》《琵琶行》《卖炭翁》等诗歌传唱千年,美誉远播海外,这跟白居易一生的勤奋努力是分不开的。从少年时的苦读,到中年时的勤政,再到老年时的豁达,白居易用他的一生证明了两个字——励志。他的谦虚好学也和他的诗一起流芳百世,被后人学习。

kuài zhì rén kǒu
脍炙人口

释义 脍：切得很细的鱼或肉；炙：烤熟的肉。美味人人爱吃，比喻好的诗文或事物，人们都称赞。

成语典故

春秋时的曾参是个孝子，他的父亲曾皙喜欢吃羊枣（一种野生小柿子，俗名牛奶柿）。曾皙死后，为纪念父亲，曾参竟不忍心再吃羊枣。此事被儒家传为美谈。

有一次，孟子的学生公孙丑就这件事向孟子提问："脍炙（精美的肉食）和羊枣哪样东西好吃？"孟子说："当然是脍炙好吃。"公孙丑说："那么曾参父子一定都爱吃脍炙了，可为什么父亲死后，曾参只戒羊枣，不戒脍炙呢？"孟子回答说："脍炙，是大家都爱吃的；羊枣却是曾皙的特殊嗜好，所以他死后，曾参会继续吃脍炙而不吃羊枣。"

根据以上记载，后人引申出脍炙人口这个成语，比喻人人赞美和传诵（多指诗文）。

课文赏析

（四年级上册）

暮江吟

〔唐〕白居易

一道残阳铺水中，半江瑟瑟半江红。
可怜九月初三夜，露似真珠月似弓。

这首诗大约是822年白居易在赴杭州任刺史的途中写的。当时朝廷政治昏暗，**牛李党争**激烈，诗人品尽了在朝廷为官的滋味，自求外任，离开朝廷后顿感轻松惬意，于是写下此诗。

"一道残阳铺水中"，写夕阳落照中的江水，残阳照射在江面上，诗人不说"照"，而说"铺"，这是因为"残阳"已经接近地平线，几乎是贴着地面照射过来，像"铺"在江上，

牛李党争：
唐代统治后期以牛僧孺等人为领袖的牛党与以李德裕等人为领袖的李党之间的政治争斗，持续将近40年，是唐朝末年宦官专权、唐朝腐败衰落的集中表现，加深了唐朝后期的统治危机。杜牧、李商隐等诗人都深受其影响。

很形象；这个"铺"字也显得委婉、平缓，写出了秋天夕阳独特的柔和，给人以亲切、安闲之感。

"半江瑟瑟半江红"，天气晴朗无风，江水缓缓流动，江面泛起细小的波纹。受光多的部分，呈现一片红色；受光少的地方，呈现出深深的碧色。诗人抓住江面上呈现出的两种颜色，表现出夕阳照射下，暮江细波粼粼、光色瞬息变化的景象。

"可怜九月初三夜"，九月初三是指农历，点明已进入深秋。深秋的夜晚景色优美，惹人喜爱。前两句描写日落时的景象，这一句很自然地把时间从日落过渡到夜晚。看似随意写来，实际很重要，让读者明确感到时间在推移，吸引着大家继续观赏后面的画面。

"露似真珠月似弓"，写露水像珍珠一样晶莹剔透，天空升起的一弯新月像弓一样。秋天的江边夜色降临，空气湿润，草木上都凝结起露珠。"露似真珠"，写出秋夜的特点。九月初三，月亮刚出现，还是月牙儿，弯弯的，所以说像一张弓，一句中连用两个比喻，描绘出深秋月夜的迷人景象。

考点荟萃(二)

1. 白居易的《暮江吟》写的是哪个季节？
   A.春季　　　B.秋季　　　C.冬季

2. 按古诗的内容重新排列诗句：
   ①可怜九月初三夜　　②一道残阳铺水中
   ②露似真珠月似弓　　④半江瑟瑟半江红

3. "露似真珠月似弓"一句使用了（　　）的修辞手法？
   A.夸张　　　B.拟人　　　C.比喻

4. 《暮江吟》一诗中，诗人描写了（　　）、（　　）、（　　）、（　　）四种景物。

5. 白居易为什么觉得九月初三夜是"可怜"的？

_____

_____

6. 白居易是唐朝伟大的（　　）主义诗人，有"诗魔"之称。
   A.现实　　　B.浪漫

1分钟了解刘禹锡

人物名片

刘禹锡（772—842），字梦得，唐代文学家、哲学家，有"诗豪"之称。刘禹锡诗文俱佳，涉猎题材广泛，与柳宗元并称"刘柳"，与白居易合称"刘白"。代表作有《陋室铭》《竹枝词》《杨柳枝词》《乌衣巷》等。

772年出生。

少年时期随父亲在江南度过。

805年与柳宗元参与政治革新，后被贬为朗州司马。

793年与柳宗元同榜进士及第，两人成为一生挚友。

817年被贬为连州刺史。

824年任和州刺史。

836年任太子宾客。

842年病逝于洛阳。

刘禹锡：
豁达坚韧谱华章

柳宗元

（773—819）：字子厚，唐宋八大家之一，唐代文学家、哲学家，世称"柳河东""河东先生"，因官终柳州刺史，又称"柳柳州"。

韩 愈

（768—824）：字退之，世称"韩昌黎""昌黎先生"。唐代杰出的文学家、思想家、哲学家、政治家，唐宋八大家之一。

刘禹锡出生于772年，父亲刘绪曾在江南为官，刘禹锡随父亲在那里度过了少年时期。在父亲的影响下，他很小就开始学习儒家经典，吟诗作赋，既聪明又勤奋。

十九岁前后，刘禹锡离开江南游学长安，由于诗写得好，很快名噪京城。二十一岁时，刘禹锡参加科举考试，顺利进士及第，当年与他同榜的还有一位名人，就是柳宗元，他们俩同年考中进士，又同时经过吏部的考试，入京为官。两人同窗情深，成为一生挚友。

802年（贞元十八年），三十岁的刘禹锡调任京兆府渭南县主簿，不久之后做了监察御史。同一时期，韩愈和柳宗元也开始在官场站稳脚跟，三人结下了深厚的友谊。但仕途凶险，就在他们同朝为官三年以后，刘禹锡跟柳宗元就一起摊上事儿了，这个事儿就是历史上的"二王八司马事件"。当时的唐朝正走下坡路，不是边疆战事，就是宫廷变故，百姓税赋居高不下，生活艰难……刘禹锡和柳宗元这些官员希望能为百姓做点事情，于是思考除弊兴利，发动改革。原太子侍读王叔文、王伾（pī）两位官员也想着辅佐皇帝，推动国家的改革。而刘禹锡正好跟王叔文是熟人，因才华得到王叔文的器重，被一路提拔，破格任用，他们一起成为整个改革集团的核心，当时被称为"二王刘柳"，"二王"就是王叔文、王伾，"刘柳"就是刘禹锡、柳宗元。

　　在唐顺宗的支持下，"二王刘柳"这四位官员提出了很多有进步意义的改革举措。但和历史上所有的改革一样，他们遇到了很大阻力。改革就要除旧布新，除旧就会触碰到既得利益者的"蛋糕"，这些既得利益者是谁呢？主要是两大集团：藩镇集团和宦官集团。藩镇是地方政权，而掌权的就是各藩镇的节度使，他们握有地方的行政权、军事权、财政权；而宦官作乱更甚，从安史之乱以后，宦官李辅国操纵权柄，朝廷乱象丛生。在这些藩镇、宦官和一部分大臣们的联合反击之下，很快"二王刘柳"四人的改革就演变成了一场政治斗争。支持他们改革的唐顺宗被迫退位，太子李纯（唐宪宗）继承皇位，王叔文被赐死，王伾被贬后不久便病逝，刘禹锡和柳宗元等八人的官职被一降到底，他们先被贬为刺史，后又被贬为司马。

语文书里的"大人物"

所以这个事件在历史上被称为"二王八司马事件"。

"二王八司马事件"之后,刘禹锡被贬朗州,在司马这个基层职位上一干就是十年。十年之后,唐宪宗发现国家的确是需要改革了,又把刘禹锡、柳宗元等人召回京城。刘禹锡回来一看,发现朝廷仍旧是一些趋炎附势的跳梁小丑当道,他无法跟这些人同流合污,提笔写下《元和十年自朗州至京戏赠看花诸君子》:

紫陌红尘拂面来,无人不道看花回。

玄都观里桃千树,尽是刘郎去后栽。

通过人们在玄都观看花的事,刘禹锡讽刺了朝廷那些攀附权贵的官僚们。此诗一出,立即触怒当权者,于是,刘禹锡很快遭到第二次贬官。这一次,刘禹锡被贬到了荒远的连州(今广东省内),再次远离朝廷政治中心。821年,已经年届五旬的刘禹锡又被贬到夔(kuí)州(今重庆市奉节),后又被贬到和州(今安徽省和县)。

从805年被贬朗州开始,到827年奉诏回京,前后历经二十三年的贬谪岁月,那个年轻有为的刘禹锡已经快到花甲之年。回京途中路经扬州，刘禹锡偶遇多年前被贬苏州的白居易。二人之前虽有书信往来，但真正见面还是第一次，心中喜悦无以言表，二人把酒言欢，互诉衷肠。刘禹锡多年的坎坷经历让白居易感慨万千，挥笔写下了一首《醉赠刘二十八使君》，为刘禹锡鸣不平：

> 为我引杯添酒饮，与君把箸击盘歌。
> 诗称国手徒为尔，命压人头不奈何。
> 举眼风光长寂寞，满朝官职独蹉跎。
> 亦知合被才名折，二十三年折太多。

看到老友对自己的坎坷经历如此感同身受，刘禹锡大笔一挥，洒脱豪放地回了一首《酬乐天扬州初逢席上见赠》：

> 巴山楚水凄凉地，二十三年弃置身。
> 怀旧空吟闻笛赋，到乡翻似烂柯人。
> 沉舟侧畔千帆过，病树前头万木春。
> 今日听君歌一曲，暂凭杯酒长精神。

刘禹锡在诗中对自己的遭遇表示了极大悲愤的同时，也表达了自己不屈不挠的抗争精神。刘禹锡身经危难、百折不回的坚强毅力，给后人以莫大的启迪和鼓舞。他有着斗士的灵魂，积极进取的锐气，面对挫折，始终保持开朗

语文书里的"大人物"

太子宾客：
古代官名。为太子东宫属官，掌调护侍从规谏等。

户部尚书：
古代官名，六部中户部的最高级长官，主要掌管国家经济，包括户口、税收，统筹国家经费等。

豁达的心态，写出了一首首豪迈的诗篇。白居易评价刘禹锡："彭城刘梦得，诗豪者也，其锋森然，少敢当者。"从此，"诗豪"就成为刘禹锡的专有称呼，流传至今。

　　刘禹锡结束贬谪岁月回到洛阳后，又先后被调任到苏州、汝州等地做过几年地方官，受到百姓爱戴。晚年任太子宾客，官居三品。几度宦海沉浮后，刘禹锡于842年病逝于洛阳，死后被追赠为户部尚书。

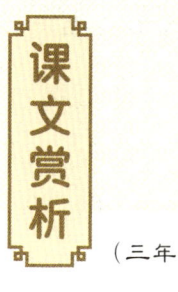

(三年级上册)

望洞庭

〔唐〕刘禹锡

湖光秋月两相和,潭面无风镜未磨。

遥望洞庭山水翠,白银盘里一青螺。

这首诗是824年刘禹锡赴和州途中,经过洞庭湖时所作。刘禹锡在《历阳书事七十韵》序中称:"长庆四年八月,予自夔州刺史转历阳,浮岷江,观洞庭,历夏口,涉浔阳而东。"刘禹锡贬逐南荒,二十年间去来洞庭,有文献可考的约六次,其中只有转任和州这一次是在秋天,于是有了这首《望洞庭》。此诗描写了秋夜月光下洞庭湖的优美景色,表达了诗人对洞庭风光的喜爱和赞美之情。

刘禹锡生性乐观,把贬谪当成"免费旅游"。这一路从大西南的重庆到东边的安徽,虽是千里迢迢,但沿途欣赏一下景色也不错。看这洞庭湖,不就很美吗?

"湖光秋月两相和",第一句先描写洞庭湖的整体风光。"和"就是和谐的意思。此句意思为洞庭湖上水色与月光交相融合。湖光月色的景象在诗词中往往组合出现，很有意境，让人沉醉其中。

"潭面无风镜未磨"，湖面无风，就像一面没有磨过的镜子。把风平浪静的湖面比作镜子只是寻常的写法，但是刘禹锡有特别之处，他把湖面比作没有打磨的镜子。古人用的镜子不是玻璃的，是以黄铜为材料一遍遍打磨出来的。"镜未磨"就是黄铜做的镜子还没有完全打磨好，就好像这湖面，月光照在上面的时候，湖中的倒影有一种光影交融的感觉，若隐若现、似有还无，所以这个"镜未磨"的比喻很是贴切。

"遥望洞庭山水翠"，这句很简单，远远地望去，洞庭湖的山水一片翠绿。这是刘禹锡从远处看到的洞庭湖风光。下面"白银盘里一青螺"一句又描写了另外一种视野下的洞庭美景，可谓将洞庭湖全景式地展现了出来。这里刘禹锡连用了两个比喻：一是把洞庭湖比作了"白银盘"；二是把群山比作了"青螺"。这个视角太特别了，那感觉就好像是坐着飞机从天上往下看，刘禹锡当年是不可能坐飞机的，却能用这样宏观的视角去欣赏洞庭湖，寥寥数语就将洞庭湖的秀美风光形象地勾勒出来了。作为一首单纯写景的诗，刘禹锡对技法的运用已经到了炉火纯青的地步，展现出他深厚的文学功底和极高的艺术造诣。

名人轶事

824年,年逾五旬的刘禹锡被贬至安徽和州。虽是被贬官员,但按当时规定,刘禹锡在县衙里是可以住三间三厢的房子的。可和州知县见刘禹锡是被贬而来,就故意刁难他。先安排他住在城南临江的三间民房,又湿又潮,对此,刘禹锡不但无怨言,反而很高兴,还随手写下一副对联"面对大江观白帆,身在和州思争辩",信手贴在门上。知县看了对联,认为他因革新降职,被贬到和州还不服气,一心还想着争辩。为了教训他,又命人把刘禹锡的住所迁到城北德胜河边,并把住房面积减少了一半。刘禹锡搬到新居,看到那里依山傍水,岸柳婆娑,杂花争艳,芳菲宜人,于是又撰写了一副对联"垂柳青青江水边,人在历阳心在京",知县看了又恼火又害怕,恼他仍执迷不悟,怕他惹出麻烦牵连自己,于是又下令将他的住所搬到城中一间破旧的小屋,只能放一床、一桌、一椅。

半年时间,知县强迫刘禹锡搬了三次家,面积一次比一次小，最后仅为斗室。想想这位势利眼的知县，实在欺人太甚，刘禹锡遂愤然提笔写下千古名篇《陋室铭》，并刻于石碑上，立在门前。铭曰：

　　山不在高，有仙则名。水不在深，有龙则灵。斯是陋室，惟吾德馨。苔痕上阶绿，草色入帘青。谈笑有鸿儒，往来无白丁。可以调素琴，阅金经。无丝竹之乱耳，无案牍之劳形。南阳诸葛庐，西蜀子云亭。孔子云：何陋之有？

　　此文一出，路人争相传抄吟诵，一时间和县小城沸沸扬扬，赞赏之声不绝于耳。

　　如今，刘禹锡当年的陋室已经扩建成陋室公园，位于安徽和县城中，内有刘禹锡塑像，园内东侧有一小巧精致的亭子，亭内立有一块石碑，上刻流传千年的《陋室铭》全文。

于是让刘禹锡搬到河边一所小房子里。

于是又让刘禹锡搬到一所更破旧的房子里,仅为斗室。刘禹锡提笔写下千古名篇《陋室铭》,并刻于石碑上,立在门前。

(六年级上册)

浪淘沙·其一

〔唐〕刘禹锡

九曲黄河万里沙,浪淘风簸自天涯。
如今直上银河去,同到牵牛织女家。

这首《浪淘沙·其一》是刘禹锡的一首豪迈之作,表达了一种百折不挠、积极进取的人生态度。

"九曲黄河万里沙,浪淘风簸自天涯。"九曲黄河之中有无数的砂砾,它们随同黄河流经万里,经受了浪涛的冲洗和狂风的簸荡,从天涯滚滚而来。诗人歌咏九曲黄河中的万里黄沙,赞扬它们乘风破浪、一往无前的顽强精神。诗人所经历的一贬再贬的困苦生活,就如同这万里黄沙乘风破浪的艰难路程一样,表现了诗人的豪迈气概。我们在歌颂与它们有着共同特点的人或物时,可以引用此句。

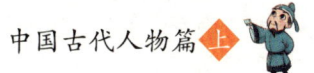

"如今直上银河去,同到牵牛织女家。"采用了张骞为武帝寻找河源的典故,诗人驰骋想象,表现了要迎着狂风巨浪,顶着万里黄沙逆流而上,直到牵牛织女家的豪迈气概。

这首诗通俗易懂,在很多儿童读物中能看到。刘禹锡本在高位任职,虽不幸被贬谪二十多年,但他为苍生造福的社会理想永不改变。刘禹锡渴望回到能够发挥自己才能的职位,有一番作为,纵然是恶浪频袭也不改入仕初衷。诗人百折不挠、积极进取的精神是多么让人欣羡!这首诗用夸张的写作手法抒发了诗人的浪漫主义情怀,气势大起大落,给人一种磅礴壮阔的雄浑之美。

1分钟了解王安石

人物名片

王安石(1021—1086),字介甫,号半山,北宋著名的思想家、政治家、文学家、改革家。唐宋八大家之一。代表作有《泊船瓜洲》《春夜》《北山》《登飞来峰》等。

1021年出生于临川。

1042年中进士第四名。

1051年任舒州通判。

1067年宋神宗即位,任其为江宁知府。

1070年任同中书门下平章事,位同宰相,在全国推行新法。

1074年宋神宗罢免其宰相职务,改任江宁知府。

1075年复任宰相。

1076年辞去宰相。

1079年封荆国公,后人称其王荆公。

1086年病逝。

语文书里的"大人物"

王安石：
品德高洁的"拗相公"

> **曾 巩**
> （1019—1083）：
> 北宋文学家、史学家、政治家，唐宋八大家之一。

> **欧阳修**
> （1007—1072）：
> 字永叔，号六一居士。北宋政治家、文学家，唐宋八大家之一。

王安石是小学语文课本里经常出现的诗人。作为唐宋八大家之一的宋代宰相王安石，不管是在政治上还是文学上都有很高的成就。他胸怀天下，力推改革，被列宁赞誉为"中国十一世纪时的改革家"。

1021年，王安石出生于江西一户普通人家，自幼聪颖，酷爱读书，过目不忘，下笔成文。他的父亲王益是北宋一个本分爱民的地方官，一生笃行儒家的孝悌仁义之道，对子女十分慈爱，孩子犯了错误也是宽宏训诫，从不打骂。王安石自少年时就胸怀大志，常跟随父亲周游各地，接触社会现实，体察民间疾苦。

1037年，王安石随父入京，以文结识好友曾巩，曾巩向欧阳修推荐他的诗文，得到欧阳修赞赏。1042年，王安石参加科举考试，博学多识的他一度被主考官选为第一名，只因答卷中有文字触犯了皇家忌讳，不幸被降为第四名，与状元失之交臂。但是王安石并没有纠结于此事，反而说道："我一心只想做尧、舜、禹手下之贤臣，为百姓谋取福利，怎么会在乎这种小事呢？"这当然不是王安石夜郎自大，而是因为他心中有着更大的目标。王安石放弃了京试入馆阁的机会，调为鄞（yín）县知县。在任的四年中，他兢（jīng）兢业业，兴修水利，扩办学校，政绩卓越，当地一片安宁，百姓安居乐业。工作之余，他也不忘广学诗书，常常废寝忘食，通宵苦读，顾不上洗澡、洗脸，经常衣冠不整、蓬头垢面地去上班。朝廷多次想把他召回京城为官，他却一次次拒绝，直到欧阳修相劝方才答应。

1067年，宋神宗即位，起用王安石为江宁知府，很快又诏他为翰林学士兼侍讲，对王安石很是器重。

1070年，王安石任同中书门下平章事，位同宰相，在全国范围内推行变法，目的在于富国强兵，借以扭转北宋积贫积弱的状况。然而，变法触犯了保守派的利益，遭到保守派的强烈反对，加上用人失误等原因，宋神宗对变法产生了怀疑，罢免了王安石的宰相职务。

1075年，宋神宗第二次起用王安石为宰相，继续推行新法，但并没有得到更多人支持，加上变法派内部分裂严重，新法很难继续推行下去。王安石最终带着满腹遗憾离开了都城开封,到江宁(今南京市)过起闲云野鹤、不问世事的隐居生活,这期间,他写了很多著名的诗歌。和年轻时一样,王安石的晚年生活依然十分简朴。他在江宁东距离钟山(现紫金山)与城区各七里的地方,修建了一座住宅,取名"半山园",自号半山老人。这座退职宰相的府邸很简陋,只能避风雨,连院墙都没有。他平日里骑一头小毛驴外出游玩,身边只跟着一个小书童,人们根本想不到这位骑驴的老头就是昔日权倾天下的宰相。

1084年,曾经反对王安石变法的苏轼来江宁看望王安石。听说苏轼要来看自己,王安石先是一惊,继而马上披蓑衣、戴斗笠、骑毛驴,从百里外的住地赶到渡口迎接苏轼。一个是经历了多年磨难的旧党中坚,另一个是已退出政坛的新党首领,二人相逢一笑泯恩仇,远离了政治漩涡,剩下的只是文人间的惺惺相惜。这两位北宋最为著名的文人,在江边煮酒和诗、同游山水,一连畅谈了好几天。王安石殷切劝说苏轼在江宁买田置产,比邻而居。对于这番盛情,苏轼非常感动,但后来未能如愿,而王安石也在一年多后离开了人世。王安石去世后,司马光向皇帝奏请厚葬他,因为司马光觉得,虽然王安石变法失败了,但他是真正一心为国、绝无半点私心的人,这样的人,理应得到荣誉。

名人轶事

"拗相公"的由来

北宋至和元年（1054）九月，王安石被任命为群牧司（主管国家公用马匹的机构）的判官，群牧司的长官是大名鼎鼎的包拯包大人。第二年春天，衙门里的牡丹花开了，群牧司举办了一次牡丹宴，大家置酒赏花。酒席上，包拯向同僚们一一敬酒，连平时不喝酒的司马光也勉强喝了几杯。只有王安石，不管大家怎么劝，死活就是不肯喝，甚至包拯亲自给他倒酒，他依旧用手挡着酒杯，坚持说："下官是真的滴酒不沾，还望包大人海涵。"一时间气氛有些尴尬。包拯见没有办法，也就不再勉强。事后，有人谈起王安石，包拯也只微微一笑，解嘲似的说一句："那人可真是拗得可以。"自此，王安石便多了个"拗相公"的名号。

包 拯

（999—1062）：北宋名臣。廉洁公正、不附权贵、铁面无私且英明决断，敢于替百姓申不平，故有"包青天"及"包公"之名。

语文书里的"大人物"

"拗相公"王安石认准的事九头牛都拉不回来。他第一次进京时，皇上曾安排他在皇宫里做修起居注（记录皇上言行的官），但他不想做，于是就不接中书省发下来的诏书，还连写十四道奏章，坚持回绝，最后竟躲到茅厕里，不肯接受任命。送诏书的小吏也不好去茅厕交接，就把诏书放在他家里，转身离去，王安石赶紧跑出来，拿起诏书一路追出去，硬是又塞回小吏怀中，最后也没做这个为皇上写日记的官。王安石之所以再三放弃升官的机会，是因为他想了解民情，积累经验，为改革做铺垫。他在意的不是升官发财，尽享富贵，而是怎样富国强兵，造福黎民百姓。

找书童

有一次，王安石打算添个书童，可连着看了几个都不满意。这一天，家人又找来个小伙子，请王安石过目。王安石问了他几个问题，小伙子都回答得不错。王安石看他聪明伶俐，也没说什么，就在纸上写了几行字，交给了家人，纸上写的是这样几句话：一月又一月，两月共半边；上有可耕之田，下有长流之川；一家有六口，两口不团圆。

家人看了，沉思了一会儿，终于明白了王安石的意思，就把小伙子留下了。同学们，王安石写的这几句话是一个字谜，谜底是一个字，你们能猜出是什么字吗？

（答案在书中找哟）

夜郎自大
yè láng zì dà

释义 指一个人妄自尊大。

例句 我们要进步，就绝不能夜郎自大，故步自封。

成语典故

汉代西南邻国中，有个名叫夜郎的小国家，国土很小，百姓也少，物产更是少得可怜，国王从没出过国门，还以为自己统治的国家是全天下最大的。

有一次，汉朝派使者来访夜郎国，途中先经过夜郎的邻国滇国，滇王问使者："汉朝和我的国家比起来哪个大？"汉使者一听吓了一跳，他没想到这个小国家，竟然自以为能与汉朝相比。

后来使者到了夜郎国，骄傲无知的国王又问使者："汉朝和我的国家哪个大啊？"汉使者听了不禁哈哈大笑，回答说："夜郎和汉是完全不能相比的。汉朝的州郡就有好几十个，而夜郎的全部地盘还抵不上汉朝一个郡的地盘。你说，哪一个大呢？"

夜郎国王一听，不禁目瞪口呆，满脸羞愧。

（六年级上册）

元 日

〔宋〕王安石

爆竹声中一岁除，春风送暖入屠苏。
千门万户曈曈日，总把新桃换旧符。

据考证，这首诗写于1069年，"元日"即农历正月初一。1069年，正是王安石计划推行熙宁变法的时候。这首诗也跟王安石变法有关。这年新年，王安石见家家户户忙着准备过节，想到变法伊始的新气象，他觉得一切都是全新的，都会有一个崭新的面貌。于是有感而发，创作此诗。

"爆竹声中一岁除，春风送暖入屠苏。"伴随爆竹的响声，旧的一年过去了，迎着和暖的春风开怀畅饮屠苏酒。"爆竹"，古人过年燃竹而爆，发出噼里啪啦的响声来驱鬼辟邪，后来演变成放鞭炮。"屠苏"即屠苏酒，是用屠苏草浸泡的酒，饮屠苏酒是古代过年时的一个习俗。很明显，这两句的意思就是除旧布新，从这里也体现出王安石要立志废除旧制，推行新法。他认为自己推行的熙宁变法，就是"春风送暖入屠苏"。

"千门万户曈曈日，总把新桃换旧符。""千门万户"指代老百姓。"曈曈日"指太阳出来的时候温暖又光亮的样子。"新桃"和"旧符"是互文的用法，指代新的桃符和旧的桃符。桃符是古时候挂在门板上的两块桃木板。按当时的习俗，人们在桃木板上写两个神仙的名字来辟邪，两个神仙一个叫神荼，另一个叫郁垒。后来人们常把春联贴在桃符上，于是后人以桃符借指春联。这句话的意思是：初升的太阳照耀着千家万户，百姓们忙着把旧的桃符取下换上新的桃符。结合当时的背景，这句话还可以进一步理解为王安石希望老百姓像迎接新年的太阳一样，来迎接他主推的熙宁变法，把旧的制度摒弃，换成新的办法。

第100页字谜答案：用。

考点荟萃（三）

1. 王安石是我国哪个朝代的宰相？

　　A.唐朝　　　B.宋朝　　　C.清朝

2. 不畏浮云遮望眼，□□□□□□□。（《登飞来峰》王安石）

3. □□□□□，为有暗香来。（《梅花》王安石）

4. □□□□□□，成如容易却艰辛。（《题张司业诗》王安石）

5. 王安石是唐宋八大家之一，其他七个人是韩愈、_____、_____、苏洵、_____、_____、曾巩。

6. 在爆竹声中，送走了旧年迎来了新年。人们迎着和煦的春风，开怀畅饮美酒。在此情景中，你想到的诗句是"爆竹声中一岁除，□□□□□□□"。诗句描写了王安石在新年这天看到的有趣的风俗，如_____、_____。

语文书里的"大人物"

(升级版)

中国古代人物篇 下

浦宇平 编著

山东科学技术出版社
·济南·

图书在版编目（CIP）数据

语文书里的"大人物"：升级版 / 浦宇平编著. -- 济南：山东科学技术出版社，2024.3
ISBN 978-7-5723-1730-9

Ⅰ.①语… Ⅱ.①浦… Ⅲ.①名人—生平事迹—世界 Ⅳ.①K811

中国国家版本馆CIP数据核字（2023）第140465号

语文书里的"大人物"（升级版）
YUWENSHULI DE "DARENWU" (SHENGJI BAN)

责任编辑：李海英　韩晓萌　张梦叶

主管单位：山东出版传媒股份有限公司
出　版　者：山东科学技术出版社
　　　　　　地址：济南市市中区舜耕路517号
　　　　　　邮编：250003　电话：（0531）82098088
　　　　　　网址：www.lkj.com.cn
　　　　　　电子邮件：sdkj@sdcbcm.com
发　行　者：山东科学技术出版社
　　　　　　地址：济南市市中区舜耕路517号
　　　　　　邮编：250003　电话：（0531）82098067
印　刷　者：山东临沂新华印刷物流集团有限责任公司
　　　　　　地址：临沂市高新技术产业开发区新华路
　　　　　　邮编：276017　电话：（0539）2925659

规格：32开（148 mm×210 mm）
印张：21　字数：270千　印数：1~10000
版次：2024年3月第1版　印次：2024年3月第1次印刷
定价：158.00元（全6册）

点一盏灯

我在二十岁做校园媒体的时候就爱写深度报道、人物访谈，总试图在时效的事件背后，探寻人性的幽微，挖掘潜藏的规律。把新闻做成历史，是我求学生涯的理想之一。

可惜造化弄人。大学毕业后，半推半就地裹挟在互联网的浪潮里，犹如一叶扁舟漂浮在时代巨轮的身侧，看似劈波斩浪，其实是随波逐流，在价值无从锚定的汪洋之上颠簸浮沉。总有人说，迎上了风口猪也会起飞——可我不想做一头猪，哪怕是一头会飞的猪。

于是手脚并用呼哧带喘地游上岸，希望脚踩大地，可以找到足以锚定更长时间、跨越更大时空的意义和价值。所幸之前做校园媒体时的习惯还顽强地留在身上，读一本书，听一则故事，聊一段掌故，我所关心的还是背后的人物、性情，或规律。白纸黑字的一段光荣事迹

或是故纸堆里的一则人物生平，总让我觉得死气沉沉，而穿透文字和历史的迷雾，让这个人活生生地站到面前来，给他拍拍土、抖抖尘，一切都鲜活了。

小时候，总想"做个大人物""创番大事业"。而今身处现实丛林，踩着前人的脚印，努力踏出一条未必通往远大前程的道路，即便无人问津，却也渐渐悟出一些人活一世的意义。

孔子的伟大，不是因为"大成至圣先师"的名号——那是后世帝王粉饰太平的说辞，而是因为他"累累若丧家之狗"，在礼崩乐坏的时代，知不可为而为之，给华夏文明留下了一个孤独而高大的背影。

苏轼的伟大，不是因为诗书画俱佳的后世评价——那不过是天纵英才的毫末技艺，而是因为他以区区一介书生，短短几十年光阴，在迷雾中艰难前行，给知识分子留下一条"也无风雨也无晴"的归途。

哥伦布的伟大，不是因为开辟了通往新世界的航路——那惊涛骇浪的航路写满了贪婪和残酷，而是因为他独辟蹊径又坚持不懈，以超拔的顽强，为人类树起了一面勇敢闯荡、永不言弃的大旗。

闻一多的伟大，不是因为他在最后一次演讲时抛却

生死的大义凛然——那是热血沸腾的激愤呼告，而是他以诗人的赤子之心、以名士的孤傲气节，"铁肩担道义，辣手著文章"，给后学晚辈树起一座善恶分明的丰碑。

这才是大人物，这才是大事业。

大人物之"大"，是因其不以被人记住作为追求，但历史记住了他们，因为有了他们，这个世界才变得美好。

生活在这个已有无数大人物生活过的世界上，是我们的幸运。而人活一世的意义也在于此——以绵薄之力行必行之路，以赤子之心知不可为而为，在迷雾中奋力前行，为这个美好的世界点一盏灯，让它变得更加五光十色。

未来是我们的，更是你们的。

愿在前行的路上，遇到你。

于上海

苏　轼

1分钟了解苏轼 / 1
苏轼：归去，也无风雨也无晴 / 2
课文赏析　浣溪沙·游蕲水清泉寺 / 11

李清照

1分钟了解李清照 / 14
李清照：千古第一才女的凄苦人生 / 15
课文赏析　夏日绝句 / 20

陆　游

1分钟了解陆游 / 23
陆游：亘古男儿一放翁 / 25
课文赏析　秋夜将晓出篱门迎凉有感二首（其二）／ 32
课文赏析　示儿 / 34

范成大

1分钟了解范成大 / 39

范成大：是诗人，也是威武不屈的士大夫 / 40
课文赏析　四时田园杂兴（其二十五）/ 44

朱　熹

1分钟了解朱熹 / 48
朱熹：大道集成垂万世 / 49
课文赏析　观书有感·其一 / 56

辛弃疾

1分钟了解辛弃疾 / 62
辛弃疾：文武双全壮志难酬 / 63
课文赏析　清平乐·村居 / 67
课文赏析　西江月·夜行黄沙道中 / 70

李时珍

1分钟了解李时珍 / 75
李时珍和《本草纲目》/ 77
课文赏析　李时珍 / 84

曹雪芹

1分钟了解曹雪芹 / 90
曹雪芹与《红楼梦》/ 92
课文赏析　红楼春趣 / 96

1分钟了解苏轼

人物名片

苏轼（1037—1101），字子瞻，号东坡居士，世称苏东坡，北宋著名文学家、书法家，历史上的治水名人，唐宋八大家之一。代表作有《水调歌头·明月几时有》《赤壁赋》《念奴娇·赤壁怀古》等。

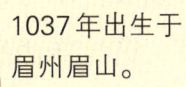
1037年出生于眉州眉山。

1071年被派往杭州任通判。

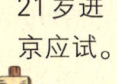
21岁进京应试。

1079年调任湖州知州。

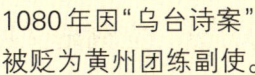
1080年因"乌台诗案"被贬为黄州团练副使。

1101年在回京途中去世。

1097年被贬至儋州。

1094年被贬至惠州。

1085年以礼部郎中被召还朝。

苏轼：
归去，也无风雨也无晴

苏轼1037年出生于眉州眉山（今四川省眉山市）的一个书香门第，其父苏洵便是《三字经》里提到的"二十七，始发愤"的"苏老泉"。父亲苏洵为他起名为"轼"，意为车前的扶手，取其默默无闻却扶危救困、不可或缺之意。这样的名字，或许正昭示了苏轼坎坷而不平凡的一生。

1056年，苏洵带着大儿子苏轼和小儿子苏辙离开偏僻的西蜀地区，沿江东下，于1057年进京参加科举考试。当时的主考官是文坛领袖欧阳修，苏轼以一篇清新洒脱的文章获得欧阳修的赏识，与弟弟苏辙一起考中进士，一时名声大噪。苏洵虽未参加考试，但因才学过人，朝廷授予他秘书省校书郎的职位。正当父子三人名动京师、要大展身手时，突然传来苏轼、苏辙的母亲病故的噩耗，兄弟二人悲痛万分，立刻随父回乡奔丧。苏轼的母亲程夫人是一位贤良且富有正义感的女性，自幼熟读诗书，经常给儿子们讲古今成败治乱的故事，培养他们的品德、情操和气节。在母亲的教诲下，"刚正不阿""舍生取义""忠厚正直"

等思想深深根植于兄弟二人的心中。

　　三年后，苏轼守孝期满回京，出任签书凤翔府判官，后又任判登闻鼓院事。1066年，苏轼因为父亲去世再次回乡守孝，三年守孝期满回到京城时，震动朝野的王安石变法已经开始了。苏轼的许多师友因与新任宰相王安石政见不合，被迫离京。苏轼也因上书神宗谈论新法的弊病，触犯到新党利益而遭到排挤，于是他请求出京任职，出任杭州通判。也就是从那时起，苏轼与杭州结下了不解之缘。

　　1071年，苏轼到杭州，与太守陈襄一见如故，二人配合默契，为杭州修复了六口水井，解决了杭州城吃水的问题。苏轼乘舟游览西湖，被西湖的美丽景色所吸引，写下了一首首赞美西湖的诗篇，其中最著名的就是大家都熟悉的《饮湖上初晴后雨》：

　　　水光潋滟晴方好，山色空蒙雨亦奇。
　　　欲把西湖比西子，淡妆浓抹总相宜。

　　杭州通判三年任满，苏轼被调到密州（今山东诸城）担任知州。当时的密州正在闹蝗灾，看到百姓因天灾而食不果腹，流离失所，苏轼的内心比被蝗虫啃噬还要难过。为了治理

通　判： 中国古代的官名之一，在知府下掌管粮运、家田、水利和诉讼等事项，对州府长官有监察的责任。

蝗灾，他走到田间地头，认真观察蝗虫的活动规律，很快找到了消灭蝗虫的方法，没有造成更大的灾害。这一年，密州百姓的庄稼收成明显比往年多了很多，百姓愁苦的脸上也有了笑容，整个密州城渐渐焕发了生机，百姓视这位苏太守为救命恩人。然而此时苏轼高兴不起来，因为除了天灾，还有人祸：当时西夏入侵宋朝，朝廷不但不积极抵御外敌，反而有人建议投降。苏轼对此悲愤不已，借打猎之机，拈弓搭箭对着西北方向激愤地大声吟诵：

老夫聊发少年狂，左牵黄，右擎苍，锦帽貂裘，千骑卷平冈。为报倾城随太守，亲射虎，看孙郎。

酒酣胸胆尚开张，鬓微霜，又何妨！持节云中，何日遣冯唐？会挽雕弓如满月，西北望，射天狼。

苏轼将西夏国比作"天狼星"，而自己要拉满弓，射天狼，表达了他渴望为国御敌、建功立业的决心。

1076年的中秋节，皓月当空，苏轼思念家人，为了表达对七年未见面的弟弟苏辙的思念，提笔写下那首著名的《水调歌头·明月几时有》。

明月几时有？把酒问青天。不知天上宫阙，今夕是何年。我欲乘风归去，又恐琼楼玉宇，高处不胜寒。起舞弄清影，何似在人间。

转朱阁，低绮户，照无眠。不应有恨，何事长向别时圆？人有悲欢离合，月有阴晴圆缺，此事古难全。但愿人长久，千里共婵娟。

1077年，苏轼调任徐州知州。这年秋天，徐州地区连降暴雨，黄河决口，河水肆意横流，卷入急流洪水中的百姓不计其数。苏轼忧心如焚，挺身而出，积极组织军民筑堤抢险，守护城池，终于保住了徐州城，百姓无不欢欣鼓舞，对苏轼充满感激。

1079年，四十三岁的苏轼调任湖州知州。按照惯例，他写了《湖州谢表》一文上表谢恩，这本是一篇官样文章，但文中个别句子被新党们过分解读，还从苏轼的其他诗作中挑出他们认为隐含讥讽新法的句子，一时间，朝廷内一片倒苏之声。这年七月二十八日，苏轼上任才三个月，就被御史台的吏卒逮捕，押往京师，受牵连者达数十人。这起由御史台"修理"苏轼所引发的案件，就是后世所称的"乌台诗案"。乌台诗案成为苏轼一生的转折点，自此，他的人生发生了翻天覆地的改变。虽经多方营救，苏轼最终得以从轻发落，被贬为黄州团练副使，但注定难在仕途上再有大的建树，苏轼也将满心的为国分忧转换到更为宽广

乌　台：
即御史台，因官署内遍植柏树，柏树上常有乌鸦栖息筑巢，故称乌台。

的人文情怀上。

苏轼谪居黄州四年，在黄州城东的坡地上，和当地的农夫一样，身着布衣，耕田种地，自号东坡居士。四年间写下了《念奴娇·赤壁怀古》《临江仙·夜归临皋》等一百多首词，占他一生词作的四分之一。

1085年，宋神宗崩逝，年少的宋哲宗即位，高太后听政，起用保守派老臣，司马光拜相，苏轼以礼部郎中被召还朝，不久升翰林学士。他对旧党执政后暴露出的腐败现象进行抨击，引起了保守势力的极力反对，被诬告陷害，苏轼再度自求外调，获得朝廷恩准。

1089年，苏轼第二次到杭州做官。正值杭州大旱，瘟疫横行，西湖美景不再。苏轼带领百姓抗旱救灾，派医生给百姓治病。他带领工人和船夫疏浚西湖水道，用挖出来的淤泥修筑长堤，方便行人来往，在长堤两旁栽种柳树和桃树，每到春天，绿柳轻拂，桃花摇曳，相映成趣，人们把长堤命名为苏公堤。杭州人感念苏轼，苏轼也赢得了杭州人的心。

1091年，苏轼又被召回朝，很快就因与当权者政见不合，被调往颍州。1093年，赏识苏轼的高太后去世。高太后的离世，使得当时北宋的朝廷政治重新洗牌，一场更加激烈的权力倾轧拉开了帷幕，而苏轼最不屑的恰恰就是政治斗争，很快他就被贬到了惠州。苏轼经历过黄州时期的穷苦，也有过翰林大学士的风光，到惠州，虽然条件差了很多，但凭借一如既往的乐观和开朗，苏轼把困窘的生活也过得有滋有味，吃着美味的荔枝，笑眯眯地写下"日啖荔枝三百颗，不辞常作岭南人"的名句。他还琢磨着自酿美酒，时常向当地人请教酿酒的方法。

1097年，已经六十岁的苏轼被贬到荒凉之地海南岛儋州。儋州当时气候炎热，环境恶劣，疫病横行，百姓愚昧不堪。苏轼教当地百姓挖井，种植药材，给他们熬中草药治病。他还带领当地人发展农业、修路架桥、凿泉挖井、兴办学堂，为海南培养了第一位举人姜唐佐和第一位进士符确。人们把苏轼看作儋州文化的开拓者，对他怀有深深的敬意。

宋徽宗登基后，虽然下令将苏轼从海南调回，但是依然没有让他进入中枢，而是继续在地方任职。直到1100年朝廷大赦，苏轼才再次被召回京师。在回京路上，六十四岁的苏轼在常州病故。

从最初的意气风发、踌躇满志到最后的颠沛流离、客死他乡，苏轼的一生可谓跌宕起伏，但不论处于怎样的逆境，他依旧旷达豪放，不论走到哪里，总能造福一方。他有"老夫聊发少年狂"的豪放，也有"一蓑烟雨任平生"的洒脱，进退自如，宠辱不惊，为后世留下了无数熠熠生辉的诗词佳作。

名人轶事

识遍天下字　读尽人间书

苏轼年少时天资聪颖，小小年纪就饱读诗书，博通经史，又擅长写诗作赋，常常受到人们的赞赏。在一片赞扬声中，苏轼也不免有些飘飘然。

有一天，苏轼取过笔墨和纸，在门前挥毫写了一副对联："识遍天下字，读尽人间书。"

几天后，一位鹤发童颜的老者路过苏轼家门口，看到这副对联，深感这位苏公子太自不量力。于是老者决定向苏轼"求教"，他从包袱里拿出一本书，请苏轼认一认上面的字。苏轼满不在乎地接过书一看，书上的字自己竟然一个也不认识，他的脸顿时红一阵白一阵，半天说不出一句话。老者看着苏轼的窘态，捋着长长的白胡子说："苏公子，你不是识遍天下字，读尽人间书了吗？怎么会不识此书之字呢？"说完，收起书，转身走了。

一向心高气傲的苏轼看着老者远去的背影，甚是惭愧。

他很快从老者的话中悟出了真谛，立即提笔来到门前，在那副对联的上下联前各加了两个字，使对联变为："发奋识遍天下字，立志读尽人间书。"

从此，他手不释卷，朝夕攻读，虚心求教，文学造诣日益高深，在诗、词、散文、书、画等方面都取得了很高的成就，博得了唐宋八大家之一的盛誉。

大文豪也是"大吃货"

苏轼因"乌台诗案"被贬到黄州以后，日子过得很苦，连吃饭都成了问题。那时黄州的猪肉很便宜，有钱人都不愿意吃，苏轼便买回家，经过精心加工，竟做出了色香味俱全的东坡肉，成为流传后世的名菜。

苏轼被贬到惠州后，日子过得更加拮据，经常缺米断粮。他用极少的钱买别人不要的羊脊骨，煮熟后涂些酒和盐，再放到火炉中烤一烤，竟然酥香无比，苏轼吃得津津有味。吃完烤羊骨，再来几颗鲜美的荔枝，好不惬意。正当他以为可以在惠州安度晚年时，又不幸被贬到了蛮荒之地海南，但这照样难不倒"吃货"苏轼。没有粮食吃没关系，他采来苍耳煮粥喝，蹲在海边挖生蚝，将蚝肉加上水和酒一起煮来吃，或者取出蚝肉放在火上烤，烤熟后直接塞进嘴里，那叫一个过瘾。

(六年级下册)

浣溪沙·游蕲水清泉寺

〔宋〕苏轼

游蕲水清泉寺,寺临兰溪,溪水西流。

山下兰芽短浸溪,松间沙路净无泥,萧萧暮雨子规啼。

谁道人生无再少?门前流水尚能西!休将白发唱黄鸡。

> 蕲 水:
> 今湖北浠水,在黄州(今湖北省黄冈市)东。

此词是苏轼被贬黄州期间所作,描写的是雨中南方初春的景色,表达了自己虽处困境却老当益壮、自强不息的精神,洋溢着一种积极向上的人生态度。

上阕写清泉寺幽静的风光。山下溪水潺潺,岸边的兰草刚刚萌生出娇嫩的幼芽。松林间的沙路洁净无泥。傍晚细雨霏霏,寺外传来布谷鸟的叫声。苏轼此时漫步溪边，浑然忘却尘世的喧嚣和官场的污秽，心情愉悦。

下阕就眼前"溪水西流"之景生发感慨。光阴犹如昼夜不停的流水，一去不复返，青春对于人生来说只有一次，正如古人所说："花有重开日，人无再少时。"这是不可抗拒的自然规律。然而，溪水尚可西流，人未尝不可老当益壮，何必哀叹衰老呢？自强不息的精神，往往能焕发生命的光彩。因此，词人发出令人振奋的感叹："谁道人生无再少？门前流水尚能西！"

"休将白发唱黄鸡"中"白发""黄鸡"比喻世事匆促，光景催年。白居易当年在《醉歌》中唱道："黄鸡催晓丑时鸣，白日催年酉前没。腰间红绶系未稳，镜里朱颜看已失。"白居易想表达的是红颜易老，良时不返，苏轼偏偏反其道而用之，劝说世人莫要因为自己韶华已逝而心灰意冷，希望人们不要徒发自伤衰老之叹。应该说，这是苏轼对生活、对未来的向往和追求，是对青春活力的召唤。在多年的贬谪生活中，能一反感伤迟暮的低沉之调，写出如此催人自强的词作，体现出苏轼热爱生活、旷达乐观的性格和人生态度。

考点荟萃(一)

1. 竹外桃花三两枝，☐☐☐☐☐☐☐。(《惠崇春江晚景二首》苏轼)

2. 一年好景君须记，☐☐☐☐☐☐☐。(《赠刘景文》苏轼)

3. ☐☐☐☐☐☐☐，只缘身在此山中。(《题西林壁》苏轼)

4. ☐☐☐☐☐☐，月有阴晴圆缺，此事古难全。(《水调歌头·明月几时有》苏轼)

5. 大江☐☐，☐☐，千古风流人物。(《念奴娇·赤壁怀古》苏轼)

6. 《江城子·乙卯正月二十日夜记梦》中的"十年生死两茫茫，☐☐☐，☐☐☐。"表达了苏轼对亡妻的深切思念。

7. 苏轼的《惠州一绝》中：日啖荔枝三百颗，☐☐☐☐☐☐。表现了他乐观旷达的精神风貌。

8. 《水调歌头·明月几时有》是苏轼的中秋望月怀人之作，诗中的"但愿☐☐☐，千里☐☐☐。"一句表达了他希望自己思念的人平安健康，不管相隔千山万水，都可以一起看到明月皎洁美好的样子。

13

1分钟了解李清照

人物名片

李清照(1084—1155),号易安居士,宋代女词人,婉约词派的代表人之一,代表作有《如梦令·昨夜雨疏风骤》《声声慢·寻寻觅觅》《一剪梅·红藕香残玉簟秋》等。

1084年出生于山东济南的士大夫家庭。

18岁与赵明诚在汴京成婚。

1107年与赵明诚移居青州。

1127年青州兵变,带着大批书籍器物南渡江宁。

1155年凄然离世。

1143年,勘校完成与赵明诚共同编著的《金石录》。

1129年赵明诚去世,李清照开始了颠沛流离的生活。

中国古代人物篇 下

李清照：
千古第一才女的凄苦人生

　　李清照出生于书香门第，年少时生活优裕。父亲李格非是山东济南人，进士出身，苏轼的学生，精通经史，治学严谨。母亲王氏也知书达理，腹有诗书。李清照少年时随父亲生活在汴京，在那个"女子无才便是德"的年代，李格非对女儿的教育却非常有格局有眼光。苏门四学士中的晁补之与李格非交情很好，李格非就让李清照跟晁补之学诗。出身书香门第，又有名师指导，再加上天赋异禀，李清照虽然深居闺阁，才华和见识却异于常人，小小年纪便文采出众。

　　李清照十八岁时嫁给当时的太学士**赵明诚**，两人相敬如宾，琴瑟和鸣。因赵明诚擅长金石学，所以后人也把李赵二人的姻缘称为"金石良缘"。受赵明诚的影响，李清照也对金石学产生了浓厚兴趣，他们几乎把全部的精力

> **赵明诚：**
> 宋代著名金石学家、文物收藏家，北宋末年至南宋初年官员、学者。

投放在金石、字画和古玩上。

1103年,李清照的父亲李格非因新旧党争被贬官,李清照作为犯官家属也受到牵连,不得再居汴京城,只得离开赵明诚,只身返乡。1107年,赵明诚父亲赵挺之去世,家人遭到他曾经政敌的报复,赵明诚也随家人被遣返回原籍。李清照随赵氏一家回到青州,开始了屏居乡里的生活。

1127年,李清照四十四岁。金人大举南侵,俘虏徽、钦二帝,北宋朝廷崩溃,康王赵构在应天府即位,重建宋朝,南宋开始。面对金军的大举进攻,赵构不积极组织抵抗,反而带着宠臣和卫士家眷南逃到杭州,过起了醉生梦死的生活。北方百姓在金人的统治下,生活困苦。同年八月,赵明诚起任江宁知府,临行前嘱托李清照保管好家中的金石器物。很快,金兵攻陷青州,为躲避战乱,李清照押着十五车金石器物南下,于1128年抵达江宁府。

1129年,御营统治官王亦发动叛乱,赵明诚得知后惊慌失措,竟罢守江宁,弃城而逃。叛乱平定后,赵明诚被罢去官职,李清照更是为丈夫贪生怕死的行为感到羞愧。不久,李清照跟随赵明诚去往江西,一路上两人相对无语,气氛尴尬。行至乌江,站在当年西楚霸王项羽兵败自刎的地方,李清照不禁思绪万千,心潮激荡,面对浩浩江水,吟出了那首著名的《夏日绝句》。赵明诚站在她身后,听闻之后愧悔难当,深深自责。不久赵明诚突发疟疾去世。李清照从此开始了长达二十七年孤苦漂泊的生活。

　　赵明诚去世之后,李清照独自一人押着大量金石文物辗转各地,在兵荒马乱中艰难度日,像一叶孤舟在风浪中无助地飘摇。1134年,李清照完成《金石录后序》的写作,避居金华。已渐入暮年的李清照没有孩子,守着一个孤清的小院,身边没有一个亲人,只有秋风卷着黄叶在门前盘旋。李清照写诗作词,悲宋室之不振,感江山之难守,留下了"千古风流八咏楼,江山留与后人愁"等千古绝唱。李清照有一孙姓朋友,家有小女十岁,极为聪颖。一日孩子来玩时,李清照对她说:"你该学点东西,我老了,愿将平生所学相授。"不料这孩子脱口说道:"才藻非女子事也。"李清照听罢,不由得倒抽一口凉气,觉得一阵晕眩。童言无忌,原来在这个社会,有才有情的女子真是多余啊!而她还一直奢想什么关心国事、著书立说、传道授业。她收集的文物不计其数,她学富五车,词动京华,到头来却落得个报国无门,情无所托,学无所传。1155年,李清照怀着对逝去亲人的思念和对故土难归的无限失望,在凄苦中离开了人世。

延伸阅读

大宋第一才女和大奸臣竟然是亲戚

据考证,李清照的外公王珪是秦桧妻子的爷爷,也就是说,秦桧的妻子是李清照的表姐。当初秦桧还在密州时,李清照与丈夫就住在邻近的青州,但是双方并没有往来,就如同陌生人一般。要知道古人可是十分好客的,很喜欢走亲访友。既然秦桧与李清照住得那么近,为什么没有往来呢?

原因很简单,李清照的志向乃是"生当作人杰,死亦为鬼雄",而秦桧是无恶不作、祸乱朝纲的大奸臣。对于这样的亲戚,李清照自不会多看一眼,又怎会联络走访呢?就算是后来李清照遇到那么多的挫折,也没有请求奸臣秦桧的帮助,她不想与这卖国贼亲戚有任何瓜葛。

李清照一生凄苦,令人心疼,但就是这样一个弱女子,能够在危难中坚持自我,秉持爱国之心,行端正之事,又敢于打破旧规,以过人的勇气捍卫自己的利益,不论文学成就还是为人品行,都令人敬重。

(四年级上册)

夏日绝句

〔宋〕李清照

生当作人杰,死亦为鬼雄。

至今思项羽,不肯过江东。

1127年(靖康二年),金兵入侵中原,攻入北宋都城,掳走宋徽宗、宋钦宗父子及赵氏皇族、后宫妃嫔与朝臣等三千余人,赵宋王朝被迫南逃,在杭州建立都城。不久,李清照之夫赵明诚出任江宁知府。后城中爆发叛乱,赵明诚不思平叛,反而临阵脱逃。李清照为国为夫感到耻辱,在路过乌江时,有感而发,创作此诗。

"生当作人杰,死亦为鬼雄。"开头这两句破空而起,先声夺人,将那种生死都无愧为英雄豪杰的气魄展现在读者面前,让人肃然起敬。活着的时候要做人中豪杰,就算死了也要做鬼中的英雄,这是置生死于度外的豪迈气概!

"人杰"是用典，汉高祖刘邦在夺得天下以后，对开国功臣张良、萧何、韩信赞誉有加，他说"此三者，皆人杰也"，称他们都是人中豪杰。"鬼雄"也有典故，屈原在《九歌·国殇》中提道"身既死兮神以灵，子魂魄兮为鬼雄"，意思是说即使这些楚国的战士献身沙场，神也会赋予他们灵魂，让他们成为鬼中的英雄。

"至今思项羽，不肯过江东。"这一句是李清照想起了项羽当年兵败不肯苟且偷生、退回江东的事，追思一代枭雄项羽的精神和气节，痛恨宋朝当权者的苟且偷安。秦朝末年，天下群雄并起，项羽带江东子弟起兵，成为西楚霸王，最后却功败垂成，被刘邦打败。据说最后一战项羽突围到乌江边，乌江亭长驾船要帮他渡过乌江回到江东重整旗鼓，但生来骄傲的楚霸王觉得自己葬送了那么多江东好男儿，无颜再见江东父老，便回身苦战，杀死敌兵数百，然后在乌江边自刎而亡。"不肯过江东"说的就是这件事情。

面对滔滔乌江水，李清照由项羽想到懦弱的南宋朝廷，只求一时安稳，完全不顾百姓死活，感叹怎么就没有人能有项羽当年"不肯过江东"的气概呢！从这首诗中不难读出易安居士的满腔愤懑，也显示了她的凛然正气。全诗借古讽今，借着歌颂楚霸王的英雄气魄来讽刺宋朝当权者不思进取，苟且偷生；同时也有对丈夫赵明诚在兵变中处置不当、临阵脱逃的不满。

考点荟萃（二）

1. 知否，知否，□□□□□□。（《如梦令·昨夜雨疏风骤》李清照）

2. 常记溪亭日暮，□□□□□，兴尽晚回舟，□□□□□。（《如梦令·常记溪亭日暮》李清照）

3. □□□□□，死亦为鬼雄。至今思项羽，□□□□□。（《夏日绝句》李清照）

4. 花自飘零水自流，□□□□，□□□□。（《一剪梅·红藕香残玉簟秋》李清照）

5. "生当作人杰，死亦为鬼雄。"使用的修辞手法是（　　）。

A. 比喻　　　　　　B. 对偶

C. 拟人　　　　　　D. 设问

1分钟了解陆游

人物名片

陆游（1125—1210），字务观，号放翁，南宋文学家、史学家、书法家，著名诗人。代表作有《钗头凤·红酥手》《卜算子·咏梅》《示儿》《秋夜将晓出篱门迎凉有感》等。

1125年出生于江南一个书香世家。

1153年参加锁厅考试，被秦桧从中作梗而除名。

1163年为北伐出谋划策。

1169年赴夔州任通判。

1210年与世长辞，留下绝笔诗《示儿》。

1203年回到山阴。

1202年奉诏进京，编修国史。

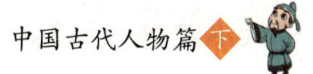

陆游：
亘古男儿一放翁

陆游出生于名门望族、江南藏书世家，祖父陆佃（diàn）曾师从王安石，精通经学，官至**尚书右丞**。1125年，陆游的父亲陆宰奉诏入京，带着家眷从淮水乘船赶往京都汴京，陆游就出生在这次旅途中。就在陆游出生的这年冬天，北方女真族建立的金朝开始大举南侵。当时北宋王朝政治腐败，军队也衰败到毫无作战能力的地步。在陆游两岁的时候，北宋都城汴京沦陷，紧接着发生了两宋历史上最耻辱的"靖康之难"，宋徽宗、宋钦宗父子被金人抓去当了俘虏，历经一百六十七年历史的北宋王朝灭亡。陆宰带着一家人南逃，回到他们的老家浙江绍兴。那时南方没有战祸之苦，宋室迁都杭州，陆游一家就在浙江安顿下来。长期的战乱给陆游幼小的心灵带来了不可磨灭的影响，让他早早便有了忧国忧民的民族意识。

1141年，奸相秦桧与金朝签订了屈辱的

> **尚书右丞：**古代官名，掌管兵部、刑部、工部的事务。

"绍兴和议"，跟金人划淮水为界，并在除夕夜（1142年1月27日）以"莫须有"的罪名杀死了忠臣岳飞。这对坚持抗金、梦想报效国家的陆游来说，无疑是个很大的打击。但他并没有丧失希望，一直努力研习兵法，希望有朝一日能上战场杀敌报国。

1151年，陆游离开山阴老家，进京参加科举考试。他的才华在此次考试中得以施展，考官对他大为赏识。1153年，陆游参加锁厅考试，名列第一，但因为他坚持抗金，平常总把收复河山挂在嘴上，遭到奸臣秦桧的嫉恨，再加上他排名在秦桧孙子秦埙的前头，所以在接下来礼部考试的时候，秦桧从中作梗，将陆游除名。1155年，卖国贼秦桧病死，陆游的仕途才开始明朗起来。三年之后，陆游出任福州宁德县主簿，他为官清廉，处处为百姓着想，受到当地百姓的爱戴。

宋孝宗继位之后，任命陆游为枢密院编修官，赐进士出身。1163年，抗金派领袖张浚主持北伐，陆游为北伐出谋划策，但张浚出师未捷，惨遭失败，被主和派大肆弹劾攻击，张浚、陆游被贬。很快，金兵举兵南下，迫近长江，

锁厅考试： 现任官员或者恩荫子弟的进士考试。

张浚： 南宋名臣，抗金派领袖。官至宰相。

宋孝宗被迫与金签订了比"绍兴和议"更加屈辱的"隆兴和议",南宋对金不再称臣,改为侄叔关系,另外还要割地赔款。南宋人民羞辱难当,更加民不聊生。而后又有人进言,说张浚用兵都是陆游怂恿所致,孝宗听后大怒,于是陆游被罢官回山阴老家去了。

陆游四十六岁时,进入四川宣抚使王炎的幕府任职,投身军旅生活,他心心念念投军报国的愿望终于得以实现。这是陆游一生中最引以为傲的一段时光。他终于来到边关,开启了"匹马戍梁州"的峥嵘岁月。他往返于大散关、凤州、骆谷和褒谷之间,为准备星夜强渡渭河的战斗,寝食于鞍马之间,露宿沙场,勘查敌情,慰问在金人统治下的宋朝百姓。

可惜没过多久,朝廷就下令停止北伐,王炎被召回,军队被裁撤。虽然陆游在汉中只待了八个月,"扫胡尘""靖国难"的壮志落空,"上马击狂胡,下马草军书"的梦想亦未实现,但汉中西北前线的军旅生活,更坚定了陆游的抗战意志和胜利信心。这段抗金前线的经历以及汉中美好的山川风光,也成为陆游许多诗歌的创作源泉,让他写出了许多脍炙人口的军旅诗篇。

那时在宋军之中,传颂着陆游从军的两件事。一件是陆游在汉中期间,曾充当过南宋军队的"间谍",单枪匹马潜入金军窃取情报。还有一件事,传闻陆游到汉中不久,听说当地老虎沟有猛虎伤害人畜,他决心为民除害。一天下午,陆游率领一支百余人的队伍,在汉水谷地、龙岗寺老虎沟一带进行围猎,果然发现了一只猛虎。陆游率众围杀,最后猛虎带伤向南山逃去,陆游等人紧追不舍,在山腰将其射杀。后来百姓在此处一巨石上刻"放翁射虎"四字,以示纪念。

此后,陆游在朝廷的起用和罢免之间蹉跎了几年光阴。闲居山阴老家时,他"身杂老农间",写下不少表现农村生活的诗歌。虽然闲居老家,但陆游的拳拳之心从未改变,他常常在风雪之夜、孤灯之下回首往事,梦游梁州,写下了一系列爱国诗词,比如这首《书愤五首·其一》:

早岁那知世事艰,中原北望气如山。

楼船夜雪瓜洲渡,铁马秋风大散关。

……

1202年,被罢官十三年的陆游奉诏进京编修国史。1207年,**韩侂胄**(tuō zhòu)北伐失

> **韩侂胄**
> (1152—1207):
> 南宋抗战派首领。

败,收复中原更加遥遥无期。八十三岁的陆游听闻后忧愤成疾,卧床不起。1210年,陆游去世,在临终前吟出绝笔诗《示儿》。虽然统治者依然在"暖风熏得游人醉,直把杭州作汴州"的日子里逍遥快活,但陆游直到临终也没有忘记国恨家仇,他带着不能亲眼看到中原统一的深深遗憾,满腔忧愤地离开了人世。

文史小知识

绍兴和议

绍兴和议是南宋与金订立的屈辱和约之一。

这一投降条约签订于抗金战场上捷报频传、金兵节节败退之时。绍兴十年（1140），宋军以少胜多，击败了金军，接着岳飞率领岳家军又取得郾城大捷，打败了金军主力，先后收复了郑州、洛阳等城，抗金形势一片大好。可是，以妥协苟安为国策的宋高宗赵构，既害怕宋军的胜利影响他的求和，更害怕岳家军从金营迎回徽、钦二帝，从而威胁自己的帝位。于是与秦桧商定，命令各路军队班师回朝，并在一天内连下十二道金牌逼令岳飞退兵。岳飞悲愤地说："十年之力，毁于一旦。"随后高宗派使臣赴金，提出和议。和议主要内容为：

1. 宋向金称臣，金册封宋康王赵构为皇帝。

2. 以淮水、大散关为界，重划宋、金两国的边界，宋割唐州、邓州（在今河南省）予金，又重定陕西地界。

3. 宋每年向金纳贡银、绢各二十五万两、匹。

这个耻辱的条约断送了岳飞等人在这之前的抗金成果，使宋与金形成了南北对峙的局面。而南宋以耻辱所换取的和平，只维持了短短的二十年。

隆兴和议

隆兴和议是继绍兴和议之后南宋与金朝订立的第二个屈辱和约。1162年宋孝宗赵昚（shèn）即位后，改元隆兴，欲进攻金朝，收复中原，便起用老将张浚等发动"隆兴北伐"，却于隆兴元年（1163）被金军击溃。

投降派大臣汤思退向金朝示意，要金出兵两淮，迫宋议和。隆兴二年（1164），金世宗派大军突破宋的两淮防线，再次逼近长江。

十二月，在金朝大军胁迫下达成和议。主要内容为：

1. 南宋对金不再称臣，改称侄叔关系。
2. 维持绍兴和议规定的疆界。
3. 宋每年给金的岁贡改称岁币，岁币为每年银、绢各二十万两、匹。
4. 宋割商州、秦州等地予金。
5. 金不再追回由金逃入宋的人员。

隆兴和议之后，宋金维持了四十年的和平。

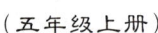

秋夜将晓出篱门迎凉有感二首（其二）

〔宋〕陆游

三万里河东入海，五千仞岳上摩天。

遗民泪尽胡尘里，南望王师又一年。

这首诗作于1192年的秋天，陆游闲居在山阴老家。诗人作此诗时，中原地区已沦陷于金人之手六十多年。这首诗是陆游为宋朝百姓鸣不平，其中的感情不只是"痛苦"，还有"悲愤"。

标题中的"将晓"指天快亮了。"篱门"指用竹子或树枝编的门，此处代指陆游住的茅草屋。"迎凉"指初秋的清晨一出家门感到一阵凉意，这种凉意引发了陆游心中的惆怅。看来，平静的村居生活并没有让陆游的心平静下来，他依然心存天下，壮怀激烈。

"三万里河东入海，五千仞岳上摩天。""三万里"是说河的长度，虚指，极言其长。"河"指黄河。"五千仞岳上摩天"一句视野相当辽阔。"仞"是古代的长度单位，一仞大概是一个成年人双臂展开的长度，"五千仞"同样也是虚指，指特别高。前两句写的是祖国的壮丽山河，山河越壮丽，内心越悲愤，为什么？因为如此大好山河，却沦陷于敌人之手。这里用了反衬的写作技巧，更能表现出诗人当时那种愤慨之情。

这首诗的起承转合做得非常好，后两句笔锋一转，顿觉风云突起，诗境向更深远的方向开拓。

"遗民泪尽胡尘里"，"泪尽"一词饱含无限酸辛。百姓眼泪流了六十多年，早已尽了，为什么？因为大宋朝"三万里河""五千仞岳"附近的老百姓都已成了被朝廷抛弃的遗民，他们已经归金人统治，生活困苦，民不聊生。"南望王师又一年"，即使"眼枯终见血"，那些心怀故国的遗民依然祈望南天，翘首以待，期盼着朝廷派兵来平定中原。金人马队经过时扬起的灰尘，隔不断他们苦盼王师的视线。以"胡尘"作为"泪尽"的背景，感情愈加沉痛。结句一个"又"字扩大了时间的上限。他们年年岁岁盼望着南宋朝廷能够出师北伐，可是岁岁年年此愿落空。他们哪里知道，那个贪图享乐的南宋朝廷早已把他们忘得干干净净了。陆游为遗民百姓呼号，目的还是想引起南宋当权者的警觉，激起他们的恢复之志。

(五年级上册)

示 儿

〔宋〕陆游

死去元知万事空,但悲不见九州同。
王师北定中原日,家祭无忘告乃翁。

此诗为陆游诗歌中的名篇,作于1210年。时年八十五岁的陆游一病不起,此诗既是诗人的遗嘱,也是诗人发出的最后的抗战号召。全诗悲壮沉痛地表达了诗人对收复失地的期盼。

"死去元知万事空,但悲不见九州同。"人死后万事空空无牵无挂,唯一感到悲哀的是没有看到天下统一。"元"通"原","但"在这里是"只是"的意思,这一句中的"悲"字是句眼,诗人临终前悲怆的不是个人生死,而是看不到天下统一。

"王师北定中原日,家祭无忘告乃翁。"南宋的军队终会有平定天下收复中原的一天,到了那天一定要给我烧炷香,告诉我这天大的好消息。在生命的最后阶段,陆游依然对统一天下抱有坚定的信念。

整首诗短短二十八个字,披肝沥胆地嘱咐着儿子,浓浓情感跃然纸上。从诗中可以体会到陆游的拳拳之心。

延伸阅读

家祭如何告乃翁

元 朝
(1271—1368)：中国历史上首次由少数民族建立的大一统王朝。

1279年，宋朝军队与蒙古军队在崖山进行大规模海战，宋军全军覆灭，元朝吞并了宋朝江山，赵宋皇族八百余人跳海自尽，南宋灭亡。面对这一切，当时的诗人林景熙悲痛万分，想到陆游一生追求祖国统一，感慨万千，提笔为《示儿》写下了一首续诗：

青山一发愁蒙蒙，干戈况满天南东。
来孙却见九州同，家祭如何告乃翁！

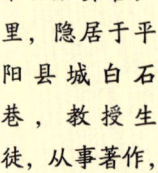

林景熙
(1242—1310)：南宋末期诗人。宋亡后弃官归里，隐居于平阳县城白石巷，教授生徒，从事著作，名重一时。

陆游一生立志平定中原，但在投降派始终占据统治地位的南宋朝廷，这个理想注定无法实现。最后由元统一中国这个结局是陆游没有估计到的，所以"家祭如何告乃翁"一句读来十分令人心酸。但是相比之下，陆游后代们的表现更值得我们铭记。

　　陆游的孙子陆元廷得知崖山战败，忧愤而死。陆游的曾孙陆传义在崖山失败后，绝食而亡。玄孙陆天骐在宋元最后一战——崖山战役中拼死血战、宁死不降，最后跳海壮烈殉国。陆游的其他子孙，面对国破山河碎，选择隐居山林，拒绝元朝的征召，不做元朝的任何官。陆氏家族可以说是满门忠烈，这种浩然正气充盈于天地之间。

名人轶事

大文豪竟然是个"猫奴"

陆游不仅是一位忧国忧民的大英雄,还是一位可爱的"猫奴",曾经写过20多首咏猫的诗。

在宋朝,领养小猫如同嫁娶,是需要"下聘礼"的,俗称"聘猫"。如果是亲朋好友赠予的,要给主人家"盐"作为聘礼,迎接小猫;如果是领养小野猫则要赠予小猫"小鱼串"以示尊重。陆游的这首《赠猫》,就很好地反映了这一习俗。

赠猫三首·其二

裹盐迎得小狸奴,尽护山房万卷书。

惭愧家贫策勋薄,寒无毡坐食无鱼。

"小狸奴"是古人对小猫的称呼,整首诗的意思是说朋友赠予了陆游一只小猫,他下了聘礼"盐",聘了小猫来消灭老鼠,以保护家里的万卷书。可惜家里太穷,喂不起好吃的东西,不能让小猫过上富裕的生活。

1分钟了解范成大

人物名片

范成大（1126—1193），字至能，早年自号此山居士，晚号石湖居士，南宋名臣、文学家、诗人。南宋中兴四大诗人之一。代表作有《石湖集》《四时田园杂兴》等。

1126年生于吴县（今江苏省苏州市）。

1154年登进士第。

1165年出任校书郎。

1170年出使金国。

1175年入蜀任职，与陆游结交。

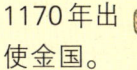

1193年去世。

60岁时写下名作《四时田园杂兴六十首》。

范成大：是诗人，也是威武不屈的士大夫

在古代描述田园风光的作品中，范成大的诗作算是很有代表性的，被钱锺书评价为中国古代田园诗的集大成者。他的作品有着很美的意境，体现出对生活的热爱和激情。范成大不但是一位诗人，还是一名颇有作为的官员。

范成大1126年出生于吴县（今江苏省苏州市），父母早亡，家境贫困。他从少年开始努力苦读，十二岁时就读经史，十四岁开始诗文创作。1154年，范成大考取进士，先后任枢密院编修官、校书郎等职务，因为能力突出，很受朝廷重视。

就在他干得风生水起时，当时的皇帝**宋孝宗**却让他去办一件天大的难事——出使金朝。

靖康之变后，宋朝不仅丢掉了半壁江山，还和金签订了不平等的协议，每年要给金上缴大量的钱粮。行动派的宋孝宗即位后，一心想收复故土，于是大量起用主战派北伐，只可惜

宋孝宗

（1127—1194）：赵昚，宋太祖赵匡胤七世孙、宋高宗赵构养子。宋朝第十一位皇帝、南宋第二位皇帝。

当时宋军的实力太差,很快就损失惨重,不得不再次硬着头皮和金和谈。本来差不多谈妥了,后来发现遗漏了一件事,此前的协议里规定,每次金使者到访,宋朝皇帝都必须亲自迎接。宋孝宗对此非常气愤,于是想派个使者跟金商量,把这个规矩取消了,同时也希望金能归还宋皇室在北方的陵寝。但放眼整个朝廷,有谁愿意来接这个烫手山芋呢?在明眼人看来这趟差事分明就是去送死啊!一时间,朝中文武官员无人敢领命。关键时候,范成大临危受命,尽管他心里也没底,但为国效力义不容辞。1170年6月,范成大收拾好行囊,踏上了这次可能有去无回的外交之途。

到了金廷,面见**金世宗**的时候,原本照本宣科的范成大突然话锋一转,从怀里掏出自己草拟的奏章,说要改变以前受书礼仪的章程。金世宗一听大怒,当即大声呵斥道:"好大的胆子!这难道是献国书的地方吗?"旁边有暴躁的金臣当时就要上前揍范成大,金太子甚至差点拔刀杀了他。但范成大始终不卑不亢,在金朝堂之上显示了慷慨赴死的决心。

金世宗一看这种局面,明白宋朝使者是铁

金世宗:
金太祖完颜阿骨打之孙完颜雍,金朝第五位皇帝。

了心,也不想当着文武百官的面弄出什么外交事件有损金皇室的颜面,无奈之下只能使出缓兵之计,说再考虑考虑,赶紧让范成大先回去。

尽管最终金并没有答应宋朝提出的有关迎接金朝使者礼仪方面的要求,但同意将北宋先帝们的陵寝迁往南方,还顺便点名表扬了范成大。范成大一名文官孤身深入敌国,慷慨陈词,不辱使命,这份气魄和胆识令很多武将都为之汗颜。宋孝宗对这次外交出使的结果非常满意,不仅立刻给范成大加官晋爵,从此以后更是把他当作朝廷中为数不多可以信赖的能臣。

之后范成大又先后被调任多个地方做官,他在职责范围内兴利除弊,改善百姓生活、促进农业生产、安定社会秩序,受到了百姓拥戴。在成都的时候,他与好友陆游重逢,两人不仅把酒言欢,还共事了一段时间,范成大推荐陆游做自己的参谋。可惜由于朝廷中主和派看不惯一直高举收复中原旗帜的陆游,对他百般诋毁,范成大无奈,只得免了陆游的职。在范成大因病离开四川时,陆游一路相送,居然一连送了十多天,两人的情义可见一斑。

1178年,范成大升任参知政事(相当于副宰相),因与宋孝宗政见不合,很快被弹劾,到地方做了几年官后,回到老家吴县。他在石湖边建造了一处宅院,宋孝宗亲笔书写"石湖"二字,从此,范成大自号"石湖居士"。

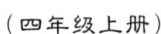

四时田园杂兴（其二十五）

〔宋〕范成大

梅子金黄杏子肥，麦花雪白菜花稀。

日长篱落无人过，惟有蜻蜓蛱蝶飞。

《四时田园杂兴》是诗人范成大退居家乡后写的一组田园诗，生动地描绘了一幅田园四季长卷。分春日、晚春、夏日、秋日、冬日五部分，每部分各十二首，共六十首。诗歌描写了农村春、夏、秋、冬四个季节的景色和农民的生活。

这首诗是其中一首写初夏江南田园景色的。诗中用梅子黄、杏子肥、麦花白、菜花稀，写出了初夏时节南方农村的特点，梅子金黄、杏子成熟的时节，麦穗扬着白花，油菜花落尽正在结籽。有花有果，有色有形。"黄、肥、白、稀"四字用得极妙。"日长篱落无人过"一句从侧面写出了夏季农民忙于劳作的情景：到了夏季，白昼时间变长，正是农耕的好时节，农民早出晚归，在田间忙碌，所以院子的篱笆边白天很少有人经过，只有蜻蜓和蝴蝶绕着篱笆飞来飞去。"惟有蜻蜓蛱蝶飞"衬托村中的寂静，静中有动，显得更静。全诗没有一个字描写农耕的情景，然而透过字里行间，农民繁忙劳作的情景仿佛就在眼前。

延伸阅读

范成大一生为人低调,总能把分内事做到极致,在朝时为国事奔波操劳,回到石湖边又能安然享受田园生活,一辈子活得通透明白。作为南宋时期的著名诗人,他多年在地方做官,周知四方风土人情,他的作品能够全面、真切地描写乡村景物以及人们的生活。也正是这样一种描写,令他的作品显得更加接地气。

除了《四时田园杂兴》组诗,范成大还有一首《喜晴》,也是难得的名篇。

喜 晴

窗间梅熟落蒂,墙下笋成出林。

连雨不知春去,一晴方觉夏深。

整首诗意境唯美,读来也是朗朗上口,尽管还是用平实朴素的语言描写乡间的日常景物,可是那深厚且细腻的笔触能够直击我们的心灵。特别是最后两句,更是给人一种豁然开朗的感觉。

考点荟萃（三）

1. 昼出耘田夜绩麻，村庄儿女□□□。（《田园四时杂兴·其三十一》范成大）

2. 童孙未解供耕织，也傍桑阴□□□。（《田园四时杂兴·其三十一》范成大）

3. 梅子金黄杏子肥，麦花□□□□。（《田园四时杂兴·其二十五》范成大）

4. 日长□□□□□，惟有蜻蜓蛱蝶飞。（《田园四时杂兴·其二十五》范成大）

5. 范成大，字_____，_____名臣，文学家，诗人。晚年号_____。

6. 1170年，范成大受_____指派去金朝谈判。

　A. 宋孝宗　　　　B. 宋真宗

1分钟了解朱熹

人物名片

朱熹（1130—1200），字元晦，号晦庵，宋朝著名的理学家、思想家、哲学家、教育家、诗人。后人尊称其为"朱子"。代表作有《楚辞集注》《周易读本》《四书章句集注》《晦庵词》等。

1130年出生于福建省尤溪县。

1147年乡试中贡生。

1148年中进士。

1151年任泉州同安县主簿。

1178年修复白鹿洞书院，发展教育。

1194年陷入党派纷争，遭诬陷以"伪学罪"被罢职。

1200年，病榻中坚持整理著作，直至去世。

朱熹：
大道集成垂万世

1130年，朱熹出生于尤溪县（今属福建省三明市）一个儒学世家，出生时右眼角长有七颗黑痣，排列如北斗，亲戚朋友见了都说七星痣是祥兆，朱熹长大之后定能成为奇才。有一天，父亲朱松手指天空教朱熹说"天"，小朱熹仰头看看天，眨巴着眼睛问父亲："天的上面是什么东西呀？"看到小朱熹如此聪慧好学，朱松又惊又喜，于是便教他广读诗书，五岁时送他入私塾。朱熹学习很努力，十岁时就开始攻读《大学》《中庸》《论语》《孟子》等儒家经典。

1148年，朱熹考中进士，先后在江西、湖南、福建等地做官。为官期间，他清正廉洁，勤政爱民，还减免租税，兴修长江石堤，得到百姓的称赞。

朱熹到江西任职时，适逢当年大旱，灾害严重，朱熹到任后，立即着手兴修水利，抗灾救荒，使灾民得以妥善安置。虽政务繁忙，但他不忘发展教育，亲自主持修复了白鹿洞书院，自兼洞主，邀请名师，充实图书，

> **学　田：**
> 旧时办学用的公田，以其收入作为学校经费。

置办学田，供养贫穷学子，一时间声名远扬。朱熹还订立学规，即著名的《白鹿洞书院学规》，这是世界教育史上最早的教育规章制度之一，对教育目的、训练纲目、学习程序及修己治人的道理等，都一一作了明确的阐述和详细的规定，不仅成为后续中国封建社会七百多年书院办学的模式，而且为世界教育界瞩目，成为国内外教育家研究教育制度的重要课题。

1182年，朱熹五十二岁时，将《大学章句》《中庸章句》《论语集注》《孟子集注》四书融合整理，经学史上"四书"之名第一次出现。之后，朱熹呕心沥血修改《四书章句集注》，将"四书"定为封建士子修身的准则，长期为封建王朝所垂青，当作治国之本，也成为封建科举的标准教科书。1183年，朱熹在武夷山九曲溪畔大隐屏峰脚下创建武夷精舍，潜心著书立说，广收门徒，聚众讲学。

1194年，朱熹主持改建、扩建了位于湖南长沙岳麓山下的岳麓书院，空闲时间到此讲学，使岳麓书院进入繁盛时期，成为全国四大书院之一。

同年，朱熹受当时南宋宰相赵汝愚推荐，为刚即位不久的宋宁宗讲《大学》，并借此机会，对朝政多有批评，惹得宁宗不满，以干预朝政的罪名将在朝仅仅四十六天的朱熹逐出朝廷。

1200年，七十岁的朱熹因病去世。此后，他的学说日渐受到重视。到元代时，科举考试要采用他的《四书章句集注》，而明、清两代则把他的学说提升到儒学正宗的地位，成为中国封建社会后期的主流统治思想。日本在江户时代也流行他的"朱子学"，可见他的学说影响是巨大而深远的。

朱熹不但是著名的思想家，在文学上也是独树一帜，成绩斐然，他的诗歌更是独具特色，在抒情的同时还充满哲理。譬如《偶成》一诗，就是一首看似普通、实则充满智慧的经典名篇，诗云：

少年易老学难成，一寸光阴不可轻。

未觉池塘春草梦，阶前梧叶已秋声。

朱熹用自己的切身体会告诫年轻人，人生易老，学问难成，必须爱惜光阴，努力向学，切莫让宝贵的时光从身边悄悄溜走。此诗用以劝人，亦用于自警。

呕心沥血

释义 形容费尽心血。多用来形容事业、工作、文艺创作等方面用心的艰苦。

近义词 鞠躬尽瘁 殚精竭虑

反义词 敷衍了事 无所用心

成语典故

　　唐朝著名的诗人李贺，七岁开始写诗做文章，才华横溢。成年后，他一心希望得到朝廷重用，但是他在政治上从来没有得志过，只好把苦闷的心情倾注在诗歌创作上。他每次外出，都让书童背一个袋子，装上纸笔，只要一有灵感，想出几句好诗，就马上记下来，回家后再重新整理、提炼。母亲总是心疼地说："我的儿子已把全部的精力和心血放在写诗上了，真是要把心呕出来才罢休啊！"

　　李贺在他短暂的二十六年的生命中，留下了二百四十余首诗歌，这是他用毕生心血凝成的。唐代文学家韩愈曾写过这样两句诗：刳肝以为纸，沥血以书辞。意思是说，挖出心肝来当纸，滴出血来写文章。后来人们常用呕心沥血比喻极度劳心苦思。

名人轶事

朱熹与郑樵

朱熹年轻时,从建阳到泉州同安县赴任,途经莆田,于夹漈草堂见到了当时名满天下的史学家郑樵,年过五旬的郑樵设宴招待。席间,桌上只有一碟姜、一碟盐,朱熹的书童看到饭菜如此简单,心中暗暗不悦。朱熹取出一部手稿,请郑樵过目指正。郑樵恭敬地接过,放在桌上,接着燃起一炷香,室内顿时异香扑鼻。这时,恰好窗外吹来一阵山风,手稿随风翻动,郑樵盯着书稿,一动不动地站立着,像是沉醉于清风吹拂之中。风过之后,他才慢慢转过身子,把手稿还给了朱熹。两人促膝而谈,一连谈了三天三夜,朱熹十分高兴,特地写了一副对联表示感谢,联曰:云礽(réng)会梧竹,

> 郑樵:
> 宋代史学家、校雠(chóu)学家。

山斗盛文章。盛赞夹漈山风光旖旎，郑樵著作丰富。

朱熹离开草堂后，他的书童不满地说："这个老头儿算什么贤人？他对相公太无礼了。无酒无肴，只有一碟姜一碟盐，亏他做得出来。"

朱熹说："那盐不是海里才有的吗？那姜不是山里才有的吗？尽山尽海，是行大礼啊！"

书童继续不满地说："相公递给他的手稿，他连看都不看……"

朱熹笑说："你没看到吗？我给他手稿时，他特地燃起一炷香，这是很尊重我啊；风吹开书稿那阵子，他已经把稿子看完了。他跟我谈了不少好意见，还能把手稿里的原句背出来，令人钦佩。"

书童依旧不悦地说："相公老远跑来见他，可刚才离开时，他送都不送一程。"

朱熹说："他送到草堂门口，就已尽礼了。一寸光阴一寸金，我们做学问的人，每分钟都很宝贵啊。"

正说着，草丛里突然传出哗啦一声，一只五色雉鸟从头顶飞过。二人不由得回头看去，却见郑樵还站在远处的草堂门口，保持原先送客的姿态，手里还拿着一本书。朱熹笑着说："你看，他还在门口站着，送客不忘读书，真是个贤人啊！"

年过五旬的郑樵设宴招待朱熹。席间,桌上只有一碟姜、一碟盐。

朱熹取出一部手稿,请郑樵过目指正。郑樵恭敬地接过,放在桌上,接着燃起一炷香,室内顿时香味扑鼻。

恰好窗外吹来一阵山风,手稿随风翻动,郑樵盯着书稿,一动不动地站立着,像是沉醉于清风吹拂之中。

两人促膝而谈,一连谈了三天三夜。

朱熹十分高兴,特地写了一副对联表示感谢,联曰:云初会梧竹,山斗盛文章。

(五年级上册)

观书有感·其一

〔宋〕朱熹

半亩方塘一鉴开,天光云影共徘徊。

问渠那得清如许?为有源头活水来。

1196年,朱熹应朋友之邀到南城县上塘蛤蟆窝村讲学,在那里写下了这首诗。这是一首借景喻理的名诗,全诗以方塘作比喻,形象地表达了一种微妙难言的读书感受。朱熹离开后,村民们将蛤蟆窝村改名为源头村。

"半亩方塘一鉴开",朱熹在山村里读书,兴味正浓,抬头一看,眼前一方半亩大小的池塘清澈见底。在南方的山村,这本是平凡景象,但在朱熹的笔下,把池塘比喻为镜子,有一种深刻的寓意。人生活在纷繁复杂的世界中,要面对种种诱惑与干扰,而君子的道德修养就是要不被外界环境所惑，清晰明了地把握生命的方向，也就是孔子说的"知者不惑"。

看着眼前的池塘，朱熹体会到内心世界的清晰明朗，犹如明镜一般。镜子虽小，却能照进整个天地。因此，这区区半亩方塘，竟也有了湖海般的气象——"天光云影共徘徊"。尽管它小，却能倒映出长天无垠，云影悠悠。在这里，美不在于事物本身，而在于观赏事物的心灵境界。写这首诗时，朱熹正处在人生的逆境，他在小山村中读书讲学，不过是为了避祸而已。尽管如此，他的内心世界仍然充实而自信，在他心中承载着人间万象，惦念着天下苍生。正因为有这种博大的胸襟，眼前这方小小的池塘，却也吞吐着宇宙万象。

"问渠那得清如许？为有源头活水来。""问渠"的"渠"这里指方塘。诗人并没有说"方塘"有多深，而是突出了一个"清"字，"清"就已经包含了"深"。因为塘水如果没有一定深度的话，即使很"清"也映照不出"天光云影共徘徊"的情态。由此提出一个问题，"问"那个"方塘"为什么这么"清"，能够映照出"天光云影"来。而这个问题如果孤立地看这个"方塘"本身，是没有办法回答的。于是诗人放开了眼界，从远处看，终于看到了

"方塘"的"源头"，找到了答案。就因为"方塘"不是无源之水，而是有"源头"源源不断地给它输送"活水"，所以它才永不枯竭，永远"深"而且"清"。

这首《观书有感》是一首说理诗。从字面上看好像是一首风景之作，实际上说的是读书对于一个人的重要性。特别是"问渠那得清如许？为有源头活水来"两句，表面是写水塘因为有源头活水不断注入才"清如许"，实则预示着人要心灵澄明，不断从书籍中汲取营养，才能有日新月异的进步。

延伸阅读

春 日

〔宋〕朱熹

胜日寻芳泗水滨,无边光景一时新。
等闲识得东风面,万紫千红总是春。

朱熹从未到过泗水之滨,但他心仪孔圣,向往当年孔子居洙、泗之间,弦歌讲诵,传道授业的胜事,于是借泗水这个孔门圣地写下这首说理诗。

这首诗前两句写春景。诗人胜日寻芳:春回大地,万物复苏,草木萌发,一片生机盎然。诗人目之所及,皆焕然一新,绚丽多姿。

后两句说理,耐人寻味,等闲识得,是容易识别的意思,这里作者是说春日的光景是很容易辨认的。意为胜日寻芳,本不期望有无边光景的所得,而今却有如此新鲜之感,内心充满喜悦之情。最后一句是说这万紫千红的景象全是由春光点染而成的，人们从这万紫千红中认识了春天，感受到了春天的美。这就回答了上句，为何可以"等闲识得东风面"。

这首诗看似写景，实则富有深意。结合当时的创作背景可知，诗人"寻芳"就是指求圣人之道，"无边光景"所示空间极其广大，透露了诗人膜求圣道的本意。"东风"暗喻教化，"万紫千红"喻孔学的丰富多彩。诗人将圣人之道比作催发生机、点燃万物的春风。诗人寓理趣于形象之中且不露说理的痕迹，这是朱熹的高明之处。

考点荟萃（四）

1. 半亩☐☐☐☐，天光☐☐☐☐。（《观书有感》朱熹）

2. 问渠那得清如许？☐☐☐☐☐☐☐。（《观书有感》朱熹）

3. ☐☐☐☐☐☐☐，无边光景一时新。（《春日》朱熹）

4. 少年☐☐☐☐，☐☐☐☐不可轻。（《偶成》朱熹）

5. _____与"二程"（程颢、程颐）合称"程朱学派"。

6. "呕心沥血"这个成语最早说的是_____的故事。

    A.朱熹   B.李贺

7. "等闲识得东风面"中"等闲"的意思是_____。

8. "胜日寻芳泗水滨"中"胜日"的意思是_____。

1分钟了解辛弃疾

人物名片

辛弃疾（1140—1207），字幼安，号稼轩，南宋豪放派词人，与苏轼合称"苏辛"，与李清照并称"济南二安"。代表作有《永遇乐·京口北固亭怀古》《清平乐·村居》《破阵子·为陈同甫赋壮词以寄之》等。

1140年出生于山东济南。北方已沦陷于金人之手。

1161年聚集人马加入抗金起义。

1181年被弹劾罢官，开始闲居生活。

25岁时被任命为江阴签判。

1188年重回仕途。

1194年再次被罢官。

1203年先后出任绍兴知府、镇江知府等职。

1207年怀着忧愤之心离世。

辛弃疾：
文武双全壮志难酬

辛弃疾1140年出生于山东济南历城，当时北方已沦陷于金人之手，他的父辈虽然被迫在金任职，但心中对金充满憎恨，一直希望有朝一日能揭竿而起，摆脱金人统治。他的爷爷辛赞常常带着他登临附近的名山大川，指点江山，叮嘱他不要忘却故土。辛弃疾从小目睹了北方汉人在金人统治下遭受的屈辱与痛苦，在青少年时代就立下了恢复中原的志向。

1161年，金朝皇帝完颜亮率军大举南侵，造成中原空虚，北方汉人纷纷起义抗金。时年二十一岁的辛弃疾也聚集人马参加了由耿京领导的一支声势浩大的起义军，并担任掌书记。此时金人内部矛盾爆发，完颜亮在前线被部下所杀，金军开始向北撤退。辛弃疾于1162年奉命南下与南宋朝廷联络，在他完成使命归来的途中，听到耿京被叛徒所杀、义军溃散的消息，便毅然率领五十多人杀入敌军五万大营，生擒

完颜亮
（1122—1161）：
金朝第四位皇帝，文学家。

叛徒张安国,将其带回建康,交给南宋朝廷处决,自己也正式投奔南宋。

辛弃疾的英雄事迹一夜之间传遍临安,南宋军民的士气大受鼓舞。辛弃疾满怀一腔热忱,对南宋朝廷抵抗金朝、收复失地抱以极大希望,写下了《美芹十论》《九议》等著名的抗金北伐建议。但此时的南宋朝廷厌倦了连年的战争,选择安于现状,对北伐完全没有兴趣,只是赏识辛弃疾在建议书中所表现出的实际才干,先后委派他到江西、湖北、湖南等地担任转运使、安抚使等地方官职,主要职责是治理荒政、整顿治安,甚至镇压农民起义,这显然与辛弃疾抗金北伐的理想相去甚远。

长期的文官生涯让辛弃疾越来越感到壮志难酬,内心也越来越压抑和痛苦。虽有一身才能,但因辛弃疾由北方南来入仕,又屡次疾呼北伐抗金,再加上其豪迈倔强的性格,这样的他与一味享乐、不思进取的南宋官场格格不入。万般无奈之下,辛弃疾于1181年春在上饶带湖"高处建舍,低处辟田",建造了一处庄园,并对家人说:"人生在勤,当以力田为先。"他把带湖庄园取名为"稼轩",自号"稼轩居士",做好了归隐的准备。同年十一月,辛弃疾遭到弹劾被罢官,回到上饶,开始了他中年以后的闲居生活,但他恢复中原的信念始终没有动摇。

1188年冬,力主抗金的好友陈亮拜访辛弃疾,二人纵谈天下事。分别后，辛弃疾怀着满腔激情和对国家兴亡、民族命运的关切和忧虑，写下那首著名的《破阵子·为陈同甫赋壮词以寄之》：

醉里挑灯看剑，梦回吹角连营。八百里分麾下炙，五十弦翻塞外声，沙场秋点兵。

马作的卢飞快，弓如霹雳弦惊。了却君王天下事，赢得生前身后名。可怜白发生！

连做梦都想着自己身在军营，能够恢复失地，建立功勋。

1203年，主张北伐的韩侂胄起用主战派人士，已六十四岁的辛弃疾被起用到镇江前线任职，到任后，他积极组织布置军事进攻的准备工作，但他提出的北伐意见依然没有引起南宋当权者的重视。辛弃疾清楚自身处境，深感很难有所作为，一时忧心忡忡，他登临北固亭，凭高望远，抚今追昔，感叹自己壮志难酬，挥笔写下了《永遇乐·京口北固亭怀古》这篇传唱千古之作：

千古江山，英雄无觅**孙仲谋**处。舞榭

孙仲谋： 指孙权，字仲谋，三国时期东吴的建立者。

语文书里的"大人物"

寄奴： 指宋武帝刘裕，中国东晋至南北朝时期的政治家，军事家，小名寄奴。

歌台，风流总被雨打风吹去。斜阳草树，寻常巷陌，人道寄奴曾住。想当年，金戈铁马，气吞万里如虎。

元嘉草草，封狼居胥，赢得仓皇北顾。四十三年，望中犹记，烽火扬州路。可堪回首，佛（bì）狸祠下，一片神鸦社鼓。凭谁问：廉颇老矣，尚能饭否？

佛狸： 北魏太武帝拓跋焘的小名。

不久，在一些谏官的攻击下，辛弃疾被再次弹劾。1207年秋，朝廷再度起用辛弃疾，但此时的他已经六十八岁，重病在身，卧床不起，不久之后便带着一腔忧愤永远离开了人世，临终时还大呼："杀贼！杀贼！"

辛弃疾是中国历史上少有的文武全才，可惜英雄生不逢时，南宋朝廷偏安已久，不再有进取之心，辛弃疾一身抱负无施展之地，只能将自己的浓浓情思化作一首首或激昂或沉郁的词章。其《稼轩词》共有词作六百二十余首，无论数量之富，质量之优，皆冠两宋。后世称辛弃疾为人中之杰，词中之龙。

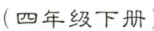

清平乐·村居

〔宋〕辛弃疾

茅檐低小，溪上青青草。醉里吴音相媚好，白发谁家翁媪（ǎo）？

大儿锄豆溪东，中儿正织鸡笼。最喜小儿亡赖，溪头卧剥莲蓬。

这首词是辛弃疾闲居带湖期间所作。由于辛弃疾始终坚持抗金，一直遭受当权主和派的排挤和打压，长期得不到重用。闲居中，他写了不少描绘田园风光的词作。这首《清平乐·村居》就是其中之一。

"茅檐低小，溪上青青草。"点明环境和地点，一所矮小的茅草屋旁，有一条流水淙淙、清澈照人的小溪。溪边长满了碧绿的青草。作者只用了淡淡的两笔，就把由茅屋、小溪、青草组成的清新秀丽的环境勾画出来了。

语文书里的"大人物"

"醉里吴音相媚好,白发谁家翁媪?""吴音",指吴地的地方话。作者写这首词时,是在江西上饶,此地春秋时代属于吴国。"媪"是对老年妇女的代称。这两句描写了一对满头白发的老夫妇坐在一起,一边喝酒,一边聊天的悠闲自得的画面。这几句尽管写得很平淡,却把一对白发翁媪借着酒意彼此"媚好"的那种和谐、温暖、惬意的老年幸福生活形象地再现出来,这就是无奇之中的奇妙之笔。

"大儿锄豆溪东,中儿正织鸡笼。最喜小儿亡赖,溪头卧剥莲蓬。"大儿子担负着溪东豆地里锄草的重担。二儿子年纪尚小,只能做点辅助劳动——编织鸡笼。小儿子活泼可爱,不懂世事,只知在田间调皮玩耍,趴在溪边剥莲蓬吃。"亡赖"通"无赖",指顽皮淘气。"卧"字使用最妙,把小儿趴在溪边剥莲蓬吃的天真、活泼、顽皮的神态,惟妙惟肖地表现出来,从而使人物形象鲜明,意境耐人寻味。作者运用反衬手法,反映农村生活的恬静闲适,给读者留下了大幅想象空间。

在写景方面,茅檐、小溪、青草,这本来是农村中司空见惯的景物,作者把它们组合在一个画面里,显得格外清新优美。在写人方面,翁媪饮酒聊天,大儿锄草,中儿编鸡笼,小儿卧剥莲蓬,通过这样简单的情节安排,就把一片生机勃勃、和平宁静、朴素安适的农村生活真实地反映了出来,给人一种诗情画意、清新悦目的感觉。

成语积累

sī kōng jiàn guàn
司空见惯

释义 指看惯了就不觉得奇怪。

例句 对于他的这种行为，大家都早已司空见惯了。

近义词 不足为奇 习以为常

反义词 鲜为人知

成语典故

刘禹锡被贬苏州刺史时，当地有一个曾任过司空官职的人，名叫李绅，这个名字可能大家不太熟悉，但他的那首《悯农》无人不晓。李绅仰慕刘禹锡的才名，便邀请他饮酒，并请了几个歌伎在席上作陪。饮酒间，刘禹锡诗兴大发，便作了这样一首诗："高髻云鬟宫样妆，春风一曲杜韦娘。司空见惯浑闲事，断尽苏州刺史肠。"诗的意思是李司空对这动人的歌舞已经见惯，不觉得奇怪了。而对我这个苏州刺史来说，却觉得非常痛心。因为当时苏州正逢水灾，刘禹锡为百姓生活忧心，对眼前的歌舞情景有些反感。"司空见惯"这个成语，就是从刘禹锡这首诗中得来的。

司 空： 古代官名，掌管水利、营建之事。

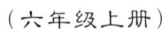

西江月·夜行黄沙道中

〔宋〕辛弃疾

明月别枝惊鹊,清风半夜鸣蝉。稻花香里说丰年,听取蛙声一片。

七八个星天外,两三点雨山前。旧时茅店社林边,路转溪桥忽见。

1181年,辛弃疾因受奸臣排挤被罢官,回到上饶带湖家居,在此留下了不少词作。这首词就是他经过江西上饶黄沙岭道中所作。

"明月别枝惊鹊,清风半夜鸣蝉。"这句表面看写的是月、鹊、风、蝉这些极平常的景物,然而经过作者巧妙组合,平常中就显得不平常了。鹊儿惊飞引起"别枝"摇曳,凉风徐徐吹拂而过,知了的鸣叫衬托出周围环境的清幽。"惊鹊"和"鸣蝉"两句动中寓静,把半夜清风明月下的景色描绘得令人悠然神往。

"稻花香里说丰年,听取蛙声一片。"这句把人们的关注点从长空转移到田野,词人不仅为夜里乡间道路上的情趣所浸润,更为扑面而来的漫村遍野的稻花香所吸引,又由稻花香而联想到即将到来的丰年景象。稻花飘香的"香"固然是描绘稻花盛开,也是表达词人心头的甜蜜之感。此时的词人俨然听到群蛙在稻田中齐声喧嚷,争说丰年。先出"说"的内容,再补"声"的来源。以蛙声说丰年,是词人的创造。

"七八个星天外,两三点雨山前。"在这里,"星"是寥落的疏星,"雨"是轻微的阵雨,这些都与上阕中清幽的夜色、恬静的乡土气息相吻合。"天外"和"山前"本来是遥远而不可捉摸的,可是词人笔锋一转,"旧时茅店社林边,路转溪桥忽见"。一过小桥,乡村林边茅店的影子却意想不到地展现在眼前。尽管词人对乡间小路很熟,可因为醉心于倾诉丰年在望的一片蛙声中,竟忘却了越过"天外",迈过"山前",连早已临近那个社庙旁、树林边的茅店也都没有察觉。前文"路转",后文"忽见",既衬出词人骤然间看到临近旧屋的欢欣,又表达了由于沉浸在稻花香中以至于忘了路途远近的怡然自得,体现了作者深厚的艺术功底,也让我们领略到稼轩词雄浑豪迈之外的另一种境界。

名人轶事

辛弃疾与陆游的忘年交

辛弃疾是南宋词坛豪放派的代表人物,其词作对后世影响深远。陆游是南宋伟大的爱国诗人,其诗作被誉为宋代"诗史"。他们是中国文坛的两座丰碑,但很少有人知道,他们之间还有一段超越年龄的友情佳话。

南宋嘉泰三年(1203)六月,在浙江绍兴一所破旧的草堂边,辛弃疾和陆游相遇了。在他们相会之前一个月,陆游刚从京城回到故乡,而辛弃疾则是刚刚赶赴绍兴府就任,难得的机缘巧合,才有了这两位心怀壮志豪情的文人历史性的相见。陆游生于1125年,当时已七十八岁;辛弃疾生于1140年,比陆游整整小了十五岁,但也已六十有三。他们都是南宋主战派代表,都有一颗赤胆忠心,都视恢复中原为己任,彼此仰慕已久,在经历了时局动荡和坎坷的人生后终于见面,所以显得分外激动。两人回忆往事,陆游当年曾"匹马戍梁州",辛弃疾则"气吞万里如虎"。那些峥嵘岁月让他们热血沸腾,共同的英雄豪迈让他们千杯不醉,万语嫌少。

考点荟萃（五）

1. 明月别枝惊鹊，□□□□□□□。稻花香里说丰年，□□□□□□□。（《西江月·夜行黄沙道中》辛弃疾）

2. 郁孤台下清江水，□□□□□□□。（《菩萨蛮·书江西造口壁》辛弃疾）

3. 八百里分麾下炙，□□□□□□□。（《破阵子·为陈同甫赋壮词以寄之》辛弃疾）

4. 辛弃疾，南宋_____派词人，号_____。与_____合称"济南二安"。

5. 《西江月·夜行黄沙道中》，"西江月"是_____，这首词描绘的是_____季的农村生活图景。

6. "醉里吴音相媚好，白发谁家翁媪？"中"翁媪"的读音_____，意思是_____。

7. 下列文学家、诗人中（   ）不是宋代的？
A. 辛弃疾　　B. 苏轼　　C. 杜牧　　D. 柳宗元

1分钟了解李时珍

人物名片

李时珍（1518—1593），字东璧，晚年号濒湖山人，湖北蕲春人，明代著名医药学家，后世尊称其为"药圣"。代表作有《本草纲目》《奇经八脉考》《濒湖脉学》等。

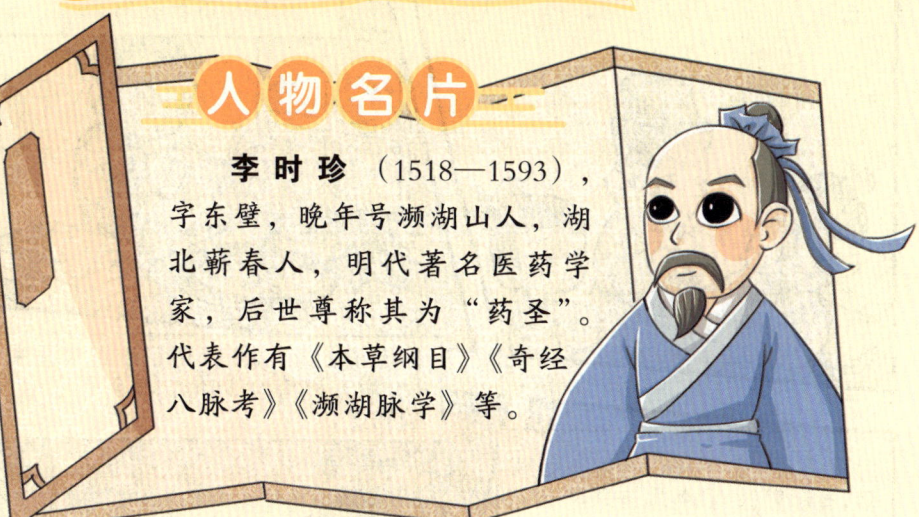

1518年出生于湖北省蕲春县。

14岁中秀才。

22岁开始随父亲行医。

1552年着手编著《本草纲目》。

1556年被推荐到太医院工作。

1578年完成《本草纲目》初稿。

1593年辞世。

李时珍和《本草纲目》

　　李时珍1518年出生于湖北省蕲春县。他的祖父是草药医生，父亲也是当时的名医。在李家后院，父亲种了很多药草，李时珍从蹒跚学步之时，就喜欢看这些药草发芽、开花、结果。看着父亲将这些花草制成草药，为百姓治病，小小的李时珍觉得非常神奇，随着年龄的增长，他对这些草药的药性也日渐了解。在医家环境的熏陶下，李时珍对行医的兴趣越来越浓，常常放下八股文章，翻看父亲的医书，读得津津有味。当时民间医生地位低下，生活艰苦，父亲不愿让李时珍再学医药，希望他能走仕途改变一下家族的社会地位。李时珍虽酷爱医学，但为了不辜负父亲的厚望，只好把心思放在那些枯燥乏味的八股文上。他刻苦好学，十四岁便考中了秀才，父亲乐得心花怒放，以为儿子考取进士大有希望。谁知事与愿违，后来李时珍接连参加三次乡试都名落孙山。父亲终于觉得不能再把自己的意志强加给儿子，从此一心一意带李时珍当起了郎中。

语文书里的"大人物"

朱厚焜：
明仁宗朱高炽五世孙，封富顺王。

李时珍三十三岁时，因治好了富顺王**朱厚焜**儿子的病和其他一些王公贵族的疑难杂症而医名大显，后来被推荐到太医院工作。太医院是专门为宫廷服务的医疗机构。在太医院期间，李时珍积极从事药物研究工作，经常出入太医院的药房及御药库，认真比较、鉴别各地药材，搜集了大量医药学资料，同时饱览了王府和皇家珍藏的医学典籍，看到了许多平时难以见到的药物标本，大大开阔了眼界，丰富了知识储备，为编写《本草纲目》打下了基础。李时珍在数十年行医以及阅读学习古典医籍的过程中，发现很多古代本草书中存在错误，他决心重新写一部本草书，并多次向太医院提出重新编修的建议。然而，他的建议不仅未被采纳，反而遭到无端讥讽与中伤。李时珍很快明白，要想实现这一理想，只有靠自己了，于是，在太医院工作一年后，他毅然辞职回乡。

从1552年开始，李时珍着手编写《本草纲目》。他参考了八百多部书籍，但时常让他感到烦恼的是这些书中药名混杂，说法不一，往往弄不清药物的形状和生长情况，对药物的解释也是矛盾百出，让人莫衷一是。在父亲的启示下，李时珍认识到，"读万卷书"固然重要，但"行万里路"更不可少。于是，他穿上草鞋，背起药筐，多次外出考察。他遍访各地名医，搜求民间验方，观察和收集药物标本，足迹遍及湖广等地的许多名山大川，弄清了大量疑难问题。李时珍了解药物并不满足于走马观花式的调查，而是要一一采来，对着实物认真进行比较核对。每到一处，李时珍虚心向当地人请教，这些人中有采药的，也有种田的、捕鱼的、砍柴的、打猎的等，他们都热情地向李时珍介绍当地的各种药材。

经过整整二十七年的辛勤耕耘，1578年，李时珍终于完成了《本草纲目》初稿的编写工作，此时他已六十岁。为了使这些具有实用价值的医药知识尽快流传于世，而不是在成书之后被"束之高阁"，已年过花甲的李时珍于1580年顺江直下金陵，为出版刊行事宜四处奔波。多年游历江南的经历使李时珍受到了新的启示，其间他进一步补充和完善了《本草纲目》，还亲赴太仓拜访著名史学家王世贞，请求他为《本草纲目》作序。精诚所至，金石为开，1590年，金陵书商胡承龙拜读此书后决定出资刻印，此时李时珍已年届古稀。由于积劳成疾，病老交加，他从金陵回到故乡，于病榻之上指导儿子进行刊校工作。1596年，也就是李时珍去世后的第三年，《本草纲目》正式首刻问世，很快就风行全国，成为社会各阶层的必藏之书。

语文书里的"大人物"

  李时珍"岁历三十稔，书考八百余家，稿凡三易"，终于编著成了旷古未有、切合实际需要的本草学巨著《本草纲目》。全书约一百九十万字，十六部、五十二卷，载药一千八百九十二种，记载了一万一千零九十六个医方，附图一千多幅。书中对每一种药物的产地、形状、颜色、气味、功用等都进行了详细说明，系统地总结了我国明朝中期以前药物学的巨大成就，纠正了以前的一些错误并有很多重要发现和突破。《本草纲目》是一部极具科学价值的医药巨著，在中国科学史乃至世界科学史上都具有重要地位，先后被译成日、法、德、英、俄等十余种文字在国外出版发行。

  为纪念李时珍对人类做出的伟大贡献，人们在他的家乡湖北省蕲春县蕲州镇建立了李时珍陵园。陵园位于蕲州镇东南风景秀丽的雨湖之滨，由李时珍墓地、李时珍纪念馆、李时珍医史文献馆和药物园四部分组成，李时珍药物园也成为我国第一家中医药自然博物馆。

走马观花
zǒu mǎ guān huā

释义 指骑在奔跑的马上看花。原形容事情如意，心情愉快。比喻粗略地观察事物。出自孟郊的《登科后》。

例句 这次参观博物院，只是走马观花，没有时间细看。

近义词 浅尝辄止　浮光掠影

反义词 入木三分　鞭辟入里

成语典故

　　唐朝诗人孟郊年轻时隐居嵩山，过着清贫闲淡的生活，在母亲的鼓励下，他进京赶考，前两次都铩羽而归，直到第三次，年已四十有六的孟郊才考中进士。放榜之日，他喜不自胜，即兴作了《登科后》一诗："昔日龌龊不足夸，今朝放荡思无涯。春风得意马蹄疾，一日看尽长安花。"以此来抒发自己的激动心情。后来人们根据这句诗总结出"走马观花"这一成语。

名人轶事

对对子促成一桩美满婚姻

李时珍自幼聪颖好学,上学前就跟着父亲认识了好多字。刚入私塾时,私塾先生考学生对联,他望着被树木环抱的远山,出了上联:"远声隔林静。"当时只有八岁的李时珍见朝霞分外明媚,路上客人来来往往,便脱口对道:"明霞对客飞。"先生听后大喜。

有位药铺主人,膝下有一个女儿,聪慧貌美,为了给女儿选择一个才华出众的夫婿,他决定用药名作联来征婚,上联是:玉叶金花一条根。

许多求婚者对药铺女儿倾慕已久,于是纷纷来对,但是看了上联之后,都望而却步,因为这联太难对了。同街有一位姓马的青年,为人忠厚,只是文采欠佳,他对药铺老板的女儿很有感情,就去求李时珍帮忙。李时珍是个乐于助人的青年,略一思考便脱口对道:冬虫夏草九重皮。

铺主见马公子有了下联,很高兴,又交给他一上联,限一天对上。这上联是:水莲花,半枝莲,金花照水莲。马公子对不出来,只得又去请李时珍帮忙,李时珍很快对出下联:珍珠母,一粒珠,玉碗捧珍珠。

铺主看马公子又有了下联,更高兴了,随即再出上联:白头翁牵牛耕熟地,限半天对出。马公子无奈,三求李时珍。李时珍好事做到底,对道:天仙子相思配红娘。

铺主听后十分满意,当即答应马公子与女儿订婚。

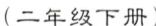

李时珍

明朝出了一位伟大的医药学家,叫李时珍。

文章一上来就开宗明义,点明李时珍在医学史上的地位。

李时珍家世代行医。他的父亲医术很高,给穷人看病常常不收诊费。李时珍看到医生能救死扶伤,解除病人的痛苦,就从小立下志向,要像父亲一样为穷人看病。

这段点明李时珍为什么要立志学医。

李时珍处处留心向父亲学习,二十二岁开始给人看病,一面行医,一面研究药物。他发现旧的药物书有不少缺点:许多有用的药物没有记载;有些药物只记了个名称,没有说明形状和生长情况;还有一些药物记错了药性和药效。他想,病人吃错了药,那多危险啊,于是决定重新编写一部完善的药物书。

这一段交代李时珍决心编写药物书的起因。

为了写这部药物书,李时珍不但在给人治病的时候注意积累经验,还到各地去采药。他不怕山高路远,不怕严寒酷暑,走遍了万水千山。他有时上山采药好几天不下山,饿了就吃些干粮,天黑了就在山上过夜。他走了上万里路,拜访了千百个医生、农民、渔民和猎人,向他们学到了书上没有的知识。他还冒着生命危险尝药材,判断药性和药效。

这段写李时珍为编写新书做的准备工作。具体写他花费了多少精力、做了哪些事情,突出了李时珍不怕困难的精神。

几年以后,他回到老家,开始写书。他用了整整二十七年,终于编写成了一部新的药物书,就是著名的《本草纲目》。

文章按照起因—经过—结果的顺序来进行安排,写出了李时珍在编写《本草纲目》的过程中表现出来的严谨态度和忘我的工作精神。

延伸阅读

中国古代四大名医

中国古代四大名医按照时间顺序来排的话,第一位应该是战国时期的扁鹊,第二位是东汉末年的张仲景,第三位是东汉末年的华佗,第四位就是明朝的李时珍。

为什么把他们列在一起呢?因为他们在不同方面对我国的医学发展做出了巨大贡献。

李时珍最重要的贡献就是编写出医药学巨著《本草纲目》。

华佗的主要贡献在外科手术方面,他首创用全身麻醉法施行外科手术,被后世尊称为"外科鼻祖"。在罗贯中的《三国演义》中,有一段华佗为关羽刮骨疗毒的描写,讲的是关羽在一次战斗中右臂被毒箭射中。后来,伤口渐渐肿大,十分疼痛,不能动弹。华佗为关羽剖臂刮骨,祛除骨上的剧毒,而关羽非常厉害,即使没有用麻沸散,依然神色不变。这个故事既是颂扬关羽有毅力、能忍耐，同时也说明了神医华佗的医技高明。曹操在东汉末年当了丞相后，权势很大。他得了偏头痛的病，半边头痛起来难受异常，没有人治得了。听说华佗医术高明，曹操就召他到河南许昌，为自己治偏头痛。华佗给曹操看诊之后，觉得应该进行开颅手术，这让曹操非常恼怒，一个人的脑袋怎么能说开就开呢？生性多疑的曹操觉得华佗是敌人那边派来谋害他的，于是下令把华佗处死了。

张仲景是我国历史上最杰出的医学家之一，他的传世巨著《伤寒杂病论》是我国医学史上影响最大的古典医著之一，也是我国第一部临床治疗学方面的巨著。《伤寒杂病论》奠定了张仲景在中医史上的重要地位，成为后世从医者必读的重要医籍，张仲景也被后人称为"医圣"。

扁鹊是中医学的开山鼻祖，世人尊称为神医。扁鹊在诊视疾病中，已经应用了中医全面的诊断技术，即后来中医总结的四诊法：望诊（对病人的神、色、形、态、舌象进行观察）、闻诊（听听病人的声音、嗅嗅病人的气味等）、问诊（询问病人的症状）和切诊（摸摸病人的脉象），当时扁鹊称这四诊法为望色、听声、写影和切脉。

语文书里的"大人物"

小古文

李时珍,字东璧,蕲州人。祖某,父言闻,世孝友,以医为业。年十四,补诸生。三试于乡,不售。读书十年,不出户庭,博学无所弗窥。善医,即以医自居。富顺王嬖庶孽,欲废适子(同"嫡子")。会适子疾,时珍进药,曰附子和气汤。王感悟,立适子。楚王闻之,聘为奉祠,掌良医所事。世子暴厥,立活之。荐于朝,授太医院判,一岁告归,著《本草纲目》。

【释义】李时珍,字东璧,蕲州(今湖北省蕲春县)人。祖父名字不详,父亲名叫李言闻,李家世代重视孝道,友爱兄弟,以行医为业。李时珍三次乡试皆落榜。他常常在家刻苦攻读,涉猎广泛,尤其喜欢研读医书,常以医者自居。富顺王宠爱庶子,想废掉嫡子的继承权。恰逢嫡子患病,李时珍进献汤药,说这剂汤药叫作"附子和气汤"。富顺王有所醒悟,仍然立嫡子为王位继承人。楚王听说李时珍后,召他去做王府祭祠,并兼管王府医疗事务。一天,楚王嫡子突然休克,李时珍随即开药,救活了他。楚王便将李时珍推荐给朝廷,朝廷授予李时珍太医院判一职,一年后他请求回乡,开始编著《本草纲目》。

名人轶事

李时珍名字的传说

传说，李时珍出生时，他的父亲李言闻正在雨湖上打渔，平常运气还不错，但这次连下几网都一无所获，李言闻很丧气。最后一网拉起来感觉沉甸甸的，心中暗喜，他以为是条大鱼，结果却是一块大石头。李言闻叹道："石头呀石头，我与你无冤无仇，今日为何捉弄我？"正当他沮丧失望之际，石头突然发出声音："石头呀石头，前来贺喜不用愁。"李言闻惊异，急忙回家，得知妻子刚刚生下儿子。当晚，李言闻又做了一个梦，梦见仙人铁拐李前来道喜说："时珍时珍，百病能诊。做我高徒，传我名声。"民间传说铁拐李是个医术高明的神仙。李言闻非常开心，于是最终决定给孩子取名为"李时珍"。

1分钟了解曹雪芹

人物名片

曹雪芹（约1715或1721—约1764），名霑，字梦阮，号雪芹，出生于江宁，清代著名小说家。代表作有《红楼梦》。

早年在江宁织造府过了一段富贵风流的生活。

1728年曹家被抄家，从此家道中落。

后随家人迁回北京老宅，靠卖字画和朋友接济为生。

1744年左右入宗学做一些助教舍夫等杂活。大约此时写作《红楼梦》的初稿。

约1764年去世，去世前仍在坚持创作。

1759年重游故里。

1747年移居北京西郊，过起隐居生活。

曹雪芹出生时曹家家世显赫,有权有势。童年时的曹雪芹享受了一段锦衣玉食、富贵风流的公子哥生活。

雍正六年,曹家因贪污亏空获罪被抄家。那时候,曹雪芹十多岁,看到家庭遭到这么大的灾难,幼小的心灵受到很大打击。

曹雪芹不得不搬到北京西郊几间简陋的屋子里居住,粮食不够吃,只能喝薄粥充饥。

曹雪芹住在郊外,接触到一些穷苦百姓,再想起自己小时候家里的奢华生活,不免产生许多感触。

尝遍人生百味、阅尽世态炎凉的他对封建社会也有了更清醒、更深刻的认识。

他决心根据自己的亲身经历写一部反映当时社会生活的小说,经过多年辛勤笔耕,终于创作出极具思想性、艺术性的伟大作品《红楼梦》。

曹雪芹与《红楼梦》

曹雪芹出生时曹家家世显赫，有权有势。他的曾祖父**曹玺**任江宁织造，也就是替皇上掌管江南丝绸织造的官职，曾祖母做过康熙皇帝的奶妈，祖父**曹寅**从小陪康熙皇帝读书，后来做御前侍卫，后又任江宁织造。据资料记载，曹家三代人都做过织造官，其家族的财富为世人羡慕。康熙六下江南，曹寅接驾四次，极受康熙宠信。在当时，曹家可以说是南京第一豪门，有权有势，天下推为望族，这个名门望族就这么安安稳稳地到了曹雪芹这一代。

童年时的曹雪芹聪明伶俐，非常淘气，他厌恶八股文，不喜欢读"四书五经"，反感科举考试、仕途经济。虽有父亲严加管教，并请了家庭教师，无奈因祖母溺爱孙儿，每每护着小曹雪芹。幸而曹家家学渊深，藏书极多，曹雪芹自幼生活在这样一个浓郁的书香环境之中，博览群书，尤爱读诗赋、戏文、小说之类

曹 玺：
原名曹尔玉，后因康熙把尔玉连写成"玺"而改名曹玺，内务府正白旗包衣。

曹 寅：
曹玺之子，曾担任苏州织造、江宁织造、两淮巡盐御史。

的文学书籍，对诸如戏曲、美食、养生、医药、茶道、织造等百科文化知识和技艺也均有所研究。

曹雪芹早年托赖天恩祖德（康熙帝之恩，曹玺、曹寅之德），在花柳繁华之地（南京）、诗礼簪缨之族（江宁织造府）享受了一段锦衣玉食、富贵风流的公子哥生活，日子过得逍遥自在。

俗话说"花无百日红"，曹家的显赫在康熙皇帝死后并没有得以延续，到了雍正时代，曹家就渐渐没落了。雍正六年（1728），曹家因贪污亏空获罪被抄家，父亲被革职，家中男女老少及仆人一百一十四口被逐出门。那时候，曹雪芹已经懂事，看到家庭遭到这么大的灾难，幼小的心灵受到很大打击。

父亲丢了官，在江宁待不下去，只好回到北京老家。为了偿还所欠银两以及填补家用，不得已典房卖地，以致门户凋零，人口流散。后来，父亲去世，曹雪芹的生活更加困苦，他没有一技之长，连吃饭都成问题，只能靠卖字画和朋友救济为生。后来曹雪芹不得不搬到北京西郊几间简陋的屋子里居住，粮食不够吃，只能喝薄粥充饥。曹雪芹住在郊外，接触到一些穷苦百姓，再想起自己小时候家里的奢华生活，不免产生许多感触。尝遍人生百味、阅尽世态炎凉的他对封建社会也有了更清醒、更深刻的认识。于是，他决心根据自己的亲身经历写一部反映当时社会生活的小说，经过多年辛勤笔耕，"批阅十载，增删五次"，终于创作出极具思想性、艺术性的伟大作品——《红楼梦》。

　　曹雪芹在《红楼梦》里讲述了一个贵族大家庭贾家从兴盛到衰落的故事。在这个贵族家庭里，大多是一些挥霍享受，专讲吃喝玩乐、放债收租的寄生虫，他们道貌岸然，内心肮脏刻薄。小说的主人公贾宝玉和他的表妹林黛玉是一对嫌恶贵族习气、反对封建礼教的青年，他们想摆脱旧礼教的束缚，却找不到出路。曹雪芹用满怀深切同情的笔调描写了这一对青年男女和一些受压迫凌辱的婢女的生活，同时揭露了封建统治阶级的腐朽和罪恶。

　　《红楼梦》里面有对人性的深刻刻画，如果没有一定的社会阅历，很难完全读懂。不同年龄的人读《红楼梦》会有不同的感受：十三四岁的孩子可以读《红楼梦》，因为《红楼梦》中的主角大都是这个年龄，像贾宝玉、林黛玉等，这是同龄人的故事，是一首青春之歌；二三十岁的人照样可以读《红楼梦》，因为其中有太多的人情世故值得我们去揣摩；四五十岁的人能读《红楼梦》吗？当然能。经历了人生的波折之后，回头再看《红楼梦》，你也许能从中读出不一样的感受。所以一说曹雪芹就一定要说《红楼梦》，一说《红楼梦》必定要说曹雪芹，因为这本书就是曹雪芹一生的真实写照，凝聚了他一辈子的思考和感悟，他是用生命来书写这本书，并从书中折射出人心和人性！

曹雪芹四十八岁时，因幼子夭亡，陷于过度的忧伤和悲痛中，一病不起，于这一年的除夕病逝于北京。曹雪芹死后，《红楼梦》的稿本经过朋友们传抄，渐渐为人所知。许多人读了这部小说，感动之余大加赞赏，但对这样一部杰出的著作只保留下前八十回，又觉得十分遗憾。后来，文学家高鹗（è）续写了后四十回（另一说法为无名氏续写，程伟元、高鹗整理），才终于使《红楼梦》这一史诗性的著作得以保全流传。

课文赏析

（五年级下册）

红楼春趣

《红楼春趣》这篇课文节选自《红楼梦》中的一个片段，题目为后人所加，写的是贾宝玉、林黛玉等人在大观园里放风筝的情景。作者把放风筝的过程写得非常热闹，放风筝的人也各具特点。主要人物有贾宝玉、林黛玉、薛宝钗、探春等，配角丫鬟也出现了很多个。除了人物刻画，还描写了风筝的不同样式，让读者大开眼界。从文章中我们能感受到宝玉他们这一群年轻人对自由快乐的向往，有一种青春洋溢的味道。一起来看课文：

一语未了，只听窗外竹子上一声响，恰似窗屉子倒了一般，众人吓了一跳。丫鬟们出去瞧时，帘外丫头子们回道："一个大蝴蝶风筝，挂在竹梢上了。"众丫鬟笑道："好一个齐整风

贾宝玉：
荣国府贾政与王夫人之子，贾母的孙子。

林黛玉：
林如海与贾敏之女，宝玉的表妹，寄居荣国府。她博览群书，才思敏捷，多愁善感。

筝!不知是谁家的,断了线。咱们拿下他来。"宝玉等听了,也都出来看时,宝玉笑道:"我认得这风筝,这是大老爷那院里嫣红姑娘放的。拿下来给他送过去罢。"紫鹃笑道:"难道天下没有一样的风筝,单他有这个不成?二爷也太死心眼儿了!我不管,我且拿起来。"探春笑道:"紫鹃也太小器,你们一般有的,这会子拾人走了的,也不嫌个忌讳?"黛玉笑道:"可是呢。把咱们的拿出来,咱们也放放晦气。"

从众人的几句玩笑话中,我们可以看出贾宝玉特别实诚,丫鬟紫娟调皮可爱,而且也能看出丫鬟在主人面前敢说敢笑,很融洽的一个氛围,大观园里这种美好的生活状态就在这些人物的语言中烘托出来了。

丫头们听见放风筝,巴不得一声儿,七手八脚,都忙着拿出来:也有美人儿的,也有沙雁的。丫头们搬高墩,捆剪子股儿,一面拨起籰(yuè)子来。宝钗等都立在院门前,命丫头们在院外敞地下放去。宝琴笑道:"你这个不好看,不如三姐姐的一个软翅子大凤凰好。"宝钗回头向翠墨笑道:"你去把你们的拿来也放放。"

紫鹃:
黛玉的丫鬟。

宝钗:
薛姨妈之女,宝玉的表姐。
宝琴:
宝钗的堂妹。

晴雯:
宝玉的丫鬟。

探春:
贾政和赵姨娘之女,宝玉同父异母的妹妹。
翠墨:
探春的丫鬟。

语文书里的"大人物"

宝玉又兴头起来,也打发个小丫头子家去,说:"把昨日赖大娘送的那个大鱼取来。"小丫头去了半天,空手回来,笑道:"**晴雯**姑娘昨儿放走了。"宝玉道:"我还没放一遭儿呢。"**探春**笑道:"横竖是给你放晦气罢了。"宝玉道:"再把大螃蟹拿来罢。"丫头去了,同了几个人,扛了一个美人并籰子来,回说:"袭姑娘说:昨儿把螃蟹给了三爷了,这一个是林大娘才送来的,放这一个罢。"宝玉细看了一回,只见这美人做的十分精致,心中欢喜,便叫:"放起来!"

这一段出现了更多的角色,各种语言描写、动作描写,还通过人物语言描写了各种不同的风筝,十分热闹。曹雪芹表现人物的手法和对细节的捕捉真是到了极致,平平无奇的细节也能写得惊心动魄。从文学技法上,这样的文章很值得我们去学习。后面的段落也都有类似的手法,大家可以去体会,不一一讲解了。

此时探春的也取了来了,丫头们在那山坡上已放了起来。宝琴叫丫头放起一个大蝙蝠来,宝钗也放起个一连七个大雁来,独有宝玉的美人儿,再放不起来。宝玉说丫头们不会放,自己放了半天,只起房高,就落下来,急的头上的汗都出来了。众人都笑他,他便恨的摔在地下,指着风筝说道:"要不是个美人,我一顿脚跺个稀烂!"黛玉笑道:"那是顶线不好,拿去叫人换好了,就好放了。再取一个来放罢。"

宝玉等大家都仰面看天上这几个风筝起在空中。一时风紧,众丫鬟都用绢子垫着手放。黛玉见风力紧了,过去将籰子一松,只听"豁喇喇"一阵响,登时线尽,风筝随风去了。黛玉因让众人来放。众人都说:"林姑娘的病根儿都放了去了,咱们大家都放了罢。"于是丫头们拿过一把剪子来,铰断了线,那风筝都飘飘飖(yáo)飖随风而去。一时只有鸡蛋大,一展眼只剩下一点黑星儿,一会儿就不见了。众人仰面说道:"有趣,有趣!"说着,有丫头来请吃饭,大家方散。

同学们现在读《红楼梦》可以先粗略地读,去感受曹雪芹的语言风格,感受他对人物的细节表现。原著里的一些诗词和隐晦的含义可能确实看不太明白,曹雪芹在第一回就这样说:"满纸荒唐言,一把辛酸泪。都云作者痴,谁解其中味。"几百年来,有多少人探索着《红楼梦》的秘密,就是一些专家学者也不能说完全参透这其中的滋味。同学们在遇到这样的问题时,可以暂时"跳过去",不要被它干扰,保证阅读的流畅感,形成自己对这一著作的感知就可以了。现阶段同学们阅读其他名著也应以欣赏和品味为主,通过整体阅读丰富情感、开阔视野、叩问内心世界,把自己培养成终身读者,才是最终目的。

延伸阅读

曹雪芹竟是一位风筝的高手

《红楼梦》里面有多处关于风筝的精彩描写，比如前文讲到的《红楼春趣》，写的就是贾宝玉、林黛玉等放风筝的情景。其实曹雪芹从幼年开始就喜欢做风筝、放风筝，还是一位制作风筝和放风筝的高手。他制作的风筝不仅造型独特，而且飞得很高。

曹雪芹出生于官宦贵族家庭，小时候家中有很多佣人，据说在这些佣人中有位姓刘的花匠，会糊几十种风筝，小曹雪芹觉得很神奇，于是跟刘花匠学起了做风筝。后来曹家被抄，曹雪芹的生活变得十分拮据，不得不以卖画为生，绘画写字之余，曹雪芹也会时常扎一些风筝来取乐。曹雪芹有位朋友，名叫于叔度，因有腿疾，无力维生。一年岁末，于叔度冒着风雪造访曹雪芹，提到了自己的窘境，曹雪芹想到当时富贵公子以重金购买风筝玩，便扎了几只送给于叔度，让他去卖，没想到真的解了老友的燃眉之急。后来于叔度向曹雪芹学了几种风筝的扎法，开始以扎风筝为生，之后慢慢在当地有了名气。

　　曹雪芹对南北方的风筝都颇有研究，还专门写了一本有关风筝的书，叫《南鹞北鸢考工记》（南方称风筝为鹞，北方称之为鸢）。书中详细介绍了40多种风筝的"扎、糊、绘、放"技艺，阐述了风筝起放的原理、种类等等，曹雪芹还亲自绘制了图谱，创作了歌诀。

　　书成之后，得到了广大手艺人的追捧，也深受那些身无长技的贫苦人民的喜爱。一时间，北京前门楼附近出现了很多受益于此书的风筝艺人，他们所扎的风筝统称为"曹氏风筝"。"以天为纸，书画琳琅于青笺；将云拟水，鱼蟹游行于碧波"就是曹氏风筝的动态美的精髓所在。直到现在，民间还有不少曹氏风筝的传人。

风筝的由来

中国风筝有悠久的历史,据说起源于春秋战国时期,至今已有两千多年。相传墨翟研制三年,以木头制成一种木鸟,这便是最早的风筝雏形。后来鲁班用竹子改进了墨翟的风筝材质。直至东汉蔡伦改进造纸术后,坊间才开始以纸做风筝,故称为"纸鸢"。

中国早期的风筝多与军事、通讯和气象有关。传说公元前190年,楚汉相争,汉将韩信攻打未央宫,利用风筝测量未央宫下面地道的距离。而垓下之战,项羽的军队被刘邦的军队围困,韩信派人用牛皮做风筝,上敷竹笛,迎风作响,汉军配合笛声,唱起楚歌,涣散了楚军士气,这就是成语"四面楚歌"的故事。

大约唐、五代时风筝进入民间,成为人们娱乐游戏的玩具,同时放风筝还是一项很好的体育锻炼。唐代诗人元稹曾有诗云:"有鸟有鸟群纸鸢,因风假势童子牵。"生动地描写了儿童放风筝的情景。清代郑板桥《怀潍县》中的诗句"纸花如雪满天飞",则真实地记录了当时放风筝的盛况。明清时期,清明放风筝已成为一种节令性的民俗活动。春回大地之时,人们放飞风筝,也放飞梦想。

大约500年前,风筝传到朝鲜和日本,后又陆续传到东南亚、欧洲和美洲。而中国的东南西北到处都有独具地方特色的风筝,它们世代传承,风格各异,有的粗犷豪放,有的活泼精巧,有的色彩绚丽,也有的清淡素雅。其中,潍坊风筝不仅制作历史悠久,工艺精湛,且题材丰富,具有独特的艺术特色和民间生活气息,被列入第一批国家级非物质文化遗产名录,与京、津风筝齐名鼎立,享誉中外。潍坊市也因此被称为"风筝之都"。

考点荟萃(六)

1. 《红楼梦》又称_____，作者是____代小说家_____。全书以贾、王、史、____四大家族为背景，描写了大观园内外一系列故事。

2. 《红楼梦》贾府"四春"指的是_____、_____、_____、_____四位人物。

3. 中国古典四大名著指的是_____、_____、_____、_____。

4. 《红楼梦》中向传统的男尊女卑思想挑战的人物是_____。

　　A.贾宝玉　　　　B.贾琏

5. 春季里人们常常踏青放风筝，你能写一句与风筝有关的诗句吗？

　　儿童□□□□早，□□□□□□□。

语文书里的"大人物"

（升级版）

中国近现代人物篇　上

浦宇平　编著

山东科学技术出版社
·济南·

图书在版编目（CIP）数据

语文书里的"大人物"：升级版/浦宇平编著. -- 济南：山东科学技术出版社，2024.3
ISBN 978-7-5723-1730-9

Ⅰ.①语… Ⅱ.①浦… Ⅲ.①名人－生平事迹－世界 Ⅳ.①K811

中国国家版本馆CIP数据核字(2023)第140465号

语文书里的"大人物"（升级版）
YUWENSHULI DE "DARENWU" (SHENGJI BAN)

责任编辑： 李海英　韩晓萌　张梦叶

主管单位： 山东出版传媒股份有限公司
出　版　者： 山东科学技术出版社
　　　　　　　地址：济南市市中区舜耕路517号
　　　　　　　邮编：250003　电话：（0531）82098088
　　　　　　　网址：www.lkj.com.cn
　　　　　　　电子邮件：sdkj@sdcbcm.com
发　行　者： 山东科学技术出版社
　　　　　　　地址：济南市市中区舜耕路517号
　　　　　　　邮编：250003　电话：（0531）82098067
印　刷　者： 山东临沂新华印刷物流集团有限责任公司
　　　　　　　地址：临沂市高新技术产业开发区新华路
　　　　　　　邮编：276017　电话：（0539）2925659

规格：32开（148 mm×210 mm）
印张：21　字数：270千　印数：1~10000
版次：2024年3月第1版　印次：2024年3月第1次印刷
定价：158.00元（全6册）

点一盏灯

我在二十岁做校园媒体的时候就爱写深度报道、人物访谈,总试图在时效的事件背后,探寻人性的幽微,挖掘潜藏的规律。把新闻做成历史,是我求学生涯的理想之一。

可惜造化弄人。大学毕业后,半推半就地裹挟在互联网的浪潮里,犹如一叶扁舟漂浮在时代巨轮的身侧,看似劈波斩浪,其实是随波逐流,在价值无从锚定的汪洋之上颠簸浮沉。总有人说,迎上了风口猪也会起飞——可我不想做一头猪,哪怕是一头会飞的猪。

于是手脚并用呼哧带喘地游上岸,希望脚踩大地,可以找到足以锚定更长时间、跨越更大时空的意义和价值。所幸之前做校园媒体时的习惯还顽强地留在身上,读一本书,听一则故事,聊一段掌故,我所关心的还是背后的人物、性情,或规律。白纸黑字的一段光荣事迹或是故纸堆里的一则人物生平，总让我觉得死气沉沉，而穿透文字和历史的迷雾，让这个人活生生地站到面前来，给他拍拍土、抖抖尘，一切都鲜活了。

小时候，总想"做个大人物""创番大事业"。而今身处现实丛林，踩着前人的脚印，努力踏出一条未必通往远大前程的道路，即便无人问津，却也渐渐悟出一些人活一世的意义。

孔子的伟大，不是因为"大成至圣先师"的名号——那是后世帝王粉饰太平的说辞，而是因为他"累累若丧家之狗"，在礼崩乐坏的时代，知不可为而为之，给华夏文明留下了一个孤独而高大的背影。

苏轼的伟大，不是因为诗书画俱佳的后世评价——那不过是天纵英才的毫末技艺，而是因为他以区区一介书生，短短几十年光阴，在迷雾中艰难前行，给知识分子留下一条"也无风雨也无晴"的归途。

哥伦布的伟大，不是因为开辟了通往新世界的航路——那惊涛骇浪的航路写满了贪婪和残酷，而是因为他独辟蹊径又坚持不懈，以超拔的顽强，为人类树起了一面勇敢闯荡、永不言弃的大旗。

闻一多的伟大，不是因为他在最后一次演讲时抛却

生死的大义凛然——那是热血沸腾的激愤呼告，而是他以诗人的赤子之心、以名士的孤傲气节，"铁肩担道义，辣手著文章"，给后学晚辈树起一座善恶分明的丰碑。

这才是大人物，这才是大事业。

大人物之"大"，是因其不以被人记住作为追求，但历史记住了他们，因为有了他们，这个世界才变得美好。

生活在这个已有无数大人物生活过的世界上，是我们的幸运。而人活一世的意义也在于此——以绵薄之力行必行之路，以赤子之心知不可为而为，在迷雾中奋力前行，为这个美好的世界点一盏灯，让它变得更加五光十色。

未来是我们的，更是你们的。

愿在前行的路上，遇到你。

于上海

詹天佑

1分钟了解詹天佑 / 1
詹天佑：中国铁路之父 / 3

梁启超

1分钟了解梁启超 / 10
梁启超：一生胸怀家国的大学者 / 12
课文赏析　少年中国说（节选） / 25

鲁　迅

1分钟了解鲁迅 / 28
鲁迅：中国文化革命的主将 / 30
课文赏析　我的伯父鲁迅先生 / 42

李四光

1分钟了解李四光 / 51
李四光：石迹耿千秋 / 52

李大钊

1分钟了解李大钊 / 66
李大钊：中国共产主义运动的先驱 / 67
课文赏析　十六年前的回忆 / 73

梅兰芳

1分钟了解梅兰芳 / 81
梅兰芳：京剧表演艺术大师 / 82
课文赏析　梅兰芳蓄须 / 85

叶圣陶

1分钟了解叶圣陶 / 92
叶圣陶：优秀的语言艺术家 / 93
课文赏析　荷花 / 102

1分钟了解詹天佑

人物名片

詹天佑（1861—1919），字眷诚，中国近代铁路工程专家，中国首位铁路总工程师，开创了"竖井开凿法"和"人"字形线路，震惊了中外铁路工程界，鼓舞了中国人民的士气。

1861年出生于广东省南海县。

7岁进入私塾读书。

1872年成为三十个首批获准赴美留学的学生之一。

1878年5月考入美国耶鲁大学土木工程系，学习铁路工程。

1881年获得学士学位，圆满完成了在国外的学业后回国。

1905年起，把全部精力都投入京张铁路的修建中。

1909年，主持建成中国第一条铁路京张铁路。

辛亥革命后，和同行成立中华工程学会，被推选为会长。

1919年4月因病逝世。

詹天佑：中国铁路之父

1861年4月26日，詹天佑出生于广东省南海县，七岁时进入私塾读书。小时候的詹天佑喜欢用一些捡来的小螺丝钉、小齿轮、旧发条等做机械模型，还喜欢用泥巴捏轮船。他经常站在私塾附近的工厂外面观看机器运转，遇到不明白的就跑去找里面的工人叔叔问个清楚。

有一天，詹天佑看着家中墙上的挂钟出了神：为什么钟表会嘀嗒嘀嗒走个不停呢？为什么它还能按时响呢？为了一探究竟，詹天佑竟把挂钟给拆了。可是，当他想再按原样装起来的时候，却怎么都装不好了。父亲看见后有些生气，但当他了解到儿子对机械感兴趣时，并没有责怪他，而是领着他到附近的钟表店跟表匠学习如何拆装钟表。

1872年，詹天佑读完了私塾，正当父亲为他的下一步学习发愁时，得知清政府正准备选派一批聪慧好学且有志向的儿童出国留学，希望他们可以将西方先进的科学技术引进中国，于是带詹天佑去报考。就这样，詹天佑以优异的成绩成为三十个首批获准赴美留学的学生之一，小小年纪的他带着救国之梦踏上了开往太平洋东岸的轮船。

1873年，詹天佑进入美国西海文小学学习。为了尽快掌握英文，他每天像背诵"四书五经"那样背英语单词，还经常拉着外国同学聊天，加强口语能力。三年后，詹天佑以优异的成绩考取了纽海文中学，开始系统学习科学基础知识。他对科学类课程有着浓厚的兴趣，在课余时间还阅读了很多进步作家的作品。

在美国求学的几年中，詹天佑深切体会到由于祖国贫弱、国际地位低下，中国人在美国受到的种种歧视，他迫切希望能早日改变这种状况。所以中学毕业后，詹天佑决意进入大学继续深造，以便将来为祖国建设贡献自己的力量。功夫不负有心人，1878年，詹天佑考入美国耶鲁大学土木工程系学习铁路工程，成为最早几个通过大学考试的中国学生之一。在耶鲁大学期间，詹天佑勤奋学习，刻苦钻研，连年获得优等奖学金，完成了很多有价值的论文。除了喜欢读书，詹天佑还爱好运动，如游泳、滑冰、钓鱼、打球等，其中最喜欢的就是打棒球了，还成为中国留学生代表队——中华棒球队的队员。这个球队曾和旧金山附近的一支半职业球队进行过一场表演赛，队员们精湛的球艺震惊了美国人。

1881年（光绪七年），清政府下令提前撤回留美学生，一百二十名留学生全部返回祖国。当时，只有詹天佑和后来成为外交家的欧阳庚获得了学士学位，圆满完成了在国外的学业。

回国后，詹天佑先是被派往福州船政局学习轮船驾驶，后投入中国早期的铁路工程事业中，主持修建了多条铁路，成为中国首位铁路总工程师。

欧阳庚
(1858—1941)：广东人，第一批留美幼童之一，清末民初的中国早期驻外外交官员。

1905年，修建京张铁路的消息传开，这是一条北京通往河北张家口的要道，当时英国和俄国为了抢下这个工程相持不下，因为他们知道这条铁路在中国的战略地位，掌握了它就能进一步控制中国。虽然清政府也想修建自己的铁路，但是信心不足，因为这条铁路全长约两百公里，沿途要穿越很多山脉，地形险峻，工程十分复杂。很多外国铁路专家纷纷放出口风，说中国如果不接受外国的"援手"，以当时的实力肯定修不成这条铁路，不如尽早让出算了。詹天佑听后非常气愤，毅然向清政府请缨："我巍巍中华，地大物博，而区区一路之工，尚须借用外人，我辈引以为耻！"很多人听说后觉得詹天佑自不量力，外国人更是冷嘲热讽。但詹天佑并没有因此退却，为了给中国人争口气，他把全部精力都投入铁路工程中，带领测量队，身背仪器，翻山越岭，日夜奔波。

一天傍晚，狂风卷着沙石在八达岭一带呼啸怒吼，测量工作进行得异常艰难。有个测量员忍受不了当时的恶劣天气，草草测了个数字填上就从岩壁上爬了下来。

詹天佑接过本子，一边翻看，一边疑惑地问："数据准确吗？"

"差不多。"测量员回答。

詹天佑严肃地说："工程第一个要求就是精密，不能有一点儿模糊和轻率，'大概''差不多'这类说法不该出自工程人员之口。"

说着，他背起仪器，冒着风沙，吃力地攀爬到岩壁上，重新认真地勘测了一遍，修正了一个差错，当他下来时，嘴唇都冻青了。

在勘探和施工最困难的阶段，詹天佑常常和工人们一起吃住在工地，他鼓励大家说："京张铁路是我们用自己的人、自己的钱修建的第一条铁路，全世界的眼睛都在望着我们，必须成功！"

经过四年的艰苦工作，京张铁路终于修建成功。这是中国人自己设计施工的第一条铁路。詹天佑发挥自己超凡的才能，开创了"竖井开凿法"和"人"字形线路，震惊了中外铁路工程界，鼓舞了中国人民的士气。

辛亥革命后，为了振兴中国的铁路事业，詹天佑和同行一起成立了中华工程学会,并被推选为会长。其间,他又主持指导修建了多条铁路。

第一次世界大战结束后,英、美、法诸国趁机提出共同经营中国铁路,詹天佑旗帜鲜明地坚决反对。他抱病代表中国出席国际联合监管远东铁路会议,日冒严寒参会,夜研文书议案,与赴会中国代表共同努力,义正词严地粉碎了列强以护路为名,试图武力夺取中东路的阴谋,并堂堂正正地争得了中国工程师在中东路的工作地位。因疲劳过度,心力交瘁,詹天佑腹疾加重。回乡途中,他登上八达岭长城,面对壮阔绵延的山河,感叹道:"生命有长短,命运有沉升,初建路网的梦想破灭令我抱恨终天,所幸我的生命能化成匍匐在华夏大地上的一根铁轨,也算是我坎坷人生中的莫大幸事了。"1919年4月,詹天佑拖着病体回到家中,不久就因腹疾恶化,心力衰竭离开了人世。

詹天佑将自己的一生奉献给了中国的交通事业,他是中国铁路事业的骄子,他的成长史、他的家国情,无不映照着他生活的那个年代的多彩画卷。他的精神和品质最终化成一条无形的铁轨,绵延在每个华夏儿女的心中,给后人以无限启迪。

辛亥革命: 发生于农历辛亥年(1911—1912年初),旨在推翻清朝专制帝制,建立共和政体,辛亥革命传播了民主共和理念,推动了中华民族思想解放和中国社会变革。

平哥伴读

延伸阅读

娃娃出洋

甲午战争惨败之后,许多有识之士开始反思。清政府内部的一些开明官员和地方有识之士主张向西方学习,洋务派官员也强烈主张学习西方先进技术和制度,以维护国家安全和利益,他们在推动洋务事业过程中积累了一些经验,并培养了一些擅长外交和操作机器的人才。然而,由于洋务企业的创建主要侧重于购买机器、建立工厂和矿山以及扩充军备,因此在推动洋务事业过程中迫切需要一批既懂技术又有外交才能的人才。

此时,容闳(hóng)提出了一个官派留学生的建议,这个建议得到曾国藩、李鸿章等人的支持和推动。最终,清政府决定资助一批儿童远赴美国留学。虽然选拔留学生的过程遇到了很大的阻力,但最后还是选定了三十名儿童。这三十个肩负着学习西方技术使命的孩子,带着对家乡的不舍和亲人的眷恋,踏上了留学美国的未知旅程。他们中最大的十六岁,最小的只有十岁。詹天佑就是这三十名孩子中的一位。

这些孩子出国学习的目的是学习西方先进的科技和知识,以提高中国的竞争力。他们到达美国后,进入了当地的学校学习。在学习过程中,他们展现出了很高的学习热情和才华,不仅在学业上取得了优异的成绩,还积极参加各种社会活动和义工工作。其中一些人还加入了中国同盟会,为推翻清政府、建立民主共和而努力奋斗。

这些孩子在美国的生活也充满了趣事。他们学习的科目非常广泛,包括英语、数学、自然科学、社会科学等。由于他们都是小孩子,所以有时候会闹出一些笑话,例如一名孩子在算错数学题后,大喊"清朝完了"!他们在学习和生活中结交了许多美国朋友,体验了不同的文化和生活方式。在美国留学的经历不仅为他们的未来打下了坚实的基础,也让他们成为中美两国交往的桥梁。他们的故事成为一段传奇,激励着更多人追求自由、进步和发展。

1分钟了解梁启超

人物名片

梁启超（1873—1929），字卓如，号任公，又号饮冰室主人，清朝光绪年间举人，中国近代思想家、政治家、教育家、史学家、文学家，戊戌变法领袖之一。代表作有《敬业与乐业》《中国近三百年学术史》《新民说》《中国文化史》等。

- 1873年2月23日出生于广东新会茶坑村。
- 4岁跟着祖父读书识字。
- 5岁开始读"四书五经"。
- 12岁考中秀才。
- 17岁考中举人。
- 1895年，与康有为等1000多名举人，上书反对签订《马关条约》。
- 1898年，以"变法图强"为号召，在多地宣传维新思想。
- 戊戌变法失败后流亡日本，主办《新民丛报》等。
- 1912年，流亡14年后从日本回国。
- 1922年到清华大学任教。
- 1925年被聘任为清华国学研究院导师。
- 1929年逝世。

梁启超：
一生胸怀家国的大学者

1873年2月23日，梁启超出生于广东新会茶坑村。从四岁起就跟着祖父读书识字，祖父经常给他讲一些悲壮激昂的爱国故事，带他诵读激动人心的诗词篇章。这种带有强烈爱国情感的教育，对梁启超的思想产生了重要影响，历史上那些杰出人物忧国忧民的情怀、舍生忘死的品格和顽强不屈的精神，在他幼小的心灵中深深扎下了根。

童年的梁启超勤奋好学，五岁开始读"四书五经"，八九岁就能写出一千多字的文章。虽然每天面对的是枯燥的八股文，但梁启超可不是小书呆子，而是头脑灵活、爱玩爱闹的活泼少年。

一次，梁启超爬上高高的竹梯玩耍。祖父怕他掉下来摔伤，急急忙忙从屋里跑出来，对着他大声喊："快下来，快下来！别摔着！"梁启超看见祖父着急的样子，竟不顾他的喊叫，又往上爬了几级，一边爬一边脱口念出两句诗："有人在平地，看我上云梯。"祖父听后哈哈大笑，觉得自己的孙子小小年纪竟能出口成章，日后肯定会大有出息。

由于才华出众，梁启超十二岁就考中秀才，十七岁考中举人。为了增长见识，他还经常到各地游历。

有一次，梁启超到湖广总督府求见总督张之洞。当时的张之洞是朝廷一品大员，德高望重，而梁启超还不到二十岁，仅仅是一个小小的举人。张之洞本人曾考中探花，知道梁启超只是一个不起眼的书生后，就打算给他一个下马威。张之洞穿好朝服，威严地坐于正厅，然后让梁启超进来。梁启超昂然而入，向张之洞作了一揖。看到梁启超年纪轻轻，气质不凡，张之洞便想考考他的才学，于是吟出一句上联："四水江第一，四时夏第二。老夫居江夏，谁是第一？谁是第二？"意思是说我是天下第一名臣。面对气势逼人的总督大人，梁启超不紧不慢地对出下联："三教儒在前，三才人在后。小子本儒人，岂敢在前，岂敢在后！"他这个回答委婉地表达了自己在总督大人面前不敢无礼，但又无所畏惧的自信。张之洞听完大吃一惊，心中暗暗赞许梁启超的才学非凡，就跟他畅谈起来。

梁启超生活的年代正值清末民初，封建统

> **探花：**
> 中国古代科举考试中对位列第三的进士的称谓，与第一名状元、第二名榜眼合称"三鼎甲"。

语文书里的"大人物"

康有为
(1858—1927)：中国晚清时期重要的政治家、思想家、教育家，资产阶级改良主义的代表人物。

会 试：中国古代科举制度中的中央考试，应考者为各省的举人，被录取者称为"贡士"，第一名被称为"会元"。

治腐败落后，中国遭受着帝国主义的野蛮蹂躏(róu lìn)。面对严峻的形势，梁启超追随**康有为**，积极投入一系列救亡图存的变法维新运动中。1895年，他和康有为联合在京参加**会试**的一千多名举人上书皇帝，反对在甲午战争中战败的清政府和日本侵略者签订丧权辱国的《马关条约》，要求拒签和约、迁都抗战、变法图强，这就是著名的公车上书。虽然上书被清政府拒绝，但在社会上产生了巨大影响，揭开了**戊戌变法**的序幕。

1898年，梁启超参加变法，以"变法图强"为号召，在北京、上海等地发行报纸，宣传维新思想，他的许多政论在社会上产生很大影响。他提倡的文学革命更是开辟了近代文学理论探索和文学创作的新局面，为推动中国社会的进步做出了重要贡献。但是变法很快遭到了以慈禧太后为首的守旧派的镇压，谭嗣同等"**戊戌六君子**"惨遭杀害。

变法失败后，梁启超流亡日本，接受了西方的近代启蒙思想，主办《清议报》《新民丛报》等，介绍西方新思潮，倡导国民性改造，有力地推进了中国思想文化界的转型。

1912年，流亡十四年的梁启超从日本回国，由于他声望很高，名声在外，回国后受到许多人的欢迎，他也决心利用这个机会做出一番事业来。

1914年11月，梁启超在清华大学做了一次题为"君子"的著名演讲，以《周易》的两个象辞"天行健，君子以自强不息""地势坤，君子以厚德载物"激励学子，指出：君子自励犹如天体之运行刚健不息，不得一曝十寒，不应见利而进，知难而退，而应重自胜、摈私欲、尚果毅，不屈不挠，见义勇为，不避艰险，自强不息；同时，君子应如大地的气势厚实和顺，容载万物，责己严，责人宽，以博大之襟怀，吸收新文明，改良我社会，促进我政治，以宽厚的道德，担负起历史重任。梁启超慷慨激昂的演讲深深激励了清华学子，后来，"自强不息、厚德载物"被概括成清华大学的校训。1922年起，梁启超到清华大学任教，1925年被聘任为清华国学研究院导师。

1929年，梁启超的生命戛然而止，去世时年仅五十六岁。他始终心系国家，谋求中

> **戊戌六君子：** 戊戌政变时，以慈禧太后为首的封建顽固派大肆抓捕维新党人，维新志士谭嗣同、康广仁、林旭、杨深秀、杨锐、刘光第六人惨遭杀害，此六人史称"戊戌六君子"。

语文书里的"大人物"

国发展之道,在清末民初纷繁复杂的环境中,他总是能最早看到未来的曙光。这位近代伟大的思想家、政治家、文学家、史学家、教育家以不断奉献心血才华的济世精神,叱咤政坛,潜心学问,一生著述近两千万字,为我们留下了宝贵的精神财富。

在匡国济时、勤奋著书的同时,梁启超也非常注重对下一代的教育。他的子女个个成才,长子梁思成是闻名遐迩的建筑学家,长女梁思顺是诗词研究专家,次子梁思永是考古学家,最小的儿子梁思礼则是火箭控制系统专家,三个儿子都是中国科学院院士,其他几位子女也都品德高尚、才华出众,在各自的领域内取得了不凡业绩。

> **梁思成**
> (1901—1972):著名建筑历史学家、建筑教育家和建筑师,被誉为中国近代建筑之父。

历史事件

戊戌变法，又称百日维新、维新变法、维新运动，是晚清时期以康有为、梁启超为代表的维新派人士进行的倡导学习西方，提倡科学文化，改革政治、教育制度，发展农、工、商业等的资产阶级改良运动。变法从1898年6月11日开始实施，因触犯到以慈禧太后为首的顽固派的利益而遭到抵制。1898年9月21日，慈禧太后发动戊戌政变，囚禁光绪帝，搜捕维新人士，废除变法诏令。康有为、梁启超分别逃往法国、日本，维新志士谭嗣同、康广仁等六人惨遭杀害。历时一百零三天的变法失败。

戊戌变法是一次具有爱国救亡意义的变法维新运动，是中国近代史上一次重要的政治改革，也是一次思想启蒙运动，对促进中国思想文化的发展和近代社会的进步起了重要的推动作用。

一曝十寒

yī pù shí hán

释义 即使是最容易生长的植物,晒一天,冻十天,也不可能生长。比喻勤奋的时候少,懈怠的时候多,没有恒心。

例句 做任何事都要持之以恒,决不能一曝十寒。

近义词 半途而废 三心二意

反义词 持之以恒 坚持不懈

成语典故

战国时期,百家争鸣,游说之风盛行。游说之士往往有高深的学问、丰富的知识,喜欢用深刻生动的比喻来讽劝执政者。孟子就是当时的一个著名辩士,在《孟子·告子上》中有这样一段记载:无或乎王之不智也。虽有天下易生之物也,一日曝之,十日寒之,未有能生者也。吾见亦罕矣,吾退而寒之者至矣……

孟子对齐王的昏庸、做事没有韧性、轻信奸佞谗言很不满,便不客气地对他说:"王也太不明智了,天下虽有生命力很强的生物，可是你把它在阳光下暴晒一天，然后再放到阴寒的地方冻它十天，它哪里还能活得成呢？我不能常伴随王的左右，王即使有了一点从善的决心，可是我一离开，那些奸臣又来哄骗你，你又会听信他们的话。怎么能使王的思想、品质好起来呢？"

接着，孟子又打了一个生动的比喻：下棋看起来是件小事，但假使你不专心致志，也同样学不好，下不赢。弈秋是全国最善下棋的能手，他教了两个徒弟：一个专心致志，虚心听弈秋的指导；另一个却老是盼着有天鹅飞来，随时想着拿箭射天鹅。这两个徒弟虽是一个老师教的，一起学的，然而后者的成绩差得很远。这不是他们的智力有什么区别，而是专心的程度不一样啊。

这是一个很有教育意义的故事。我们要学习一样东西、做好一件事情，需要专心致志、下苦功夫。若是今天做一些，把它丢下了，隔上十天再去做，那么事情怎能做得好呢？故后来的人便将孟子所说的"一日暴（同'曝'）之，十日寒之"精简成成语"一曝十寒"，用来比喻修学、做事没有恒心，作辍无常。

名人轶事

梁启超妙作咸鱼对

梁启超从小聪明机智,才思敏捷,祖父梁维清十分喜欢梁启超,在他九岁那年,梁维清带着他乘船由水路经江门前往广州参加考试,这是梁启超第一次乘船离开家乡。当时满船的人都是赶考的书生,大家坐在一起都是在讨论学问和夸耀才学。

一天大家在船上吃午饭,刚好吃的是白米饭和蒸咸鱼,有一个考生就提议以咸鱼为题吟诗或作对。用咸鱼作诗入对,是非常难的题目。咸鱼虽然是广东人饭桌上的一道名菜,但登不了大雅之堂,俗话说:"进鲍鱼之肆,久而不闻其臭",但说的仍然是臭,并且是与"入芝兰之室"相对着的。题一出,当时船上所有的考生都被难住了,大家都在抓耳挠腮、苦苦思考,没有人能对得上来。

这时，梁启超思索片刻，大声吟诵道："太公垂钓后，胶鬲举盐初。"这句说的是姜太公钓起来的鱼，胶鬲用盐给腌了起来。姜太公和胶鬲同是商朝人，被纣王贬谪，一个隐居钓鱼，一个卖咸鱼，情节贴切自然。所以这看似简单的对子，梁启超一出口就惊倒了一船读书人。大家都拍手叫好，称赞梁启超对得妙，不但切题，而且风格典雅、诗意浓郁，更难得的是适当地运用了典故，不落俗套，是一个十分难得的好对。

梁启超出的上联,时隔四十年才被对出下联

对对子(也称对联)是中国人民喜闻乐见、富有民族特色的艺术形式。对对子看似简单,实则博大精深,其中蕴含的知识极广,涉及文字学、训诂学、音乐学、修辞学、逻辑学,又包含天文地理、社会人文、历史典籍。要对出好对子并非易事,"吟安一个字,捻断数茎须",难度可想而知。

尽管如此,对对子依旧是文人雅士孜孜以求、普通民众亦乐此不疲的语言、文字艺术。或促进学习、开拓智慧,或陶冶性情、提高素养,或拓展交际、联络感情,等等。

千百年来,佳联绝对,层出不穷,对对子也引发出不少的奇闻轶事,如宋代欧阳修巧对赖秀才的"你我一只舟,去找欧阳修""修已知道你,你还不知修(羞)",苏轼与佛印和尚的"狗啃河上(和尚)骨""水流东坡诗(尸)",

常为后人津津乐道。

1912年冬，梁启超自日本归来，探访好友夏曾佑。夏曾佑当时在教育部任职，寓友人冬蛰庵中，梁启超见夏曾佑书桌上堆着一大叠厚厚的木版线装书，信手取来一本，原来是《春秋左氏传》。梁启超点点头，把书放下，对夏曾佑说："我刚想到一句上联，请你对出下联。'冬蛰庵中，夏穗卿研究春秋传。'"

这上联包含了"春夏秋冬"，又分散于不同的词语上，节奏为"四三二三"，十分巧妙，夏曾佑苦思不得下句。梁启超说："我也是触景偶得上联，却也想不出下句。"两人一笑而罢。

后来夏曾佑以此上联向友辈中才子学士蔡元培、钱念劬、许寿裳、黄晦闻、黄炎培等人征求下联，亦无人对出。

四十年过去了，1951年冬，郭沫若邀请友人在寓所相聚小饮，座中有周扬、夏衍、楚图南、黄炎培、沈钧儒等人，后来加入了田汉、南汉宸、白杨、张瑞芳。南汉宸说："田老大拉我们到东华门外去看梅兰芳的彩排《红娘》，果然精彩绝伦。"

此时，一旁的黄炎培突然一跃而起，站到大厅中，大声说道："我得之矣！我得之矣！"随即高声朗诵道：

"东华门外，南汉宸欣赏北西厢。"

冬蛰庵中，夏穗卿研究春秋传。
东华门外，南汉宸欣赏北西厢。

与四十年前梁启超的上联节奏一致，词性相对，结构相同，语义关联，上联有"春夏秋冬"，下联对"东南西北"，妙哉！

之后，黄炎培将这个对联的故事告诉大家，并无限感慨地说："当年我也对不出，今天却无意中对出来了。然知此事者，今日除我一人尚在，他们都作古了。"

课文赏析

（五年级上册）

少年中国说（节选）

梁启超提倡新体散文，《少年中国说》正是其新体散文的代表作，也是一篇激励民志的好文章。全文饱含高昂的爱国热情，条理明晰，语言平易畅达，精彩的修辞层出不穷，让人不得不叹服梁启超卓绝无双的好文采。原文篇幅较长，课文节选了其中一部分。

故今日之责任，不在他人，而全在我少年。少年智则国智，少年富则国富，少年强则国强，少年独立则国独立，少年自由则国自由，少年进步则国进步，少年胜于欧洲则国胜于欧洲，少年雄于地球则国雄于地球。

今天的责任，不在别人身上，全在我们少年身上。少年聪慧，国家就聪慧；少年富强，国家就富强；少年独立，国家就独立；少年自由，国家就自由；少年进步，国家就进步；少年胜过欧洲，国家就胜过欧洲；少年称雄世界，国家就称雄世界。

> **干 将：**
> 古代传说的一把剑，十大名剑之一，常与莫邪剑并称干将莫邪。

红日初升，其道大光。河出伏流，一泻汪洋。潜龙腾渊，鳞爪飞扬。乳虎啸谷，百兽震惶（huáng）。鹰隼（sǔn）试翼，风尘吸张。奇花初胎，矞（yù）矞皇皇。干将发硎（xíng），有作其芒。天戴其苍，地履其黄。纵有千古，横有八荒。前途似海，来日方长。

红日刚刚升起，道路充满霞光；黄河从地下涌出，汹涌奔泻浩浩荡荡；潜龙从深渊中腾跃而起，鳞爪舞动飞扬；即使一只小老虎在山谷吼叫，其他的野兽也都害怕惊慌；雄鹰隼鸟振翅欲飞，风卷尘土高高飞扬；奇花刚开始孕起蓓蕾，灿烂明丽茂盛茁壮；干将剑新磨，闪射光芒。头顶苍天，脚踏大地，纵有千古悠久历史，横有八荒辽阔大地，前途像海一般宽广，未来的日子无限远长。

美哉，我少年中国，与天不老！壮哉，我中国少年，与国无疆！

美丽啊我的少年中国，将与天地共存不老！雄壮啊我的中国少年，将与祖国万寿无疆！

这篇文章无疑代表了一种进步的爱国主义主张。生活在那个救亡图存的年代，梁启超想让这个文明古国变成一个领土完整、人民自主、法律完备的现代意义的国家。原文中,作者冷静分析了中国未形成现代国家的原因,也解释了专制国家和现代国家的区别。"造成今日之老大中国者,则中国老朽之冤业也。制出将来之少年中国者,则中国少年之责任也。"这是梁启超原文中综述的一段话,课文中没有选取,在此拿出来,便于同学们理解上下文。接下来,他阐述了少年中国和中国少年的关系,由此发出了那段"少年强则国强"的惊天动地、震撼人心之高论,笔力纵横跌宕,情感喷涌而出。智、富、强、独立、自由、进步,一系列的排比,气势恢宏,振奋人心。

"少年胜于欧洲则国胜于欧洲,少年雄于地球则国雄于地球"一句,将少年中国之气势推到了极致。"美哉,我少年中国,与天不老!壮哉,我中国少年,与国无疆!"一句,寄寓了对中国和中国少年的无限期望,同时也是一种鼓舞和激励。

整篇文章综合运用了多种写作手法和技巧,一面有严峻冷静的思辨,一面则是情感宣泄式的召唤,憧憬未来,激越奋发,饱含着梁启超崇高的家国情怀和民族自强之心。这是一篇宣言,也是对天下少年、对中国未来的呼告。

1分钟了解鲁迅

人物名片

鲁迅(1881—1936),原名周樟寿,后改名周树人,字豫才,中国著名文学家、思想家、革命家、教育家,中国现代文学的奠基人之一。代表作有小说集《呐喊》《彷徨》;散文集《朝花夕拾》。

1881年9月25日出生于浙江绍兴的一个书香门第。

1892年被家人送到三味书屋读书。

1898年进入金陵新式学堂江南水师学堂学习。

1906年携弟周作人赴日本,在医校学习一年后退学。

1909年从日本回国,先后在杭州、绍兴、北京等地任教。

1912年在教育部工作,兼职授课和写作。

1918年首次用"鲁迅"作笔名,发表了中国现代文学史上第一篇白话文小说《狂人日记》。

1921年创作了中篇小说《阿Q正传》。

1936年因病在上海逝世。

鲁迅：
中国文化革命的主将

1881年9月25日，鲁迅出生于浙江绍兴的一个书香门第，原名周樟寿，后改名周树人，家中三个兄弟，他是老大，老二是周作人，老三是周建人。鲁迅的笔名非常多，曾用过一百多个笔名，其中最有名的就是"鲁迅"。

鲁迅小时候经常住在农村的外祖母家，和那里的小伙伴一起在朦胧的月色下划着小船去看戏，在"百草园"里发现了大自然的无穷趣味：碧绿的菜畦，紫红的桑葚；蟋蟀弹琴，油蛉低唱；像人形的、传说吃了便可以成仙的何首乌；人首蛇身的"美女蛇"的传说……正是这样自由快乐的童年生活，激发并培养了未来作家鲁迅的创造力与想象力。

鲁迅十一岁时告别了百草园，被家人送到三味书屋读书。在那个当时全城最为著名的书塾里，鲁迅熟读了儒家经典，又在课余时间广泛阅读了儒家之外的很多杂书，如小说、野史、笔记等，他不仅关注历史、人事，也注意观察自然。大量的阅读逐渐开拓了鲁迅的精神空间，为其以后思想与文学的发展奠定了宽广深厚的知识基础。

后来，鲁迅的祖父因故入狱，父亲又得了重病，家庭生活陷入困顿。身为家中长子的鲁迅不得不奔走于当铺和药店之间，遭受着周围人的侮辱与歧视。尽管如此，父亲最终还是因庸医延误治疗不幸去世。在《呐喊》一书的"自序"中，鲁迅这样写道："我有四年多，曾经常常，——几乎是每天，出入于质铺和药店里，年纪可是忘却了，总之是药店的柜台正和我一样高，质铺的是比我高一倍，我从一倍高的柜台外送上衣服或首饰去，在侮蔑里接了钱，再到一样高的柜台上给我久病的父亲去买药。"

1898年，十七岁的鲁迅离开三味书屋，进入金陵的新式学堂江南水师学堂学习，并改名为周树人，一年后转入江南陆师学堂附设的矿路学堂。在江南水师学堂读书时，鲁迅勤奋刻苦，第一学期便以优异成绩获得一枚金质奖章，他立即到鼓楼街头把奖章卖掉，然后买了几本书，又买了一串红辣椒。每当晚上夜读寒冷难耐时，他便摘下一个辣椒放在嘴里嚼，辣得额头直冒汗。他就用这种办法驱除寒意，坚持读书。

1906年，鲁迅携二弟周作人赴日本，在医校学习。

一年以后便从学校退学,他在《藤野先生》一文中曾提及此事,称自己是因为受到一部日俄战争纪录片的刺激。在这部片子里,一个中国人因给俄国人做侦探而被日军逮捕即将枪毙,在场围观看热闹的竟然也是一群中国人。国人的愚昧和麻木,让鲁迅意识到"救国救民需先救思想",于是他毅然选择弃医从文,开始文学创作,决心用自己手中的笔来唤起民众的觉醒。

1909年,二十八岁的鲁迅从日本回国,先后在杭州、绍兴、北京等地任教,是一个非常受学生欢迎的老师。1912年初,他在教育部谋得一份部员的工作,除了上班,还经常应邀在一些高校兼职授课,其他时间全部投入到写作之中。

1918年,他首次用"鲁迅"作笔名,发表了中国现代文学史上第一篇白话文小说《狂人日记》。

1921年12月,鲁迅创作了中篇小说《阿Q正传》。作品以辛亥革命前后的农村未庄为背景,塑造了阿Q这样一个受旧社会沉重压迫而精神扭曲的人物形象,揭示了旧中国人民的悲惨生活和处在水深火热之中的病态心理。

1927年到1936年,鲁迅又陆续创作了很多散文和大量思想性很强的杂文,翻译、介绍了许多外国的进步文学作品。同时,他积极响应中国共产党的号召,加入文艺界抗日统一战线，在文化战线上为中华民族的彻底解放英勇奋斗。

1936年10月19日，五十五岁的鲁迅因肺结核在上海去世。他的死讯引发了全中国的哀悼，上海数万民众自发为他举行隆重的葬礼，民众代表在其灵柩上覆盖一面白色旗帜，上面醒目地写着"民族魂"三个大字。鲁迅以笔代戈，战斗了一生，毛泽东评价他为最伟大的文学家、思想家和革命家，是中国文化革命的主将。

鲁迅一生在文学创作、文学批评、思想研究、文学史研究、翻译、美术理论引进、基础科学介绍和古籍校勘与研究等多个领域都有重大贡献。鲁迅对中国的影响，概括起来有三个层面，也是他的三重身份。

第一个是作为文学家的鲁迅，是中国现代文学的开创者、奠基人之一。可以说，以鲁迅为代表的一批文学家，开创了现代文学的先河。鲁迅发表在《新青年》杂志上的《狂人日记》，是中国第一篇真正现代意义上的白话文小说。《狂人日记》不但文学技法高超，而且具有深刻的社会意义。

第二是作为思想家的鲁迅，具有悲悯的情怀和战斗不息的精神。鲁迅悲悯的是所有人，表现的是当时中国人的一个群相，他的小说中有很多这样的人物，比如阿Q、孔乙己、闰土、祥林嫂等。同时，鲁迅也在他的作品中悲悯那个时代的命运。他战斗不息的精神则体现在他是个永不妥协的人，只要是他看不惯的，一定会战斗到底。"横眉冷对千夫指，俯首甘为孺子牛"是鲁迅一生的精神写照。

第三是作为学者的鲁迅。鲁迅的国学底子非常好，曾师从，后来在两个领域的研究中颇有建树，一是对魏晋历史和文化的研究。鲁迅写过一篇文章《魏晋风度及文章与药及酒之关系》，对魏晋文化的研究很有价值。二是对中国小说的研究，鲁迅著有《中国小说史略》《中国小说的历史的变迁》《汉文学史纲要》等，是很权威的中国小说研究著作。

章太炎

（1869—1936）：字枚叔，号太炎。清末民初民主革命家、思想家、著名学者，研究范围涉及历史、哲学、政治等。

名言名句

- 其实地上本没有路,走的人多了,也便成了路。

- 改造自己,总比禁止别人来得难。

- 拿苛刻的眼光挑剔自己,用宽容的胸怀对待他人。

- 横眉冷对千夫指,俯首甘为孺子牛。

- 时间就像海绵里的水,只要愿挤,总还是有的。

- 悲剧将人生的有价值的东西毁灭给人看,喜剧将那无价值的撕破给人看。

- 真的猛士,敢于直面惨淡的人生,敢于正视淋漓的鲜血。

- 人生就像一座山,重要的不是它的高下,而在于灵秀;人生就像一场雨,主要的不是它的大小,而在于及时。

名人轶事

说到鲁迅，我们就会想起一句话："一怕文言文，二怕写作文，三怕周树人。"

鲁迅在我们印象中，通常是这样的：须发直立、横眉怒目、严肃、无趣。实际上，真实的鲁迅有趣得很。

下面，我们就通过几件小事来还原一个生活中真实的鲁迅。

鲁迅从小就是个皮孩子

早在三味书屋读书时，鲁迅就喜欢给人起绰号。班上有个女生特别爱哭，一哭就眼泪鼻涕齐下，迅哥儿从此就管人家叫"四条"，眼泪两条鼻涕两条，形象得很。

鲁迅在三味书屋求学，师从寿镜吾先生。一天，寿镜吾先生出了一个"独角兽"的上联，请学生们对出下联。很多同学苦思冥想，不得其所。有的同学对"两头蛇"，有的同学对"八脚虫"，还有的同学对"九头鸟"，但都不工整，先生皆不满意。这时鲁迅脱口而出，对道"比目鱼"，获得寿镜吾先生称赞。独角兽即麒麟，乃天上神物，鲁迅对的比目鱼即鲽鱼，是海中珍品。神物对珍品，此对上下工整，凸显出少年鲁迅的才华。

鲁迅还是一个超级吃货

下面是鲁迅家1928年1月的菜谱：

1日上午：洋薯炖鸡　咸菜煮鱼　榨菜肉片汤　卷心菜

1日下午：合掌菜炖肉　萝卜牛肉　炒鱿鱼　卷心菜

2日上午：鱼　豆腐肉丝羹　及第草菇汤　青菜

2日下午：炒面筋　蒸排骨　菜花炒鱼片　青菜

3日上午：油豆腐炖鱼　咸菜肉松　鲫鱼豆腐汤　青菜

3日下午：芹菜云耳炒牛肉　津菜炖鱼丸　蚝豉松　青菜

……

一看这菜谱，就知道鲁迅是顶尖吃货。

据研究者统计，鲁迅在北京生活了14年，仅从这一时期的鲁迅日记中，发现他去过的名餐馆就有65家，包括广和居、致美楼、集贤楼等，这还不包括那些不知名的小馆子。

语文书里的"大人物"

朋友们都知道鲁迅是个大吃货,所以去看他时常常赠送食材。翻译家曹靖华在河南老家有棵桦栎树,树下长了一个硕大的猴头菇,曹靖华专门回老家摘下,带到上海,送给鲁迅。鲁迅大喜,当即请梁园老板来做这道菜,并约了几位好友一起品尝。吃完不过瘾,鲁迅感叹:"要是能人工培育就更好了。"

时尚达人

1903年,鲁迅赴日留学不到一年,就把辫子剪去了。当时,把辫子剪掉的中国人就像男人穿裙子一样不可思议。但鲁迅才不管别人的嘲笑和讥讽,就是要剪辫子。

后来,他干脆为自己设计了一款经典造型:铁刷一般整齐的平头,加上颇似隶书"一"字的胡子。

后来,画家陈丹青对这一造型评价为"好看至极"。这"好看"的样子里透出的是鲁迅的思想、才华和对命运的判断,所以鲁迅的模样真是非常配他,配他的文学,配他的脾气,配他的命运,配他的地位与名声。

服装搭配大师

萧红在《回忆鲁迅先生》中写道:有一次,她穿红上衣去鲁迅家做客,问鲁迅:"我的衣裳漂亮不漂亮?"

鲁迅却给她上了一堂色彩搭配课："红上衣要配红裙子，不然就是黑裙子，咖啡色就不行了，这两种颜色放在一起很浑浊……你这裙子是咖啡色的，还带格子，颜色浑浊得很，所以把红色衣裳也弄得不漂亮了。"

"人瘦不要穿黑衣裳，人胖不要穿白衣裳；脚长的女人一定要穿黑鞋子，脚短就一定要穿白鞋子；方格子的衣裳胖人不能穿，但比横格子的还好；横格子的胖人穿上，更横宽了。胖子要穿竖条子的，竖的把人显得长……"

那个年代，便有如此前瞻的审美，不得不佩服鲁迅先生的眼光和品味。

优秀的设计师

鲁迅的设计水平有多厉害呢？

1916年，蔡元培出任北大校长，给鲁迅写了一封信，表达了请鲁迅为北京大学设计校徽的想法，希望鲁迅能将一向倡导的美育理念融会贯通到校徽的设计中。

蔡元培原本没抱多大期望，但是鲁迅的设计稿出来之后，蔡元培立即拍掌而呼："绝了！"

校徽上，"北大"两个篆字上下排列，"北"字是背对背的两个侧立人像，"大"字是一个正面站立的人像，寓意北大的办学理念即"以人为本"。

北大许智宏校长说："'大'者,寓意学术之大,责任之大,精神之大。"如此设计,属实让人拍案叫绝。

除此之外,鲁迅自己著作封面和扉页的装帧设计几乎都是他自己一手完成的。他一生设计了60多个书籍封面,既典雅蕴藉,又极具时代感,个个都是中国书籍装帧史上的经典。

如今大学书籍装帧专业的很多老师,都推鲁迅为中国书籍装帧第一人。

陈丹青更是多次盛赞鲁迅:"依我看,鲁迅却比民国年代顶著名的美术海归派更超前、更有品质、更富草根性,更经得起时间的考验。"

稿费的故事

我们都知道写文章是能赚取稿费的,稿费的计费标准一般以字数多少计算。鲁迅作为创作者,对一篇文章的字数基本心中有数。可当年的出版界对标点符号不够重视,在支付稿费时,往往把它从字数中扣除,不算稿费。鲁迅了解到这个情况后,再给出版社写稿子时,就故意略去了标点符号。编辑收到鲁迅的文章,一看就傻眼了,整篇文章从头到尾没有一个标点符号,字连着字,密密麻麻从头排到尾。编辑以"难以断句"为由，写信要求鲁迅加上标点符号。鲁迅回复道："既然必须要作者加上标点符号才能分出段落、章节，可见标点符号还是必不可少的。既然如此，标点也得算字数啊。"出版社没办法，只好同意鲁迅的意见，在计算稿费时把标点符号也计算其中。

理发付钱

在厦门大学教书时，鲁迅曾到一家理发店理发，理发师不认识鲁迅，见他衣着简朴，心想他肯定没几个钱，理发时就一点儿也不认真。对此，鲁迅不仅不生气，反而在理发后极随意地掏出一大把钱给理发师——远远超出了应付的钱。理发师大喜，脸上立刻堆满了笑。

过了一段日子，鲁迅又去理发，理发师见状大喜，立即拿出全部看家本领，满脸写着谦恭，本着"慢工出细活"的原则给鲁迅理发。不料理完发，鲁迅并没有像上次付钱时那样豪爽，而是掏出钱来一个一个地数给理发师，一个子儿也没多给，理发师大惑："先生，您上回那样给，今天怎么这样给？"鲁迅笑笑说："您上回马马虎虎地理，我就马马虎虎地给；这回您认认真真地理，我就认认真真地给。"理发师听了大窘。

我的伯父鲁迅先生

这是一篇纪念性文章,作者周晔是鲁迅先生的侄女,周建人的大女儿。鲁迅逝世时,她才十岁。作者通过回忆伯父鲁迅先生生前给自己留下印象深刻的几件事,说明鲁迅先生是一个爱憎分明,为自己想得少、为别人想得多的人,表达了作者对鲁迅先生的无比怀念、热爱与敬仰之情。我们来看课文:

伯父鲁迅先生在世的时候,我年纪还小,根本不知道鲁迅是谁,以为伯父就是伯父,跟任何人的伯父一样。伯父去世了,他的遗体躺在万国殡仪馆的礼堂里,许多人都来追悼他,向他致敬,有的甚至失声痛哭。数不清的挽联挂满了墙壁,大大小小的花圈堆满了整间屋子。送挽联送花圈的有工人,有学生,各色各样的人都有。那时候我有点惊异了,为什么伯父得到这么多人的爱戴?我呆呆地望着来来往往吊唁(yàn)的人,想到我永远见不到伯父的面了,听不到他的声音了,也得不到他的爱抚了,泪珠就一滴一滴地掉下来。

文章开头这一段,作者先回忆伯父去世时追悼会上民众送行的情景,突出人们对鲁迅的崇敬和爱戴。对一个十岁的孩子来说,伯父就是伯父,她并不知道伯父在当代文学史上的地位,也不知道伯父一生所承载的政治上的意义。她惊异的是自己的伯父为何会受到那么多人的爱戴。接下来就进入到对伯父生前的回忆中,整篇文章是一个倒叙的结构。

就在伯父去世那一年的正月里,一个星期六的下午,爸爸妈妈带我到伯父家里去。那时候每到周末,我们姐妹三个轮流跟随着爸爸妈妈到伯父家去团聚。这一天在晚餐桌上,伯父跟我谈起《水浒传》里的故事和人物。不知道伯父怎么会知道我读了《水浒传》,大概是爸爸告诉他的吧。老实说,我读《水浒传》不过囫(hú)囵(lún)吞枣地看一遍,只注意紧张动人的情节;那些好汉的个性,那些复杂的内容,全搞不清楚,有时候还把这个人做的事情安在那个人身上。伯父问我的时候,我就张冠李戴地乱说一气。伯父摸着胡子,笑了笑,说:"哈哈!还是我的记性好。"听了伯父这句话,我又羞愧,又悔恨,比挨打挨骂还难受。从此,我读什么书都不再马马虎虎了。

那天临走的时候，伯父送我两本书，一本是《表》，一本是《小约翰（hàn）》。伯父已经去世多年了，这两本书我还保存着。

这部分是作者回忆伯父的第一件事：谈《水浒传》，启发教育作者认真读书。伯父的话实际上是在幽默而婉转地批评侄女读书太马虎，说明伯父善于启发教育孩子，连批评孩子时都替孩子想得多。最后伯父送给侄女两本书，希望她能多多读书，更是表现了对侄女的关怀和期望。鲁迅曾在《狂人日记》中发出"救救孩子"的呼喊，结合到这篇文章里，我们可以看出他对下一代教育的重视。

有一次，在伯父家里，大伙儿围着一张桌子吃晚饭。我望望爸爸的鼻子，又望望伯父的鼻子，对他说："大伯，您跟爸爸哪儿都像，就是有一点不像。"

"哪一点不像呢？"伯父转过头来，微笑着问我。他嚼着东西，嘴唇上的胡子跟着一动一动的。

"爸爸的鼻子又高又直，您的呢，又扁又平。"我望了他们半天才说。

"你不知道，"伯父摸了摸自己的鼻子，笑着说，"我小的时候，鼻子跟你爸爸的一样，也是又高又直的。"

"那怎么——"

"可是到了后来，碰了几次壁，把鼻子碰扁了。"

"碰壁？"我说，"您怎么会碰壁呢？是不是您走路不小心？"

"你想，四周黑洞洞的，还不容易碰壁吗？"

"哦！"我恍然大悟，"墙壁当然比鼻子硬得多了，怪不得您把鼻子碰扁了。"

在座的人都哈哈大笑起来。

这一部分是作者回忆伯父的第二件事：笑谈"碰壁"。

鲁迅生活的时期，正是国民党反动统治最黑暗的时期，劳动人民被压迫剥削，生活暗无天日。鲁迅写了很多文章抨击国民党反动派的黑暗统治，号召人民奋起抗争，这些文章引起了反动派的极度恐慌，他们千方百计地查禁鲁迅的作品，鲁迅的生命安全也几度受到严重威胁。鲁迅先生先后更换了一百多个笔名，巧妙地坚持用手中的笔进行战斗。许多关心鲁迅的人都劝他躲一躲，但他仍然坚持参加各种爱国宣传活动，而且有时出门不带钥匙，随时准备牺牲。其实这些就是鲁迅先生所说的"碰壁"的真正含义。虽然处境危险，但他能"笑谈"，说明鲁迅先生不怕"碰壁"的顽强斗争精神和乐观主义精神。

有一年的除夕，我们全家都到伯父家里去了。伯父买了许多爆竹和花筒给我们。我们都胆小得很，没有一个人敢放，伯父和爸爸就替我们放。他们每人捧了一大堆，走到天井里去。我们掩着耳朵，躲在玻璃门后面，睁大了眼睛望着他们。四扇玻璃门，我们三个和海婴一人占一扇。伯母和妈妈站在我们旁边。

爸爸放的是爆竹，声音真大，可怕极了，虽然关紧了门，掩住了耳朵，也照样听得见。我们紧张极了，气都不敢透一口。

爸爸放完爆竹，轮到伯父放花筒了。火花在我们眼前飞舞，艳丽的色彩映照在伯父的脸上。我突然注意到他脸上的表情，那么慈祥，那么愉快，眉毛，眼睛，还有额上一条条的皱纹，都现出他心底的欢笑来。那时候，他的脸上充满了自然而和谐的美，是我从来没看见过的。

这部分写作者回忆伯父鲁迅先生的第三件事：除夕夜放鞭炮和花筒，说明伯父重亲情，很慈祥，平常难得有如此放松的时候。

有一天黄昏，呼呼的北风怒号着，天色十分阴暗。街上的人都匆匆忙忙赶着回家。爸爸妈妈拉着我的手，到伯父家去。走到离伯父家门口不远的地方，看见一个拉黄包车的坐在地上呻吟，车子扔在一边。

我们走过去，看见他两只手捧着脚，脚上没穿鞋，地上淌了一摊血。他听见脚步声，抬起头来，饱经风霜的脸上现出难以忍受的痛苦。

"怎么了?"爸爸问他。

"先生,"他那灰白的抽动着的嘴唇里发出低微的声音,"没留心,踩在碎玻璃上,玻璃片插进脚底了。疼得厉害,回不了家啦!"

爸爸跑到伯父家里,不一会儿,就跟伯父拿了药和纱布出来。他们把那个拉车的扶上车子,一个蹲着,一个半跪着,爸爸拿镊(niè)子夹出碎玻璃片,伯父拿硼(péng)酸水给他洗干净。他们又给他敷上药,扎好绷(bēng)带。

拉车的感激地说:"我家离这儿不远,这就可以支持着回去了。两位好心的先生,我真不知道怎么谢你们!"

伯父又掏出一些钱来给他,叫他在家里休养几天,把剩下的药和绷带也给了他。

天黑了,路灯发出微弱的光。我站在伯父家门口看着他们,突然感到深深的寒意,摸摸自己的鼻尖,冷得像冰,脚和手也有些麻木了。我想,这么冷的天,那个拉车的怎么能光着脚拉着车在路上跑呢?

伯父和爸爸回来的时候,我就问他们。伯父的回答我现在记不清了,只记得他的话很深奥,不容易懂。我抬起头来,要求他给我详细地解说。这时候,我清清楚楚地看见,而且现在也清清楚楚地记得,他的脸上不再有那种慈祥的愉快的表情了,他变得那么严肃。他没有回答我,只把枯瘦的手按在我的头上，半天没动，最后深深地叹了一口气。

这一部分是作者回忆的第四件事情：救助车夫。文章用"扶、夹、洗、敷"等一系列动作讲述了救助过程。最后鲁迅还给了车夫一些钱和一些药，因为他想到这几天车夫无法拉车挣钱，他们家就会没有饭吃，更不会有钱买药，可见鲁迅先生想得十分周到，对劳动人民非常关心。从"按""半天没动"等词语中，我们可以体会到鲁迅先生当时沉重的心情。这里有一个问题：为什么鲁迅先生救助车夫之后，变得那么"严肃"，还"深深地叹了一口气"，他在为谁叹息呢？联系鲁迅的一生，我们不难想到，他不只是在为那位可怜的车夫叹息，也是在为那些和车夫一样苦难的劳动人民叹息，更是为当时整个中华民族叹息。这种叹息背后有着深深的无奈：救助了一个黄包车车夫，却还有千千万万像黄包车车夫一样的劳苦大众，而自己一个人的力量实在太渺小了……体现了鲁迅对劳动人民的深切同情。

伯父逝世以后，我见到他家的女佣阿三。阿三是个工人的妻子，她丈夫失了业，她愁得两只眼睛起了蒙，看东西不清楚，模模糊糊的像隔着雾。她跟我谈起伯父生前的事情。她说："周先生自己病得那么厉害，还三更半夜地写文章。有时候我听着他一阵阵接连不断地咳嗽，真替他难受。他对自己的病一点儿也不在乎，倒常常劝我多休息，不叫我干重活儿。"

的确，伯父就是这样的一个人，他为自己想得少，为别人想得多。

最后通过女佣的话进一步体现鲁迅先生关心劳动人民，平等待人，突出他为自己想得少，为别人想得多。

从课文中我们能感受到鲁迅先生的高尚品格，他心怀家国百姓，有一颗悲悯之心。正因如此，才写出了那么多发自肺腑的、精彩动人的文章，才会发出时代的呐喊。正是这种情怀让鲁迅写出了不朽的文字，也让他成为不朽。

平哥伴读

囫囵吞枣 (hú lún tūn zǎo)

释义 把枣整个吞下去，比喻读书、学习等不加分析地笼统接受。

例句 有些道理必须深入思索，绝不能囫囵吞枣。

近义词 不求甚解　走马观花

反义词 细嚼慢咽　融会贯通

成语典故

相传，古时候有一位私塾先生，他的门下有很多学生，一天课余时间，学生们拿出梨和大枣吃了起来。这时，先生家里来了一位精通医学的客人。他看到学生们都在一个接一个地大口吃着梨和大枣，就劝他们说："虽然梨子有益于牙齿，但吃多了会伤脾；大枣虽有益于脾，可是吃多了就会损坏牙齿。"听了客人的话，一个愚钝的学生想了想说："那我吃梨的时候光嚼不咽下去，这样就伤不到我的脾了；吃枣时就整个儿吞下去而不嚼，也就伤不了牙齿了。"客人觉得好气又好笑，说道："唉，真没办法，你整个儿一囫囵吞枣呀！"

1分钟了解李四光

人物名片

李四光（1889—1971），字仲拱，原名李仲揆，地质学家、教育家，中国地质力学的创立者、中国现代地球科学和地质工作的主要领导人和奠基人之一。代表作有《冰期之庐山》《中国北部之䗴科》《地质力学概论》《天文、地质、古生物》等。

- 5岁开始进私塾读书。
- 14岁报考学堂，成功入学。
- 1904年留学日本。
- 1889年10月26日出生于湖北黄冈一个贫寒人家。
- 16岁在东京见到孙中山，并加入中国同盟会。
- 1910年学成归国。
- 1956年主持石油普查勘探工作。
- 1913年到英国伯明翰大学继续学习。
- 1971年4月29日因病逝世。
- 1922年同章鸿钊等人成立中国地质学会，被选为第一届副会长。
- 1920年接受蔡元培先生的聘请，到北京大学地质系任教。

李四光：
石迹耿千秋

1889年10月26日，李四光出生于湖北黄冈一个贫寒人家，小时候名叫李仲揆。五岁时，他开始进私塾读书，每天放学回家，就和哥哥一起帮助家里干活，到了晚上，又和哥哥一起在煤油灯下背书、习字。由于家境清贫，仲揆小小年纪就懂得生活的不易，为了节约买煤油的钱，他常将两段灯芯分开来用，以延长读书时间。

李仲揆从小勤奋好学、爱动脑筋，在家乡读书的时候，每次考试都是名列前茅。有一天，他听说省城武昌开办的官费高等小学堂正在招生，凡是学习成绩优秀的学生都可以去报考，便请求父亲为他筹借路费，只身前往省城赶考。到了学堂，他交钱买了一张报名单，急切地填写起来。可能是因为过于紧张，李仲揆一不小心，竟在姓名栏里填上了自己的年龄——十四。"糟糕！"他差点儿叫出声来，心里特别懊恼，如果再重新买一张报名单，考完试就没有钱回家了。他灵机一动，把"十"字添上几笔变成"李"字。可是，叫"李四"也太难听了！他正思索着，突然抬头看到报名大厅正中央挂着一块横匾，上面刻着"光被四表"几个大字。有了！"四"字不动，后面再加一个"光"字——李四光。四面光明，光照四方，这不正是他"早日成才，富强国家"的心愿吗？李仲揆立即提起笔来，在"四"后面端端正正地写了一个"光"字。从此，"李仲揆"就变成了"李四光"。

报名时发生的这段小插曲丝毫没影响李四光的考试，凭着自幼苦读打下的扎实基础，他最终以第一名的优异成绩被录取。入校后，李四光求知若渴，用功读书，各科成绩都很突出，未满两年就被破格选派去日本免费留学，开始了七年的日本求学之路。

在日本，李四光首先进入东京弘文学院学习日语和初等数理化等课程，毕业后又考入大阪高等工业学校学习造船机械。据说这个学校每年录取的中国留学生只有十名左右，李四光能够在上千人中脱颖而出是十分不容易的。虽然成绩优异，李四光的生活却十分艰难。为了节省开支，他常常把大米放在暖瓶中加入开水浸泡一夜，第二天就着咸菜一起吃。在日本留学期间，他越发感受到中国人在这里受到的各种歧视，这些歧视激发起他强烈的民族自尊心，让他更加心系祖国，坚定了富强国家的决心。

十六岁那年，李四光在东京见到了伟大的革命先行

语文书里的"大人物"

孙中山
(1866—1925)：伟大的爱国主义者、中国民主革命的伟大先驱，中华民国和中国国民党的缔造者，三民主义的倡导者。

蔡元培
(1868—1940)：革命家、教育家、政治家，民主进步人士，曾任北京大学校长，革新北大，开"学术"与"自由"之风。

者孙中山先生，并加入中国同盟会。孙中山十分欣赏这位有志青年，送给他"努力向学，蔚为国用"八个字，以示勉励。

1910年，李四光学成归国，怀着激动的心情踏上祖国的大地。辛亥革命爆发后，他先后担任湖北军政府理财部参议和实业部部长。正当他准备大干一番事业时，辛亥革命失败了。李四光并没有气馁，决心走科学救国之路，于是他再次离开祖国，到英国伯明翰大学继续学习深造。留学生活并不轻松，为了支付不断上涨的学费，李四光利用假期到矿山去做苦工。在伯明翰大学的六年里，他先学采矿，后改学地质，不仅专业成绩优秀，还熟练掌握了英语，先后获得了学士学位和博士学位。六年里，李四光的内心仿佛日夜都能听到祖国的召唤。毕业后，他婉言谢绝了英国一家矿山的高薪聘请，接受了北京大学校长蔡元培先生的邀请，回到祖国，在北京大学地质系担任教授，开始了毕生为国家寻找矿藏、研究祖国地质的科学生涯。

冰川分布是研究地质构造的重要依据，李四光对冰川的研究投入了极大的精力。有些外国人在对中国的冰川进行考察后断言"中国没有第四纪冰川"，李四光提出"让事实说话"。1921年，他回国后在野外考察，想起小时候在家乡曾经和小伙伴捉迷藏时经常用来藏身的那块大石头，当时自己就对大石头的来源心存疑虑，问过父亲和老师，都没有得到让他满意的答案。于是他带领学生重回故地，利用所学的地质学知识研究发现，那块石头是从遥远的秦岭被冰川带到这里来的。经过进一步考察，他发现在长江流域有大量第四纪冰川活动的遗迹，他用这些有力的证据，最终推翻了外国人的错误结论。其研究成果对掌握地下的水文和构造、对发展中国的建设事业起到了非常重要的作用。

新中国成立以后，李四光先后担任了国家地质部部长、中国科学院副院长、全国科联主席等职务。

面对当时石油短缺的困难，李四光根据数十年来对地质力学的研究，在深入分析我国的地质条件后，指出在中国辽阔的土地上一定有石油。1956年，李四光主持石油普查勘探工作，三年后，规模大、产量高的大庆油田被探明。此后，大港油田、胜利油田等相继建成，在国家急需能源的时候，滚滚石油冒了出来。中国不仅摘掉了"贫油"的帽子，李四光独创的地质力学理论也得到了有力的证明。

李四光一生热爱地质工作，从事科学研究一丝不苟，即便是走路，步子也都距离相等，每迈一步都精确到0.85米，他经常对学生说："搞地质要到野外考察，脚步就是测量土地、计算岩石大小的尺子。所以,每一步的长度都要相等。"

为了掌握第一手资料,李四光常常一身布衣、身背大竹筐,手提沉重的地质锤到山上敲石考察,他这一生敲下来的石头都可以堆积成山了。由于长期在外奔波跋涉,过度劳累,李四光的身体越来越差,但他始终以巨大的热情投入到工作中去。几十年来,他在地质构造上悉心研究,提出了地质力学的构造理论,并用这个理论为祖国找到了石油、天然气和矿产等资源,并预测地震,引出地下水……在中国地质史上写下了光辉的一页。

1971年4月29日,李四光因病逝世,临终前依然念念不忘工作。他对中国地质学的贡献、他的治学精神和高风亮节,堪称后世师表。李四光为社会主义建设事业奉献出自己的一生,终将被世人永远铭记。

为了纪念李四光对我国地质学发展做出的重要贡献,2009年,经国际天文学联合会小天体提名委员会批准,中国科学院和国家天文台把一颗小行星命名为"李四光星"。

主要成就

李四光和地质力学

李四光提出的地质力学理论，认为地壳上的构造形迹反映了地应力的作用。他把力学的理论应用到地壳变动的研究中，推断中国的地下有丰富的石油，并通过周密考察最终找到了大油田，证实了他的预言的正确。

地质力学是介于地质学和力学之间的新兴边缘科学，它主要研究地壳的运动和变化，以及岩层和构造的力学性质和运动规律。李四光在这方面做出了很大的贡献，成为有中国特色的地质学的重要组成部分。

地质力学理论可以引领我们认识和了解地球的构造和运动规律，以及如何通过这些规律来寻找能源和矿产资源。

名人轶事

捉迷藏

作为地质学家的李四光整天忙着研究石头,没空带女儿林林出去玩,林林可不高兴了,老嘟着嘴,生爸爸的气。

有一个星期天,李四光笑眯眯地对林林说:"今天我不摆弄那些石头了,咱们到郊外去,高高兴兴玩一天好吗?"

"好,好!"林林乐得搂住爸爸的脖子,使劲儿亲了亲爸爸的脸。

那时候正是春天,满山坡开着鲜花,像铺了块彩色的地毯,美丽极了。

李四光和女儿采了一会儿野花,就玩起了捉迷藏。林林藏在草丛里,爸爸一找就把她找到了;爸爸藏在田地边,林林一睁眼也看到了。他们藏呀,找呀,找呀,藏呀，玩得真高兴。后来又轮到林林藏了，这回她藏在一棵大树后面，等爸爸来找她。

林林在大树后面藏了很久，很久，爸爸也没来找她。林林等急了，就大声喊起来："爸爸，我藏在大树这儿呢！你快来找我呀！"可是爸爸没有回答她，也没有来找她。

林林只好去找爸爸，可是，她连个人影也没看见。爸爸上哪儿去了？林林东找西找，都没有找到。忽然，她看到远处有个人影，她走近一看，原来是爸爸。他蹲在泉水边，举着放大镜，正在认真研究一块大石头呢！

延伸阅读

院士之家：努力向学，蔚为国用

作为我国现代地球科学和地质事业的奠基人，李四光创立了地质力学理论，为中国石油工业的发展和新中国的建设做出了卓越贡献。他的家庭相继产生了三位院士，他本人是地质学院士，女儿李林是物理学院士，女婿邹承鲁是生物化学院士，"一门两代三院士"的传奇故事，为人们称颂。

青年奋力行

李四光五岁的时候，中国发生了一件影响他一生的大事——中日甲午海战。当时李四光认为中国之所以打不过日本，是中国的船不行，所以他想长大了去学造船，造出坚船利炮来强大自己的祖国。

为了学得一点本领，十四岁时，李四光独自一人离开家乡，考取了武昌高等小学，后来因成绩优异，表现突出，一年后被公费派去日本留学。

为了实现小时候造坚船利炮的梦想，李四光报考了大阪高等工业学校，学习船舶制造技术。在日本，李四光认识了中国民主革命的先驱孙中山先生。孙中山先生送给他八个大字——努力向学，蔚为国用。李四光深受鼓舞，用一生来践行这八个字。

李四光从日本学成归来又到英国学习采矿专业，他发现由于中国没有系统的地质学，许多矿不知道在哪里，所以他又改学了地质学。

李四光学习地质以后，渐渐发现19世纪初的地质学也不是一门完整的科学，只是一门纯粹的描述性科学。他认为一门科学要想发展，一定要经历定向到定量的过程，这就需要一些工具。于是他专门去物理系学习，又选修了高等数学，自学了德文和法文，这些学科和语言的学习对他日后的研究工作帮助很大。

1948年，李四光赴英国参加国际地质大会，他是其中唯一的亚洲人，说明中国地质科学已经在世界地质科学领域占有了一席之地。回国时，李四光从英国带回了一台伽马仪，为中国后来寻找铀矿发挥了重要作用。根据所学的专业知识，李四光预测到中国将来发展原子弹、氢弹事业时，铀资源一定能够派上用场。

当时中国的科研环境极其困难，李四光却始终保持乐观的心态。他根据地质力学理论,带领团队寻找铀资源。经过努力,发现了一系列铀矿床,铀产量保证了中国核工业发展的需要。李四光作为原子能委员会主席,为中国原子弹和氢弹的成功研制做出了突出贡献。

女儿紧随父亲的脚步

1923年10月,李四光的女儿李林在北京出生。因为地质工作,李四光经常奔走在大自然中,女儿跟随着父亲,看山鸟、标本、奇石、珍宝。在父母强烈的爱国情怀和报效祖国的思想熏陶下,李林从小便立志学习科学,要成为一个像父亲那样伟大的人。

李林读高中时,就以优异的成绩提前被广西大学机械系录取。大学毕业后进入成都航空研究院工作,担任机械组助理员。在了解了机械系基层工作后,李林决定继续去深造,遂奔赴英国伯明翰大学攻读金属物理专业硕士学位,后又前往剑桥大学读博士。

回国之后,李林从事放射性高的核研究工作。在为数不多的女性科研工作者中,李林不但表现优秀,还起到了带头作用。在我国反应堆材料研究这个新领域,她始终奋斗在工作的第一线,参加第一个"反应堆"实验、第一颗原子弹引爆材料实验、第一艘核潜艇材料实验,为祖国原子能工业的发展做出了重要贡献。

有大格局的人、心怀国家的人总是会随着祖国的需要改变自己的工作。应祖国之需，55岁时，李林转去研发超导材料。为了尽快掌握这项技术，李林一天到晚在实验室工作，累了就在办公桌上趴着休息一会儿。李林带领研究团队日夜奋战，使我国的高温超导薄膜研制达到了国际水平，为我国超导薄膜制备研究成果向器件化应用打下了坚实基础。

李林在回顾自己的科研之路时写道："正是祖国和民族的命运，铸造了我献身科学的爱国情怀；新中国经济和国防建设的迫切需要使我不断变换科研主攻方向，树立了'急国家之所急，想人民之所想'的科研态度。"

从钢铁、原子能到超导材料，李林的每一次科研选择，都坚定地与祖国的发展同行。

女婿也不甘落后

李林在剑桥大学念书期间与同学邹承鲁喜结良缘。邹承鲁1923年出生于山东，一路走的可谓是"学霸"路线，从南开中学高中部考到了由北京大学、清华大学、南开大学三校联合组成的西南联合大学，后又在大学以第一名的成绩被公费派往英国剑桥大学留学，从事呼吸链还原酶研究，获生物化学博士学位。

邹承鲁身上那种"刚正不阿""富有激情的爱国者"的

气质，不仅得到了李林的喜欢，更得到了李四光的认可。

邹承鲁回国后，历任中国科学院生物化学研究所、生物物理研究所副研究员，研究员，室主任，生物物理所副所长，生物大分子国家重点实验室主任等职。

邹承鲁是人工合成胰岛素的发起人之一，为胰岛素的人工合成做出了重要贡献。1980年，李林和邹承鲁双双被选为中国科学院院士，和父亲李四光一起，铸就了"一门三院士"的典范。

1分钟了解李大钊

人物名片

李大钊（1889—1927），字守常，中国共产主义运动的先驱，伟大的马克思主义者，杰出的无产阶级革命家，中国共产党主要创始人之一。

- 1889年10月29日出生于河北。
- 4岁读书识字。
- 15岁考中进士。
- 18岁考入天津北洋法政专门学校。
- 1913年远赴日本留学，进入早稻田大学政治科学习。
- 1918年和陈独秀创办《每周评论》。
- 1920年筹建党的早期组织。
- 1922年8月到1924年初，同孙中山商谈国共合作。
- 1927年4月被捕入狱。4月28日，被北洋军阀政府绞杀。

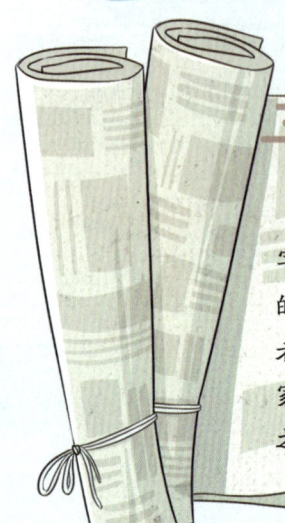

李大钊：
中国共产主义运动的先驱

李大钊生于1889年10月29日，自幼父母双亡，由祖父抚养长大。李大钊四岁时，祖父就教他读书识字，五六岁时，他就能背诵《三字经》《百家姓》《千字文》。由于学习刻苦，李大钊十五岁就考中进士，十八岁考入天津北洋法政专门学校。

1913年，怀着忧国忧民之情，李大钊远赴日本留学，进入东京早稻田大学政治科学习，开始接触社会主义思想。1916年回国后，李大钊积极投身于新文化运动，宣传民主、科学精神，抨击旧礼教、旧道德，向封建顽固势力展开猛烈斗争。他和战友们改变旧中国的决心和激情，有力地激发了当时中国青年的蓬勃朝气和进取精神。

1918年，李大钊任北京大学图书馆馆长兼经济学教授，和 陈独秀 创办了《每周评论》，推动马克思主义在中国的传播。

> **陈独秀：**
> 新文化运动的倡导者、发起者和主要旗手，中国共产党的主要创始人之一和党早期主要领导人。

1920年初，李大钊与陈独秀相约，在北京和上海分别活动，宣传马克思主义，筹建党的早期组织。同年3月，李大钊在北京大学组织中国第一个马克思学说研究会，为建党做准备。李大钊还在北京多次会见共产国际代表，商讨筹建中国共产党。同年秋，他又领导建立了北京共产党早期组织和北京社会主义青年团，并与在上海的陈独秀遥相呼应，积极活动，扩大宣传，推动建立全国范围的共产党组织。"南陈北李，相约建党"，成为中国革命史上的一段佳话。1921年，中国共产党成立后，李大钊负责党在北方的全面工作。

1922年8月到1924年初，李大钊受党的委托，往返于北京、上海、广州之间，同孙中山先生商谈国共合作，为建立国民革命统一战线、实现第一次国共合作做出了重大贡献。他领导北方党组织发动群众，开展轰轰烈烈的反帝反军阀斗争，猛烈冲击了帝国主义势力和北洋军阀统治。

1927年4月，在反动军阀的白色恐怖中，李大钊等八十余人不幸被捕入狱。在狱中的二十多天，李大钊备受酷刑，但他大义凛然，坚贞不屈，始终严守党的秘密。4月28日，北洋军阀政府不顾社会舆论的强烈反对和谴责，将李大钊等二十位革命者绞杀。临刑前，李大钊高呼:"中国共产党万岁!"英勇就义,时年三十八岁。

　　李大钊用自己短暂的生命,在中国革命史上谱写了壮丽的篇章。他开创的伟大事业和留下的思想遗产永不磨灭,他播撒的革命种子在中国大地生根发芽、开花结果。他为中国共产主义事业勇于献身的大无畏的革命精神,永远是一切革命者的光辉典范。

名人轶事

李大钊教子

在外，李大钊是身负救国大任的革命党人。在家，他是一个为人夫为人父的普通百姓。他有一个幸福温馨的家庭，工作中诚实谦和的他，回家后喜欢与孩子们嬉戏打闹，唱歌读诗，家里经常充满着欢声笑语。

李大钊对子女一向要求严格，注重培养他们吃苦耐劳的品质。有一年冬天，大雪纷纷扬扬下个不停，院子里像铺了一层厚厚的棉絮。李大钊对他的女儿和儿子说："雪积得太厚了，你们快拿扫帚到院子里扫雪去。要高兴的话，堆个大雪人也不错。"孩子们的外祖母心疼小外孙，对李大钊说："天这么冷，你还叫孩子们去扫雪，要是冻病了可怎么办？"李大钊笑着说："孩子应当从小养成吃苦的习惯，免得长大后什么也不会做。经常活动活动，也能增强抵抗力。"说完，他和孩子们拿了簸箕扫帚，走到院子里，他一面扫雪，一面对孩子们说："将来谁也不能当寄生虫，谁要是不劳动，谁就没有饭吃！"孩子们边扫雪，边听父亲讲新奇的故事，一点儿也没觉得冷，反而越扫越有劲。

　　李大钊特别喜爱下棋。他一有空就与子女下棋，玩起来和孩子一样，既活泼又认真。虽然喜欢下棋，但李大钊很少给孩子买棋子，每当棋子不全的时候，就让孩子们自己动手制作棋子，并在旁边耐心地指导。他的夫人认为下棋不必过于认真，李大钊却说："要是不认真，那还有什么意思呢？玩也应当认真玩，否则就很难提高下棋的水平！"

　　每当晚上比较空闲的时候，李大钊就朗诵古诗给孩子们听，每朗诵完一首古诗，他都逐字逐句地解释一番，还经常以古诗对子女进行教育。例如，他会通过《石壕吏》《孔雀东南飞》《卖炭翁》等诗歌让子女认识到封建社会黑暗残酷的现实。

　　李大钊以身作则，处处为孩子们树立榜样，他宁死维护党的尊严和秘密的形象更是深深地刻在子女的心中。李大钊去世后，他的五个子女谨记父亲的教诲，继承父亲遗志，为革命事业和祖国建设贡献着自己的力量。

课文赏析

（六年级下册）

十六年前的回忆

这篇文章是李大钊的女儿**李星华**于1943年创作的，时年正值李大钊同志遇难十六周年，所以题目为《十六年前的回忆》。这篇文章是对学生进行革命传统教育的好教材。1927年，军阀张作霖在帝国主义的支持下，率兵进关，占领河北、山东等地，以武力威胁正在胜利北伐的国民革命军，还下令通缉在北京坚持革命斗争的李大钊，李大钊不幸被捕遇难。作者采用第一人称的叙述方式，回忆了父亲被害的全过程，充分体现了李大钊同志忠于革命事业，在敌人面前坚贞不屈的精神，同时也表达了作者对父亲的敬仰与深切怀念。

> **李星华：**
> 作家，主要作品有《回忆我的父亲李大钊》《白族民间故事集》《十六年前的回忆》。

语文书里的"大人物"

　　1927年4月28日，我永远忘不了那一天。那是父亲的被难日，离现在已经十六年了。

　　第一段构成了一个倒叙，写于1943年的文章，回忆的是1927年的事情，接着按照时间和事情发展的顺序展开叙述。

　　那年春天，父亲每天夜里回来得很晚。每天早晨，不知道什么时候他又出去了。有时候他留在家里，埋头整理书籍和文件。我蹲在旁边，看他把书和有字的纸片投到火炉里去。

　　这一段一方面描写了一位繁忙的父亲形象，另一方面又表现出当时形势的紧急。

　　我奇怪地问他："爹，为什么要烧掉呢？怪可惜的。"

　　待了一会儿，父亲才回答："不要了就烧掉。你小孩子家知道什么！"

　　父亲一向是很慈祥的，从没有骂过我们，更没有打过我们。我总爱向父亲问许多幼稚可笑的问题。他不论多忙，对我的问题总是很感兴趣，总是耐心地讲给我听。这一次不知道为什么，父亲竟这样含糊地回答我。

　　后来听母亲说，军阀张作霖要派人来检查。为了避免党组织被破坏，父亲只好把一些书籍和文件烧掉。才过了两天，果然出事了。工友阎振三一早上街买东西，直到夜里还不见回来。第二天，父亲才知道他被抓到警察厅里去了。我们心里都很不安，为这位工友着急。

第三至五段写父亲的反常举动，形成一个悬念，到底发生了什么事情呢？而第六段与其呼应。作者当时年纪小，对父亲烧掉书籍和文件不理解。她好奇地问父亲，却只得到一个含糊的回答。这同以往父亲不论多忙、不管女儿提出的问题多么幼稚可笑都耐心回答和解释形成了鲜明对照。为什么会这样？因为当时的局势十分紧张，不是同孩子谈心的时候，而且防止革命的书籍和文件落到敌人手里这样的事情，也不是几句话能跟孩子说清楚的。这里写出了李大钊对亲人的慈爱和对工作的认真严谨。

局势越来越严峻，父亲的工作也越来越紧张。他的朋友劝他离开北京，母亲也几次劝他。父亲坚决地对母亲说："不是常对你说吗？我是不能轻易离开北京的。你要知道现在是什么时候，这里的工作多么重要。我哪能离开呢？"母亲只好不再说什么了。

这一段承上启下，再次突出了局势的严峻，也为后面凸显人物的精神做好了铺垫。虽然局势紧张，但父亲不轻易离开的态度很坚决，体现了李大钊心系天下的责任感。从第一段开始到这里都是父亲被抓前的部分。接着，就开始写父亲被抓的经过。

可怕的一天果然来了。4月6日的早晨，妹妹换上了新夹衣，母亲带她到儿童娱乐场去散步了。父亲在里间屋里写字，我坐在外间的长木椅上看报。短短的一段新闻还没看完，就听见啪，啪……几声尖锐的枪声，接着是一阵纷乱的喊叫。

用声音描写来表示事态恶化，换句话说，是用声音的切入来推动事件高潮的到来。

"什么？爹！"我瞪着眼睛问父亲。

"没有什么，不要怕。星儿，跟我到外面看看去。"

这段父女俩的对话写出了李大钊的镇定、冷静。

父亲不慌不忙地向外走去。我紧跟在他身后，走出院子，暂时躲在一间僻静的小屋里。

一会儿，外面传来一阵沉重的皮鞋声。我的心剧烈地跳动起来，用恐怖的眼光瞅了瞅父亲。

"不要放走一个！"窗外响起粗暴的吼声。穿灰制服和长筒皮靴的宪兵，穿便衣的侦探，穿黑制服的警察，一拥而入，挤满了这间小屋。他们像一群魔鬼似的，把我们包围起来。他们每人拿着一支手枪，枪口对着父亲和我。在军警中间，我发现了前几天被捕的工友阎振三。他的胳膊上拴着绳子，被一个肥胖的便衣侦探拉着。

那个满脸横肉的便衣侦探指着父亲问阎振三："你认识他吗？"

阎振三摇了摇头。他那披散的长头发中间露出一张苍白的脸，显然是受过苦刑了。

"哼！你不认识？我可认识他。"侦探冷笑着，又吩咐他手下的那一伙，"看好，别让他自杀！"

他们仔细地把父亲全身搜了一遍。父亲保持着他那惯有的严峻态度，没有向他们讲任何道理。因为他明白，对他们是没有道理可讲的。

残暴的匪徒把父亲绑起来，拖走了。我也被他们带走了。在高高的砖墙围起来的警察厅的院子里，我看见母亲和妹妹也都被带来了。我们被关在女拘留所里。

从这一部分中，我们可以感受到父亲被抓时的紧张气氛以及"我"的恐惧，"粗暴的吼声""一拥而入""像一群魔鬼似的"等描写，突出了敌人的凶残，而这些都与父亲的沉着和对敌人的蔑视形成了鲜明的对比。

十几天过去了，我们始终没看见父亲。有一天，我们正在啃手里的窝窝头，听见警察喊我们母女的名字，说是提审。

在法庭上，我们跟父亲见了面。父亲仍旧穿着他那件灰布旧棉袍，可是没戴眼镜。我看到了他那乱蓬蓬的长头发下面的平静而慈祥的脸。

"没戴眼镜""乱蓬蓬的长头发"说明父亲已经经受了敌人残酷的折磨。平静而慈祥的脸，又说明父亲对敌人的无所畏惧和对亲人的爱。这时候的李大钊已经知道了自己的命运，甚至已经做好了慷慨赴死的准备。

"爹!"我忍不住喊出声来。母亲哭了,妹妹也跟着哭起来了。

"不许乱喊!"法官拿起惊堂木重重地在桌子上拍了一下。

父亲瞅了瞅我们,没有说一句话。他的神情非常安定,非常沉着。他的心被一种伟大的力量占据着。这个力量就是他平日对我们讲的——他对于革命事业的信心。

"这是我的妻子。"他指着母亲说。接着他又指了一下我和妹妹:"这是我的两个孩子。"

"她是你最大的孩子吗?"法官指着我问父亲。

"是的,我是最大的。"我怕父亲说出哥哥来,就这样抢着说了。我不知道当时哪里来的机智和勇敢。

"不要多嘴!"法官怒气冲冲的,又拿起他面前那块木板狠狠地拍了几下。

父亲立刻就会意了,接着说:"她是我最大的孩子。我的妻子是个乡下人,我的孩子年纪都还小,她们什么也不懂,一切都跟她们没有关系。"父亲说完了这段话,又望了望我们。

"父亲望了望我们"这个眼神中所传达的感情很复杂,有多少的依依不舍、多少的慷慨激昂与义无反顾。

法官命令把我们押下去。我们就这样跟父亲见了一面,匆匆分别了。想不到这竟是我们最后一次见面。

28日黄昏，警察叫我们收拾行李出拘留所。

我们回到家里，天已经全黑了。第二天，舅老爷到街上去买报。他是哭着从街上回来的，手里无力地握着一份报。我看到报上用头号字登着"李大钊等昨已执行绞刑"，立刻感到眼前蒙了一团云雾，昏倒在床上了。母亲伤心过度，昏过去三次，每次都是刚刚叫醒又昏过去了。

过了好半天，母亲醒过来了，她低声问我："昨天是几号？记住，昨天是你爹被害的日子。"

我又哭了，从地上捡起那张报纸，咬紧牙，又勉强看了一遍，低声对母亲说："妈，昨天是4月28日。"

这一部分写得知父亲被害后，家人悲痛万分，母亲几次昏过去，嘱咐自己记住父亲被害的日子，与开头提出"1927年4月28日是父亲的被难日"相呼应。

整篇文章很长，按顺序叙述了李大钊被捕前烧文件（次详）、4月6号被抓（详写）、一家人都被带走（详写）、法庭审议（详写）、得知父亲遇难（次详）的过程，其中蕴含着亲情，以及一种高于亲情的东西，那就是革命精神、革命理想与情怀。

名人轶事

祖父的教育

李大钊出生前，父亲就病逝了；出生后一年多，母亲也因感伤过度去世。年幼的李大钊只能由祖父李如珍悉心抚养。李如珍虽然是地地道道的农民，但是读过书、做过生意，在当地颇有名望。

李如珍十分重视对李大钊的文化教育。李大钊四岁时，李如珍就教他背诗、认字。他用硬纸壳做成二寸见方的认字卡，让李大钊在玩耍中学得语言和文字知识。开始时每天认一两个字，后来每天认五六个字，日积月累，李大钊的早期智力得以开发，到六岁时就能熟读和背诵私塾里的启蒙书籍《三字经》《百家姓》《千字文》等，还能在门口的老庙前读布告。

祖父经常利用茶余饭后的时间给李大钊讲述当时国家和社会上的大事，在他幼小的心里埋下了爱国救民的种子。

1分钟了解梅兰芳

人物名片

梅兰芳（1894—1961），名澜，艺名兰芳，中国京剧表演艺术大师。代表作有《贵妃醉酒》《天女散花》《打渔杀家》等。

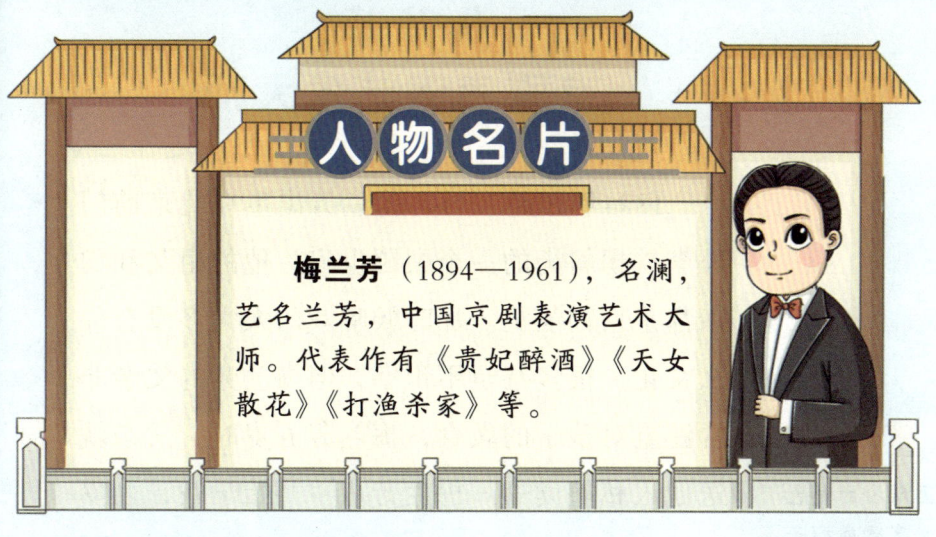

1894年10月22日出生在北京一个梨园世家。

1902年正式拜吴菱仙为师学青衣。

1915年10月在北京演《嫦娥奔月》。

1912年与谭鑫培同台演出《桑园寄子》。

1930年率剧团演员赴美演出。

1955年1月任中国京剧院院长。

1951年4月任中国戏曲研究院院长。

1938年留居香港。

1961年8月8日在北京病逝。

1942年夏，由香港返回上海。

梅兰芳：
京剧表演艺术大师

1894年10月22日，梅兰芳出生在北京前门外李铁拐斜街的一个梨园世家，他的祖父和父亲都是京剧演员。那时候唱戏的人大多没有什么文化，很多甚至不识字，但梅兰芳的父亲非常注重对孩子的教育，梅兰芳五岁时，父亲就送他入私塾读书。梅兰芳八岁开始学戏，九岁拜吴菱仙为师学青衣，十岁首次登台演出，十七岁成名，十八岁与"伶界大王"谭鑫培合演《桑园寄子》，确立了他在北京戏曲舞台上的地位。十九岁时首次赴上海演出，受到上海观众的交口称赞。二十岁回京自学昆曲，并与京剧融会贯通，对京剧艺术进行了大胆创新。

梅兰芳在五十余年的舞台生涯中，发展和提高了京剧旦角的演唱和表演艺术，形成一个具有独特风格的艺术流派，世称"梅派"，代表作有《贵妃醉酒》《天女散花》《宇宙锋》《打渔杀家》等。此外，梅兰芳还先后培养学生一百多人。

青衣： 又叫"正旦"，因所扮的角色常穿青色褶子（古代一种便服）而得名。

谭鑫培： 清代京剧演员，是京剧谭派的创立者，有伶界大王之赞。

梅兰芳之所以在传统戏曲上取得如此高的成就，一方面和他的家庭背景息息相关，在长辈们的艺术熏陶下，他从小就喜欢看戏、听戏；另一方面则源于他的勤学苦练。梅兰芳八岁开始学戏时学的是旦角，男孩子学旦角，难度很高，因为在唱、念等方面都要模仿女性，用假嗓唱、假嗓说，需要下很大的功夫练习。梅兰芳的天赋并不高，有时一出戏老师教很多遍他都学不会，为此，常常遭到老师责骂，老师甚至觉得他根本不适合唱戏。但梅兰芳不轻易服输，他用心琢磨、反复练习，别人唱六七遍就会了，他却要唱上二三十遍。经过刻苦练习，他终于练出了一副又宽又亮又圆润又甜美的好嗓子。

梅兰芳小时候眼睛有点儿近视，眼皮下垂，眼珠转动也不灵活，显得缺少灵气。而旦角在戏台上眼神特别重要，怎么办呢？梅兰芳听说养鸽子可以锻炼眼神，就抱着试一试的想法养了几只鸽子，每天清晨天刚微微亮，他就放飞鸽子，仰望长空，双眼紧盯着飞翔的鸽子练眼神，日久天长，眼皮下垂的问题竟然大大改善了，眼睛也变得特别有神，连视力也好了很多。为了多练习，他还经常双手举着竹竿驱

> **旦　角：**
> 戏曲中的女性形象，可分为青衣、花旦、刀马旦、武旦、老旦、花衫等类别。其中，京剧旦角著名的四大流派为梅派、程派、荀派、尚派。

赶鸽子，看着鸽子往天空飞，这不但练习了眼睛，连臂力也得到锻炼。后来他在舞台上表演《霸王别姬》中的剑舞、《天女散花》中的绸舞时，就更加得心应手了。

1937年**七七事变**爆发，不久北京沦陷。梅兰芳不愿在日军占领下的北京生活，便举家迁至上海。不久上海也被攻占，日军为了粉饰太平拉拢人心，就派人劝梅兰芳出来演戏，梅兰芳断然拒绝了日军要求。为了摆脱日本人的纠缠，梅兰芳又携家人去往香港，在香港深居简出，并在抗战期间断然蓄须明志，坚决不为敌人演出，表现出不屈不挠的民族气节，成为神州大地的感人佳话，极大地鼓舞了中国人民奋勇抗战的决心。

七七事变，又称卢沟桥事变。1937年7月7日夜，卢沟桥的日本驻军在未通知中国地方当局的情况下，径自在中国驻军阵地附近举行所谓的军事演习，并诡称有一名日军士兵失踪，要求进入北平西南的宛平城（今卢沟桥镇）搜查，被中国驻军严词拒绝，日军随即向宛平城和卢沟桥发动进攻。中国驻军奋起还击，进行了顽强的抵抗。"七七事变"揭开了全国抗日战争的序幕。

梅兰芳蓄须

我们在讲梅兰芳生平故事的时候,提到梅兰芳是一位伟大的爱国艺术家。抗战期间,日军为了粉饰太平拉拢人心,派人劝梅兰芳出来演戏,他断然拒绝日寇要求,并蓄须明志,也因此有了课文中《梅兰芳蓄须》这个故事。

梅兰芳先生是闻名世界的京剧表演艺术家。他在舞台上唱旦角,为了演出的需要,他总是把胡须剃得干干净净的。但他的一生中,有几年是留着胡须的。

文章上来开门见山,点出关键部分——唱京剧旦角的人竟然留胡子?一个视艺术为生命的人蓄须的目的到底是什么?吸引着读者继续往下读。

1937年,日军占领上海,梅兰芳被迫藏身租界,以躲避日本人的纠缠。1938年底,有人邀请他去香港演戏。演出结束后,梅兰芳在香港住了下来,深居简出,不再登台。对于一个视舞台为生活、视艺术为生命的人来说，不能演出，不能创作，无异于虚度生命。到了深夜，梅兰芳关紧门窗，拉上特制的厚窗帘，才能在寓所悄悄地细声吟唱，这对他来说已经很知足了。一个艺术大师就用这种方式坚持着对艺术的追求。

这段讲了梅兰芳为拒绝登台演出所做的第一件事：在寓所里偷偷地唱。

1941年12月香港沦陷。日本驻港司令官亲自出马，多次逼迫梅兰芳演戏。梅兰芳可以忍受生活的困顿，直面战争的危险，但他难以抵抗来自侵略者随时随地的骚扰。拒绝的借口都用尽了，梅兰芳最后只能蓄须明志，表示对日本帝国主义的抗议，表明不给侵略者演戏的决心。后来，梅兰芳不堪其扰，只好又回到了上海。

长期不演戏，没有了经济来源，又要养家，梅兰芳准备卖掉北京的房子。听说梅兰芳要卖房子，很多戏园子老板便找上门来，说："梅先生，您何必卖房子，只要您把胡子一剃，一登台，还愁没钱花？"有的甚至说，只要签订演出合同，就预支二十两黄金给梅兰芳。但是，无论戏园子老板开出的条件多么优厚，梅兰芳全都拒绝了。他宁可卖房度日，也决不在日本侵略者的统治下登台演出。

通过以上三段我们知道，为了拒绝给日本人演出，梅兰芳做了三件事：第一件事是夜唱，第二件事为蓄须，第三件事是卖房。

一次，日本侵略军要庆祝"大东亚圣战"，要求他必须上台演出。梅兰芳斩钉截铁地说："普通的演出我都不参加，这样的庆祝会当然更不会去了。"但是，拒绝演出总得要想出个办法啊。

梅兰芳找到一位当医生的好朋友，说明了自己的危险处境，请朋友设法让他生一场"大病"，以摆脱日本人。这个朋友被他的爱国精神感动了，决心帮助他渡过难关，于是给他打了伤寒预防针，人打了这种针就会连日发高烧。

日本人不相信梅兰芳病了，专门派了一个军医来检查。日本军医闯进梅兰芳的家，看见他盖着棉被躺在床上，床边桌子上放着很多药。军医用手摸了摸梅兰芳的额头，滚烫滚烫的，看不出破绽，只好认定梅兰芳得了重病，不能登台演出了。日本侵略者的妄想最终没有实现，梅兰芳为此差点儿丢了性命。

这三段详细描写了梅兰芳拒演的第四件事——请医生朋友帮自己生病。层层递进，诠释了梅先生的爱国主义情怀和民族气节。

当抗日战争取得胜利的消息传来时，梅兰芳当即剃了胡须，高兴地向大家宣布："胜利了，我该登台演出了！"

前来看他演出的人太多了,很多人没有座位就站着看。

作为艺术家,梅兰芳先生高超的表演艺术让人喜爱,他的民族气节更令人敬佩!

凭着满腔的爱国情怀、崇高的民族气节,梅兰芳承受着无尽的痛苦,终于击碎了侵略者的痴心妄想,使国人不能不为之叹服。

文章层次分明,详略得当,通过多个事件表现出梅兰芳的民族气节,这种写作方法值得大家借鉴。

延伸阅读

认识我们的国粹——京剧

京剧是我国的国粹,有"国剧"之称,是中国最大的戏曲剧种,距今已有二百多年的历史。

清代乾隆五十五年(1790年)起,原在南方演出的三庆、四喜、春台、和春四大徽班陆续进入北京,与来自湖北的汉调艺人合作,同时接受了昆曲、秦腔的部分剧目、曲调和表演方法,又吸收了一些地方民间曲调,通过不断的交流、融合,最终形成京剧。

京剧在文学、表演、音乐、舞台美术等各个方面都有一套规范化的艺术表现形式,角色分为生、旦、净、丑等行当。各行当都有一套表演程式,唱、念、做、打的技艺各具特色。京剧以历史故事为主要演出内容,传统剧目有一千三百多个,常演的有三四百个。

1919年,梅兰芳率剧团赴日本演出,京剧艺术首次向海外传播。此后，世界各地把京剧看成中国的演剧学派，京剧这一东方艺术在世界戏剧舞台上大放光彩。以梅兰芳命名的京剧表演体系被视为东方戏剧表演体系的代表，成为世界三大表演体系之一。

2006年，京剧被国务院批准列入第一批国家级非物质文化遗产名录。2010年，被列入联合国教科文组织人类非物质文化遗产代表作名录。

知道多一点儿

京剧旦角领域著名的"四大名旦"分别是梅兰芳、尚小云、程砚秋、荀慧生。他们是中国京剧旦角行当中四大艺术流派的创始人。

在京剧发展的早、中期，流派的创立除了个人表演风格特点以外，往往是对于本行当的艺术有宏观的、规范性的建设。而当京剧艺术发展到一定的水平之后，流派的发展就多趋于分工精细、专门化程度更高，往往使前人"大而化之"的地方更加丰富、细致，所谓"具体而微"，也就有了后来的京剧旦角"四大流派"。

1分钟了解叶圣陶

人物名片

叶圣陶（1894—1988），原名叶绍钧，现代作家、教育家、社会活动家，有"优秀的语言艺术家"之称，是20世纪20年代第一位写童话的中国作家。主要作品有《稻草人》《小白船》《含羞草》《雪朝》等。

1894年出生于江苏苏州。

1911年中学毕业，成为乡镇小学教师。任教期间，编写新教科书。

1915年任上海商务印书馆尚公学校教员。

1919年加入北京大学的新潮社，开始白话文学创作。

1921年与周作人、沈雁冰、郑振铎等人发起成立"文学研究会"。

1923年起，从事编辑出版工作，主编《小说月报》等刊物。

1949年后，先后出任教育部副部长、人民教育出版社社长、中央文史研究馆馆长等职。

1988年2月16日在北京逝世。

叶圣陶：
优秀的语言艺术家

1894年10月28日，叶圣陶出生于江苏苏州一个普通家庭，儿时的叶圣陶很得父母宠爱，三岁时父亲就教他读书识字，不到六岁，叶圣陶就已识得三千多字，字也写得相当漂亮。他的母亲虽然识字不多，但经常把世代流传下来的谜语、儿歌等说给他听，这些民间文学具有很强的知识性和趣味性，叶圣陶从中得到了智慧的启迪。那些诵读起来悦耳动听的古代诗词，形象生动、韵律优美，也深深吸引了小叶圣陶，他时常挂在嘴边吟咏诵读，乐此不疲。

叶圣陶六岁时，父亲送他进入私塾读书，但父亲并不主张把儿子关在屋里"一心只读圣贤书"，他经常带叶圣陶外出，让儿子跟着他到亲戚家拜年、贺寿、吃喜酒，清明节去上祖坟，秋天到乡下看农民收割庄稼，熟悉社会上的种种人和事。这些都开阔了叶圣陶的眼界，让他早早就领略了家乡淳朴的民风民情，也孕育了他关心民间疾苦的情怀。

父亲还常带叶圣陶游览吴地的远山近水、亭台楼阁，城里的那些小路、匾额、牌楼、桥梁等有些什么来历，有哪些传说，父亲都一一讲给他听，回家后还要求他回忆游览时的先后次序，把看到的和听到的记录下来。这也许就是叶圣陶最早的写作训练吧。

叶圣陶八岁时就"开笔"写作文，老师看到他写的毛笔小楷字方方正正，文句又晓畅流利，说理通达，便大加称赞。经过近两年的刻苦学习，叶圣陶已经能够写出三百多字的经义史论和时务策论类的文章了。

1907年，叶圣陶进入当地的草桥中学（即后来的苏州公立第一中学堂）就读，经常与同学一起组织诗会和读书会。

中学毕业后，因家境清贫，叶圣陶没有继续学业，十七岁的他当了一名小学教师。任教期间，叶圣陶大胆进行教学改革，编写新的教科书，勤勤恳恳教书育人，在教学方法上积累了宝贵的经验。叶圣陶一边工作，一边坚持自学。他中学时代的一个好朋友考上了北京大学，他就请朋友把大学的课表和讲义寄来，自己按照大学的课程学习，每天早上学三个小时，晚上学三个小时。除此之外，他还坚持在业余时间写作，开始进行白话文学的创作，发表了很多小说和童话，在全国小有名气。

离开教师岗位后，叶圣陶专职写作，发表小说、新诗、文学评论和话剧剧本，写出著名的童话故事《稻草人》，展现了那个年代社会底层劳动者受压迫的凄惨生活，流露出忧国忧民的情怀。叶圣陶是中国20世纪20年代第一位写童话的作家，他提倡使用白话文，极大地方便了读者的阅读。

1923年，叶圣陶进入商务印书馆，开始从事编辑出版工作，并主编《小说月报》等杂志，同时继续文学创作，发表了长篇小说《倪焕之》和大量短篇小说。

九一八事变后，叶圣陶积极投身抗日救亡活动，先后在中学、大学执教，后又转入开明书店继续从事编辑工作，他主办的《中学生》杂志，成为当时最受青年学生欢迎的读物之一，在社会上产生了广泛的影响。同时他还写了不少散文、小说和诗歌，从不同角度揭露旧社会的黑暗和人民的悲惨生活，歌颂在民族解放斗争中坚强不屈的普通群众。

新中国成立后，叶圣陶把主要精力放在教育工作上，发展创新了中国现代教育理论，对语文课本的编写做出了极大的贡献。

1988年2月16日，叶圣陶在北京逝世，享年九十四岁。叶圣陶先生是中国文艺界、教育界的老前辈，他为人敦厚，彬彬有礼，办事刚强果断，认真负责。著名诗人**臧克家**曾经说过："温、良、恭、俭、让这五个大字是做人的美德，我觉得叶老先生身上兼而有之。"

臧克家（1905—2004）：中国现代诗人、作家、编辑家，忠诚的爱国主义者。

名人轶事

名字的由来

"叶圣陶"这三个字并非叶老先生的真名,他的原名叫叶绍钧,他为何改名呢?这与他少年时的经历息息相关。

叶圣陶的少年时期,正处于清政府即将覆灭之际,各地军阀势力割据混战,一片破败衰落的景象。年少的叶圣陶立志强国救国。他请求老师章伯寅为他取一个寓意爱国图强的字。章先生感慨:"绍钧是你的名,有诗言'秉国之钧',字就叫秉臣好了。"

随着清政府的垮台,1911年10月15日,苏州在辛亥革命的号角声中成功光复。次日,叶绍钧就跑去对章伯寅先生说:"清朝覆灭了,皇帝没有了,我便不能再当'臣'了,请先生帮我改一个字吧。"章伯寅先生闻言笑说:"你本名绍钧,有诗曰'圣人陶钧万物',就取'圣陶'为字吧。"

对于"圣陶"这个字,叶绍钧本人非常喜欢,于是他在后来发表小说时,便署名为"圣陶"。再后来,干脆把姓氏"叶"与笔名"圣陶"连起来,成了大名鼎鼎的叶圣陶,比他的本名叶绍钧更为后世所熟知。

历史事件

九一八事变（又称奉天事变、柳条湖事件）是日本在中国东北蓄意制造并发动的一场侵华战争，是日本帝国主义侵华的开端。

1931年9月18日夜，在日本关东军安排下，日军铁路守备队炸毁沈阳柳条湖附近的南满铁路路轨，并栽赃嫁祸于中国军队。日军以此为借口，炮轰沈阳北大营，是为"九一八事变"。次日，日军侵占沈阳，又陆续侵占了东北三省。1932年2月，东北全境沦陷。此后，日本在中国东北建立了伪满洲国傀儡（kuǐ lěi）政权，开始了对东北人民长达十四年之久的奴役和殖民统治。

九一八事变是日本帝国主义长期以来推行对华侵略扩张政策的必然结果，也是企图把中国变为其独占的殖民地而采取的重要步骤。它同时标志着世界反法西斯战争的开始，揭开了第二次世界大战东方战场的序幕。

> 名人轶事

叶圣陶的家庭教育观

叶圣陶特别重视家庭教育，对教育后代，他更看重技能和品质的培养。他在教育子女成长的过程中，善于顺其自然，因势利导，启发、培养孩子的兴趣和自觉性，让孩子自觉成才，而不是强制和苛求。

叶圣陶有三个孩子，分别给他们起名至善、至美、至诚。真善美是叶圣陶一生的追求，他希望子女也能有这样的品质。在学习方面，他重视培养子女良好的学习习惯，让他们学会自主学习，确立终身学习的观念。

在日常生活中，叶圣陶要求孩子多读书，读什么书都可以，不做限制，但读完后要和他交流读书心得。他要求孩子们勤写文章，对什么有兴趣就写什么，孩子写完就给他们点评，告诉他们哪里写得好，哪里写得不好，为什么等。日积月累，孩子们的写作水平大大提高，有很多作文在刊物上发表。

孩子们的文章发表多了，有位朋友建议叶圣陶给孩子们的作品出本集子。叶圣陶一遍一遍筛选出最优秀的文稿，思考再三后取名《花萼集》。花萼，也作华萼，棠棣树之花，萼蒂两相依，有保护花瓣的作用，古人常用"花萼"比喻兄弟友爱，此书名蕴含着叶老的良苦用心。

《花萼集》出版后，兄妹三个非常开心，打算以后每年出一本合集，但他们很快发现，文章"愈写愈少，写成的又很难让自己满意"。叶圣陶没有批评孩子们，而是对他们说："时常不满意自己所写的东西，证明你们确实有进步了。"鼓励他们在写作上要"未能餍足"，就像他为自己的书斋取名"未厌居"一样，永不自满。经过不懈的努力，事隔两年后，孩子们又出版了第二本文集《三叶集》，从此走上了文学创作之路。

不教中有教

叶圣陶"不教中有教"的教育观，在为子女修改文章方面有非常好的体现。叶至善在兄妹合集《花萼》出版时的《自序》中，记叙了当时的情景："吃罢晚饭，碗筷收拾过，油灯移到了桌子的中央，父亲戴起老花眼镜，坐下来改我们的文章。我们各据桌子的一边，眼睛盯住父亲手里的笔,你一句,我一句,互相争辩。有时候,让父亲指出了可笑的谬误,我们就尽情地笑了起来。每改完一段,父亲朗诵一遍,看语气是否顺适,我们就跟着他默诵。我们的原稿好像从乡间采回来的野花,蓬蓬松松的一大把,经过了父亲的选剔跟修剪,插在瓶子里才还像个样儿。"叶至诚也描写过父子们一起改文章的情景:"父亲先不说应该怎么改,让我们一起来说。你也想,我也想,父亲也想,一会儿提出了好几种不同的改法。经过掂量比较,选择最好的一种,然后修改定稿……"三个孩子,一起跟父亲学写作,仿佛在进行一场竞赛,每个人都暗自憋着劲要超过其他人,多"吃"父亲的红圈。这是一种多好的学习氛围啊,其中有指导,有点拨,有热烈讨论,有激烈竞赛。在叶圣陶的影响下,他的三个孩子长大成人后个个成才。

（三年级下册）

荷 花

叶圣陶的文章中对细节的描绘和把握，以及文章的结构布局，非常值得我们学习。本文写了"我"在公园的荷花池边赏花并展开想象的事，寥（liáo）寥四百多个字，把荷花之美表现得淋漓尽致。

清早，我到公园去玩，一进门就闻到一阵清香。我赶紧往荷花池边跑去。

荷花已经开了不少了。荷叶挨挨挤挤的，像一个个碧绿的大圆盘。白荷花在这些大圆盘之间冒出来。有的才展开两三片花瓣儿。有的花瓣儿全展开了，露出嫩黄色的小莲蓬。有的还是花骨朵儿，看起来饱胀得马上要破裂似的。

文章首先概括介绍了荷叶的形状和颜色，然后通过"白荷花在这些大圆盘之间冒出来"一句巧妙过渡到荷花。一个"冒"字用得极好，有一种抑制不住的感觉，将荷花的俏皮情态和蓬勃生机写活了。后面用三个"有的"分述,对荷花进行细节描写。

这么多的白荷花,一朵有一朵的姿势。看看这一朵,很美;看看那一朵,也很美。如果把眼前的一池荷花看作一大幅活的画,那画家的本领可真了不起。

这段写荷花池里的荷花千姿百态,就像是一幅活的画。这里可以出一道阅读理解题:文中的"画家"指的是谁呢?其实就是大自然,作者对荷花的欣赏其实也是对美妙神奇的大自然的赞叹。

我忽然觉得自己仿佛就是一朵荷花,穿着雪白的衣裳,站在阳光里。一阵微风吹过来,我就翩(piān)翩起舞,雪白的衣裳随风飘动。不光是我一朵,一池的荷花都在舞蹈。风过了,我停止了舞蹈,静静地站在那儿。蜻蜓飞过来,告诉我清早飞行的快乐。小鱼在脚下游过,告诉我昨夜做的好梦……

过了好一会儿,我才记起我不是荷花,我是在看荷花呢。

作者被这一池荷花吸引,竟不知不觉中将自己也化作了荷花。这段既有拟人、拟物,又

平哥叮咛:

大家在平时写作时可以学习此段的写法。比如写学校的花坛,首先可以总写花坛看起来是什么样的,然后仔细观察花坛中不同的花儿,进行细节描写,比如每种花的形状、色彩、情态,突出特点。

有通感，人与花儿合为一体。"翩翩起舞、随风飘动"这是动态美，"静静地站在那儿"表现了荷花的静态美，动静结合，组成了一幅活的画面。入画的除了人，还有蜻蜓、小鱼，你可以想象一下，入画的还会有谁呢？它们又来干什么呢？

　　为何作者最后说，过了好一会儿，才记起自己不是荷花而是在看荷花呢？因为他已经完全沉浸在这美丽的景色当中，如痴如醉，所以一时没缓过神儿来，物我两忘，更能体现荷花之美。

　　我们在作文中写景色的时候，可以借鉴此文的写作方法，把自己带入进去，成为景色中的一部分。比如我们写日出，可以把自己想象成迎着太阳飞翔的鸟儿，观海景时可以把自己想象成自由自在游泳的鱼儿……所以，课本里是有宝藏的，叶老先生的这篇《荷花》对我们作文中的景色描写是非常好的文本和素材，值得大家学习，同学们可以试着仿写一下。

语文书里的"大人物"

（升级版）

中国近现代人物篇 下

浦宇平 编著

山东科学技术出版社

·济南·

图书在版编目（CIP）数据

语文书里的"大人物"：升级版/浦宇平编著. -- 济南：山东科学技术出版社，2024.3
ISBN 978-7-5723-1730-9

Ⅰ.①语… Ⅱ.①浦… Ⅲ.①名人－生平事迹－世界 Ⅳ.①K811

中国国家版本馆CIP数据核字(2023)第140465号

语文书里的"大人物"（升级版）
YUWENSHULI DE "DARENWU" (SHENGJI BAN)

责任编辑：李海英　韩晓萌　张梦叶

主管单位：	山东出版传媒股份有限公司
出　版　者：	山东科学技术出版社
	地址：济南市市中区舜耕路517号
	邮编：250003　电话：（0531）82098088
	网址：www.lkj.com.cn
	电子邮件：sdkj@sdcbcm.com
发　行　者：	山东科学技术出版社
	地址：济南市市中区舜耕路517号
	邮编：250003　电话：（0531）82098067
印　刷　者：	山东临沂新华印刷物流集团有限责任公司
	地址：临沂市高新技术产业开发区新华路
	邮编：276017　电话：（0539）2925659

规格：32开（148 mm×210 mm）
印张：21　字数：270千　印数：1~10000
版次：2024年3月第1版　印次：2024年3月第1次印刷
定价：158.00元（全6册）

点一盏灯

  我在二十岁做校园媒体的时候就爱写深度报道、人物访谈，总试图在时效的事件背后，探寻人性的幽微，挖掘潜藏的规律。把新闻做成历史，是我求学生涯的理想之一。

  可惜造化弄人。大学毕业后，半推半就地裹挟在互联网的浪潮里，犹如一叶扁舟漂浮在时代巨轮的身侧，看似劈波斩浪，其实是随波逐流，在价值无从锚定的汪洋之上颠簸浮沉。总有人说，迎上了风口猪也会起飞——可我不想做一头猪，哪怕是一头会飞的猪。

  于是手脚并用呼哧带喘地游上岸，希望脚踩大地，可以找到足以锚定更长时间、跨越更大时空的意义和价值。所幸之前做校园媒体时的习惯还顽强地留在身上，读一本书，听一则故事，聊一段掌故，我所关心的还是背后的人物、性情，或规律。白纸黑字的一段光荣事迹

或是故纸堆里的一则人物生平，总让我觉得死气沉沉，而穿透文字和历史的迷雾，让这个人活生生地站到面前来，给他拍拍土、抖抖尘，一切都鲜活了。

小时候，总想"做个大人物""创番大事业"。而今身处现实丛林，踩着前人的脚印，努力踏出一条未必通往远大前程的道路，即便无人问津，却也渐渐悟出一些人活一世的意义。

孔子的伟大，不是因为"大成至圣先师"的名号——那是后世帝王粉饰太平的说辞，而是因为他"累累若丧家之狗"，在礼崩乐坏的时代，知不可为而为之，给华夏文明留下了一个孤独而高大的背影。

苏轼的伟大，不是因为诗书画俱佳的后世评价——那不过是天纵英才的毫末技艺，而是因为他以区区一介书生，短短几十年光阴，在迷雾中艰难前行，给知识分子留下一条"也无风雨也无晴"的归途。

哥伦布的伟大，不是因为开辟了通往新世界的航路——那惊涛骇浪的航路写满了贪婪和残酷，而是因为他独辟蹊径又坚持不懈，以超拔的顽强，为人类树起了一面勇敢闯荡、永不言弃的大旗。

闻一多的伟大，不是因为他在最后一次演讲时抛却

生死的大义凛然——那是热血沸腾的激愤呼告，而是他以诗人的赤子之心、以名士的孤傲气节，"铁肩担道义，辣手著文章"，给后学晚辈树起一座善恶分明的丰碑。

这才是大人物，这才是大事业。

大人物之"大"，是因其不以被人记住作为追求，但历史记住了他们，因为有了他们，这个世界才变得美好。

生活在这个已有无数大人物生活过的世界上，是我们的幸运。而人活一世的意义也在于此——以绵薄之力行必行之路，以赤子之心知不可为而为，在迷雾中奋力前行，为这个美好的世界点一盏灯，让它变得更加五光十色。

未来是我们的，更是你们的。

愿在前行的路上，遇到你。

于上海

茅 盾

1分钟了解茅盾 / 1
茅盾：中国革命文艺的奠基人 / 3
课文赏析　天窗 / 9

丰子恺

1分钟了解丰子恺 / 12
丰子恺：可爱的艺术家 / 13
课文赏析　白鹅 / 22
课文赏析　手指 / 26

朱自清

1分钟了解朱自清 / 32
朱自清：铁骨铮铮的文学大家 / 33
课文赏析　匆匆 / 42

老 舍

1分钟了解老舍 / 46
老舍：人民艺术家 / 47

课文赏析　猫 / 55

冰　心

1分钟了解冰心 / 60
冰心奶奶：影响一代又一代青少年 / 62
课文赏析　短诗三首 / 66

巴　金

1分钟了解巴金 / 69
巴金：文学巨匠 / 70
课文赏析　鸟的天堂 / 79

华罗庚

1分钟了解华罗庚 / 83
华罗庚：数学大师 / 85
课文赏析　聪明在于学习，天才在于积累 / 92

季羡林

1分钟了解季羡林 / 94
季羡林：语言大师 / 96
课文赏析　月是故乡明 / 100

1分钟了解茅盾

人物名片

茅盾（1896—1981），原名沈德鸿，笔名茅盾，字雁冰，新文化运动的先驱、中国革命文艺的奠基人、中国现代著名作家、文学评论家、文化活动家以及社会活动家。主要作品有《子夜》《春蚕》《林家铺子》等。

1896年生于浙江省桐乡市乌镇，从小接受新式教育。

1913年被北京大学预科班录取。

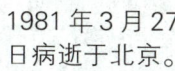

1920年接编《小说月报》。

1923年转商务印书馆工作。

1927年以"茅盾"为笔名发表小说《幻灭》。

1931年开始创作《子夜》。

1949年任中央人民政府文化部部长，主编《人民文学》杂志。

1981年3月27日病逝于北京。

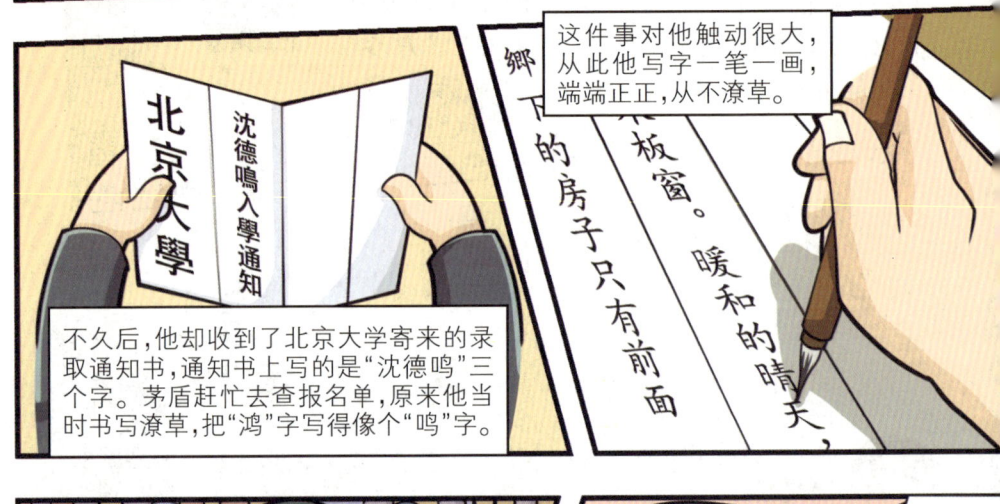

茅盾：
中国革命文艺的奠基人

1896年7月4日，茅盾出生于浙江省桐乡市乌镇，祖父喜欢书法，从小就指导茅盾习字临帖。父亲是晚清秀才，喜欢自然科学，思想开明。母亲也在古典文学方面受过良好的教育。在这样一个思想观念颇为新颖的家庭里，茅盾从小就接受了新式教育。

茅盾八岁时进入乌镇立志小学读书，后转入植材高等小学。在学校里，他各门功课都名列前茅，作文尤为出色。茅盾十二岁时就在文章中表达了自己的追求和信仰："大丈夫当以天下为己任。"

十三岁时，茅盾在母亲的鼓励下踏上去往湖州的火车，到那里读中学。在学校，茅盾阅读了大量的名著名作，也直接受到了反清力量的影响，革命意识在他的心里悄然萌生。后来，茅盾进入杭州私立安定中学，在此期间创作了一百多首诗词。

1913年夏天，茅盾中学毕业，报考北京大学预科班。他自己觉得考得不错，便安心在家等候消息。想不到发榜时竟没有沈德鸿（茅盾原名）的名字，茅盾非常失望。但不久，他意外地收到了北京大学寄来的入学通知书，通知书上写的是"沈德鸣"三个字。茅盾赶忙跑到报名处去查报名单，原来自己在填报名单时，书写潦草，把"鸿"字写得像"鸣"字。这件事对他触动很大，从此，他写字一笔一画，端端正正，从不潦草，直至八十多岁写回忆录时，还用毛笔正楷书写，字迹清楚俊秀。

在北大预科的三年学习中，茅盾系统阅读了外国文学著作，文学功底日渐深厚。北京大学预科毕业后，茅盾进入上海商务印书馆编译所从事译著和编辑工作，同时开始了他早年的文学活动。茅盾积极参与新文化运动，在文坛崭露头角。

中国共产党成立后，茅盾成为最早的党员之一。1927年，因国内革命形势发生剧变，茅盾与党组织失去联系，被迫隐居上海，心情苦闷的他开始用笔来宣泄心中的情感，创作了小说《幻灭》。小说完成后，投稿到报社，许多报社不敢刊登。这使得他内心十分矛盾，于是在手稿上署名"矛盾"二字后交给了《小说月

《幻灭》：
茅盾的中篇小说，描绘了一个抱着美好幻想参加革命的小资产阶级女性静女士的悲剧，揭示了小资产阶级知识分子投身革命后思想观念的变化。

报》的编辑叶圣陶，叶圣陶认为小说写得很好，但是对这个署名提出了意见，认为"矛"不像是姓氏，并且在当时那样的环境下使用如此尖锐的笔名也不太好，就自作主张在"矛"字上加了一个"草字头"，改作"茅盾"。从此，"茅盾"这个名字开始逐渐被人们所认识。

抗战时期，为了党的需要，茅盾先后辗转于延安、重庆、香港、桂林等地，进行革命宣传工作。他的文字，为抗战中迷茫的中国人增添了前进的力量。

新中国成立后，茅盾担任文化部部长，致力于繁荣中国的文化事业。茅盾多次作为文化大使出访他国，为中外文化交流搭起了一座桥梁，在他的带领下，中国的文化事业呈现一派欣欣向荣的景象。

1981年3月14日，茅盾因病住院，自知病将不起，遂将自己的稿费捐出，设立了茅盾文学奖，以鼓励当代优秀长篇小说的创作。1981年3月27日，茅盾病逝于北京。

茅盾一生创作了大量的文学作品，为中国文坛贡献了一部部经典的传世名作，具有很高的艺术成就。主要作品有：长篇小说《蚀》《虹》《子夜》《腐蚀》《霜叶红似二月花》；中篇小说《路》《三人行》；短篇小说《春蚕》《秋收》《残冬》《林家铺子》等。

名人轶事

茅盾的"三遍"读书法

茅盾在总结自己的读书经验时说:"读名著起码要读三遍,第一遍最好快速地读,这好像在飞机上鸟瞰一座城市的全景;第二遍要慢慢地读,细细地咀嚼,注意到各章各段的结构;第三遍要一段一段地细细读、领会、运用,这时要注意它的炼字炼句。"

这种"三遍"读书法,归纳起来就是:

第一遍:鸟瞰式。需要快速阅读,一口气读完,以获得对全书完整的印象,居高临下,看清全貌,从整体上把握全书的内容。对书中难点留下记号,以便之后解决。

第二遍:精读式。要逐字逐句、逐段逐章研读,弄懂字面意义,深入理解内容、写法。挖掘作品的深层含义,从各个角度思考、品味作品的意义。

第三遍:消化式。经过精读,品味到了作品的佳处,但这仍是作者的东西。要把它化为自身的"血肉",还需要读第三遍，以吸收消化其精华。这时要着重思考：书中的内容能否为自己所用，可从哪个角度用等。在运用的过程中，加深对作品的理解。

这种"三遍"读书法，表面看似乎速度慢了些，但能取得事半功倍的效果，对我们的读书学习很有借鉴意义。

少年趣事

少年时代的茅盾兴趣爱好广泛，尤其爱看闲书。有一次他在杂物间找到一部木版刻印的《西游记》，已经十分破旧，有的章节字迹都已模糊，他一拿到就津津有味地读了起来。父母教导他，看小说不能只挑选插图有趣的章回看，而要细心琢磨，把文理看通，才能使自己的文学水平有所长进。茅盾利用课余时间广泛涉猎，又熟读了《三国演义》《水浒传》《儒林外史》《聊斋志异》等名著，为后来进行文学创作打下了良好的基础。

也许是受小说中那些精美插图的感染，少年时的茅盾十分喜欢绘画和篆刻。母亲找来不同的画谱，让他细细揣摩，博采众长，力求画出新意。他自己还用伞骨制作篆刻用的刻字刀。茅盾常常进行农事观察，每年养蚕时节，他就跟母亲给蚕喂桑叶，观察蚕的整个生长变化。茅盾后来创作的小说《春蚕》中提到的养蚕知识，就是少年时期积累起来的。

事半功倍

shì bàn gōng bèi

释义 形容花费的力气小，收到的成效大。

例句 冰心在《寄小读者》中说："早晨头脑最清醒，做起作业来，往往事半功倍。"

近义词 一举两得　一箭双雕

反义词 得不偿失　舍近求远

成语典故

战国时期的大思想家孟子有很多学生。有一次，他和他的学生公孙丑谈论统一天下的问题。他们从周文王谈起，说当时文王以方圆仅一百里的小国为基础，施行仁政，创立了丰功伟业，而今天下老百姓都苦于战乱，齐国这样一个地广人多的大国，如能推行仁政，要统一天下，与当时周文王所经历的许多困难相比，那就容易得多了。孟子最后说，像齐国那样的大国，如能施行仁政统一天下，百姓必定十分喜欢，犹如替他们解除痛苦一般。所以，给百姓的恩惠只及古人的一半，而获得的效果必定能够加倍。

后来人们便根据孟子所说的这些话，引申为一个成语"事半功倍"，用来形容做事所花力量较小而收到的效果甚大。

天　窗

　　这篇课文是茅盾以自己的童年生活为题材写的，虽时间较为久远，但内容通俗，字里行间所包含的思想富有哲理。

　　乡下的房子只有前面一排木板窗。暖和的晴天，木板窗扇扇打开，光线和空气都有了。

　　碰着大风大雨，或者北风呼呼叫的冬天，木板窗只好关起来，屋子里就黑得像地洞似的。

　　读到这里，也许有同学会问：题目不是天窗吗，为什么一上来写木板窗呢？别着急，这是借由木板窗向天窗过渡。

　　于是乡下人在屋顶开一个小方洞，装一块玻璃，叫作"天窗"。

　　原来天窗就是这么来的。不会透风，不会漏雨，能透过光线，能看到天空，是一种很美的画面。有天窗和没天窗相差很大，虽然透过天窗看不到太多东西，但可以凭人的心境去想象、去补充一些画面。天窗再小，也会给人希望，给人仰望星空，看到外面世界的可能。

夏天阵雨来了时，孩子们顶喜欢在雨里跑跳，仰着脸看闪电，然而大人们偏就不许。"到屋里来啊！"随着木板窗的关闭，孩子们也就被关在地洞似的屋里了。这时候，小小的天窗是你唯一的慰藉。

从那小小的玻璃，你会看见雨脚在那里卜（bǔ）落卜落跳，你会看见带子似的闪电一瞥（piē）；你想象到这雨，这风，这雷，这电，怎样猛厉地扫荡了这世界，你想象它们的威力比你在露天真实感到的要大十倍百倍。小小的天窗会使你的想象锐利起来！

这两段写天窗发挥作用的第一个场景——下雨天的时候。透过天窗，下雨天不能出去玩的孩子可以对外面的世界展开无穷的想象和向往。先写从天窗看到的实景：雨脚、闪电，再写由此想象出的电闪雷鸣的情景，有虚有实，虚实相映。

晚上，当你被逼着上床去"休息"的时候，也许你还忘不了月光下的草地河滩。你偷偷地从帐子里伸出头来，仰起了脸。这时候，小小的天窗又是你唯一的慰藉！

你会从那小玻璃上面的一粒星，一朵云，想象到无数闪闪烁烁可爱的星，无数像山似的、马似的、巨人似的奇幻的云彩；你会从那小玻璃上面掠过的一条黑影，想象到这也许是灰色的蝙蝠，也许是会唱歌的夜莺，也许是霸气十足的猫头鹰……总之，夜的美丽神奇，立刻会在你的想象中展开。

这两段写天窗发挥作用的第二个场景——晚上被家长逼着上床休息的时候。透过天窗想象的美丽夜景，表达出作者对天窗的喜爱和依恋以及对自然景色的向往，也是有虚有实，虚实结合，相映成趣。

发明这天窗的大人们，是应得感谢的。因为活泼会想的孩子们知道怎样从"无"中看出"有"，从"虚"中看出"实"，比任何他看到的都更真切，更阔达，更复杂，更确实！

最后一段富有哲理，解释了发明天窗的大人们应得感谢的原因。他们为孩子提供了想象的空间，让孩子们能从"无"中看出"有"。这种想象，对孩子来说是美好的，想象力是文学的源头。

全文结构清楚，充满童真童趣。作者抓住了孩子好动、爱玩的特点，利用丰富的想象，用灵动优美的语言勾勒出一个个童年生活的场景，把天窗下的孩子描写得活灵活现。小小的天窗不仅给乡下的房子带来了光明，还放飞了乡下孩子的心灵。

"天窗"不仅仅是一种慰藉，更是作者唤起儿时温暖回忆的一个"意象"，读之令人神往。

平哥伴读

1分钟了解丰子恺

人物名片

丰子恺（1898—1975），原名丰润，中国现代书画家、文学家、散文家、翻译家、漫画家，被誉为"现代中国最像艺术家的艺术家"和"中国现代漫画的鼻祖"。主要作品有《缘缘堂随笔》《教师日记》《绘画与文学》等。

1898年出生于浙江省崇德县。

1914年考入浙江省第一师范学校。

1919年创办上海专科师范学校，任图画教师。

1925年创办立达中学。

1926年创办开明书店。

1931年出版散文集《缘缘堂随笔》。

1965年翻译完成长篇小说《源氏物语》。

1975年9月15日病逝，享年77岁。

丰子恺：
可爱的艺术家

1898年11月9日，丰子恺出生于浙江省崇德县（今桐乡市）。在他四岁时，父亲中了举人，但不久科举制就被废除，父亲为此终日郁郁寡欢。他在家乡设塾授徒，还将丰子恺收为自己的学生，教他读书识字。在丰子恺九岁的时候，父亲去世，留下母亲和丰子恺姐弟六人，还有几亩薄田和一间染坊。在他的记忆中，母亲嘴角上总是带着慈爱的笑容。丰子恺是同辈中唯一的男孩子，倍受家人疼爱，这种源自家庭温暖的爱，使他总能以温柔悲悯的心来看待事物。

1914年，丰子恺考入浙江省第一师范学校，在这所学校里，丰子恺结识了对他一生产生重大影响的两位老师——李叔同和夏丏（miǎn）尊。李叔同先生不仅给予他音乐和美术上的启蒙，也在为人处世方面为他做出了榜

> **李叔同**
> (1880—1942)：著名音乐家、美术教育家、书法家、戏剧活动家，后剃度为僧，被人尊称为弘一法师。

> **夏丏尊**
> (1886—1946)：我国著名文学家、语文学家、出版家和翻译家，是我国语文教学的耕耘者，把毕生精力投入到祖国的教育事业之中。

样；而夏丏尊先生提倡文章使用生动活泼的白话文、如实表现自己真实感受,这也成为丰子恺散文创作中的一大特点。他的散文皆源于生活小事,他对生活的观察细致入微,用一颗赤子之心去看待身边的人和事,总能从中得到意想不到的快乐,悟出生活的真谛。在这两位与他情谊深厚的老师那里,丰子恺找到了伴随他一生的三样东西——文学、绘画和音乐。

  1919年从师范学校毕业后,丰子恺与同学在上海创办了上海专科师范学校,并任图画教师。1921年他去日本游学,学绘画,学音乐,学日语,这段经历对于他的艺术人生来说,是一次极大的转折。从日本回国后,丰子恺到浙江上虞春晖中学教授图画和音乐,与朱自清、朱光潜等人结为好友。1924年,他开始在一些文艺刊物上发表自己的画作,后来在上海创办立达中学,成立立达学会,结识了茅盾、叶圣陶等人。1931年,他的第一本散文集《缘缘堂随笔》由开明书店出版。抗战期间,丰子恺辗转于西南各地,在一些大专院校执教。

  1933年开始,丰子恺专心译著。他从小是在温情的环境中长大的,因而他看待事物的眼光总流露着温柔和悲悯。这种特质流注于笔端,表现为平易的文字和纯真的画风。他的作品,不论是文字还是绘画,多以身边人为题材。每个人在日常生活中经历的琐碎小事,在他的笔下,总能有新的意趣。

丰子恺非常喜爱儿童,并且对教育有自己深刻的见解,他关于教育的漫画更是发人深省。他的漫画善取人间诸相,尤以儿童题材居多,对儿童的喜爱之情跃然纸上。其中的大部分皆以丰家姐弟为模特。他对家中子女更是爱护有加。丰子恺一共有七个孩子,三个儿子,四个女儿。受他的影响,孩子们在绘画、文学、音乐等领域都颇有建树。

新中国成立以后,丰子恺主要从事文学创作和翻译工作,一生共出版画集、著作和译著一百七十余部。

1975年9月15日,七十七岁的丰子恺因病逝世。

名人轶事

爱孩子，欣赏孩子的天性

丰子恺爱孩子，孩子的顽皮捣蛋，在他同样"小孩般"的眼中，竟有趣至极。

丰子恺写字画画的书桌，孩子们常爬上去玩，笔尖插在糨糊瓶里，墨水涂满桌子，茶壶打翻，壶盖砸碎在地上……一切被弄得乱七八糟。

大多数父母见此情景，怕是要火冒三丈，恨不得来个"混合双打"才好。然而在丰子恺看来，孩子们的这些调皮捣蛋行为，全是天性的流露，大人羡慕都来不及呢，怎么会打骂呢？

丰子恺有七个孩子，长子瞻瞻最爱哭闹，花生米翻落地上，小猫不肯吃糕，泥人被摔碎，他都哭得声嘶力竭。对此，丰子恺觉得十分有趣，还专门写了一篇文章，他这样说："瞻瞻！你尤其可佩服。你是身心全部公开的真人。你什么事体都像拼命地用全副精力去对付。"

丰子恺在《给我的孩子们》一文中还写了有关瞻瞻的一件趣事：我每次剃了头，你真心地疑我变了和尚，好几时不要我抱。最是今年夏天，你坐在我膝上发见了我腋下的长毛，当作黄鼠狼的时候，你何等伤心，你立刻从我身上爬下去，起初眼睁睁地对我端相，继而大失所望地号哭，看看，哭哭，如同对被判定了死罪的亲友一样。你要我抱你到车站里去，多多益善地要买香蕉，满满地擒了两手回来，回到门口时你已经熟睡在我的肩上，手里的香蕉不知落在哪里去了。这是何等可佩服的真率，自然，与热情！大人间的所谓"沉默""含蓄""深刻"的美德，比起你来，全是不自然的，病的，伪的！

丰子恺的家庭教育

丰子恺教育孩子一向采用寓教于乐的方式，对待孩子纯然一片温柔苦心，当儿女为自己的朋友而从无苛责。

1932年，丰子恺返回老家桐乡石门湾，新建缘缘堂，修葺老房子。他在院子里安置滑梯、沙坑、跷跷板、秋千架、跳高架子这些供儿童玩耍、运动的设施。在那样一个物资匮乏的年代，这自然算稀罕。亲朋好友的孩子都到他家来玩耍，把这里当作公园。

为了给家庭增添欢乐气氛，丰子恺还会在节日给孩子们准备礼物。等他们睡着，将礼物放到每个人枕边，给孩子们一个惊喜。丰子恺说:"教养孩子,只要教他永远做孩子,即永远不使失却其孩子之心。"

　　丰子恺喜欢和孩子们一起学习讨论。据他的小女儿丰一吟回忆,当年全家逃难至贵州,待生活稍稍安定下来,丰子恺每周六晚上就开始召开家庭学习会。为了鼓励孩子们学习,丰子恺每次还花五元钱买来水果,供孩子们学习之余大快朵颐。丰子恺把这种学习会唤作"和谐会",因为,在丰子恺的家乡,"五元"的发音近似"和谐"。后来物价上涨,五元水果不够吃,丰子恺就买十元钱的水果。在丰子恺家乡,十元的发音近似"慈贤",于是,"和谐会"又成了"慈贤会"。

　　丰子恺还非常重视孩子表达能力的锻炼,据丰一吟回忆,丰子恺喜欢给他们兄妹讲故事。故事讲完后,会让他们加以复述。一来可以加深他们对所讲内容的理解,二来也能锻炼他们的语言表达能力。有一次,丰子恺还让兄妹几个为如何玩麻将写一份说明书。他们原以为这项任务很简单,但在写的过程中发现,要条分缕析地写出麻将的玩法并非易事,这才意识到,父亲此举既是让他们掌握写说明书的要领,同时也让他们懂得这样的道理:处处留心皆学问。

　　为鼓励孩子们读诗写诗,丰子恺还在家中成立了一个家庭诗社:鸰原诗社。"鸰原"一词出自《诗经》,意为兄弟。

丰子恺曾让丰一吟背诵屈原的《离骚》。这首诗古奥晦涩，丰一吟背了很长时间也背不熟。丰子恺就把这首诗写在折扇上，当时正值炎夏，酷热难当，丰一吟不停挥扇，古奥生涩的诗句也就不停地映入眼帘，她对这首诗的印象也就越来越深了。丰子恺为教育孩子真是费尽了心思，这背后也蕴含着他浓浓的爱。

"不要脸"漫画

20世纪30年代的某天早晨，丰子恺先生翻开上海新闻报，一篇题为《丰子恺画画不要脸》的文章赫然入目。

他不禁大吃一惊：自己素来温和，与人无仇怨，何以对他这样破口大骂？丰子恺百思不得其解。可待他看完全文，不禁嘴角露笑。

报上是一人就丰老的这幅《乡村学校的音乐课》画进行的评论——画中的孩子们一个个张大了嘴巴，跟着拉二胡的先生唱歌。虽然所画人物没有脸，但依然能从他们仰着头、张着嘴的神态中，体会到这群活泼可爱的孩子正全身心地沉浸于唱歌带来的欢乐中……

原来报上标题的"不要脸"是以极夸张戏谑的语气来称赞丰子恺高超的画艺。

其实丰子恺的很多画作都体现了这一"不要脸"的画法，印度大诗人泰戈尔曾这样赞过丰子恺的这种画法：寥寥几笔,写出人物个性。脸上没有眼睛,我们可以看出他在看什么,没有耳朵可以看到他在听什么,高度艺术所表现的境地,就是这样。

丰先生画羊出"洋相"

丰子恺是一位大文学家和大漫画家。可是有一次,他画羊出了"洋相"。

丰先生的故乡在浙江省桐乡市的石门镇。石门人喜欢吃羊肉,那里几乎家家户户都养湖羊,一个小小的石门镇,竟然常年开着十来家羊肉馆。先生也喜欢吃羊肉,是这些羊肉馆的常客。

有一天,丰先生忽然来了灵感,研墨挥毫画就了一幅题为"卖羊"的漫画:画中一个农夫牵着两只湖羊,到羊肉馆来卖。画好后,丰先生觉得很满意,就带上漫画到了自己常去的那家羊肉馆,想让老板和食客们也欣赏一番,谁知一位食客看了却连连摇头发笑。丰先生觉得纳闷儿,就问他因何发笑。那食客说:"您多画了一条绳子。"丰先生听了,又仔细看了看自己的画,两条绳子牵两只羊,哪里多绳子了?那食客认真地告诉他,牵羊只需牵头羊。不管多少只羊,只要一条绳子就够了。

此时,丰先生才恍然大悟。

白　鹅

《白鹅》是丰子恺的一篇状物类散文（课文有删减），写于1946年夏天。抗战时期，作者曾迁居重庆，在沙坪坝自建了一座简陋的小屋，在屋外种豆种菜、养鸭养鹅，排遣苦闷心情。抗战胜利后，小屋易主，丰子恺不得已把陪伴自己多年的白鹅送给了朋友。没想到送出之后，却颇感怀念，像是与一位老友的诀别。作者深感"原来一切众生，本是同根，凡属血气，皆有共感。所以这禽鸟比这房屋更是牵惹人情，更能使人留恋"，所以写下这篇短文，就好比为一个永诀的朋友立传、写照。

本文从白鹅的叫声、步态和吃相三个方面为我们塑造了一只"高傲"的白鹅，在嬉笑嗔怪的语言中蕴含着作者对白鹅的喜爱之情。这样一只"高傲"的白鹅，在战争期间为作者的生活平添了几分乐趣。来看课文：

这白鹅，是一位即将远行的朋友送给我的。我抱着这雪白的"大鸟"回家，放在院子里。它伸长了头颈，左顾右盼，我一看这姿态，想道："好一个高傲的动物！"

文章一上来，开宗明义，交代了白鹅的来历和作者对它的第一印象——这是一种高傲的动物。鹅的高傲表现在哪里呢？

鹅的高傲，更表现在它的叫声、步态和吃相中。

这是过渡段，接下来分开叙述，先写鹅的叫声。

鹅的叫声，音调严肃郑重，似厉声呵斥。它的旧主人告诉我：养鹅等于养狗，它也能看守门户。后来我看到果然如此：凡有生客进来，鹅必然厉声叫嚣(xiāo)；甚至篱笆外有人走路，它也要引吭大叫，不亚于狗的狂吠(fèi)。

这一部分写鹅的叫声：厉声叫嚣、引吭大叫，与人们都熟知的狗的叫声进行对比，突出它的叫声之大。这段属于略写。接下来是关于鹅的步态描写：

鹅的步态，更是傲慢了。大体上与鸭相似，但鸭的步调急速，有局促不安之相；鹅的步调从容，大模大样的，颇像京剧里的净角出场。它常傲然地站着，看见人走来也毫不相让；有时非但不让，竟伸过颈子来咬你一口。

这一段写鹅的步态时，与走路有特点的鸭进行对比，说明其步态从容。又与京剧里的净角出场时的步态作对比，突显鹅的高傲，该部分也是略写。再来看鹅的吃相部分：

鹅的吃饭，常常使我们发笑。我们的鹅是吃冷饭的，一日三餐。它需要三样东西下饭：一样是水，一样是泥，一样是草。先吃一口冷饭，再喝一口水，然后再到别处去吃一口泥和草。大约这些泥和草也有各种可口的滋味。这些食料并不奢侈，但它的吃法，三眼一板，一丝不苟。譬如吃了一口饭，倘若水盆放在远处，它一定从容不迫地大踏步走上前去，饮一口水，再大踏步走去吃泥、吃草。吃过泥和草再回来吃饭。

这样从容不迫地吃饭，必须有一个人在旁侍候，像饭馆里的堂倌一样。因为附近的狗，都知道我们这位鹅老爷的脾气，每逢它吃饭的时候，狗就躲在篱边窥伺。等它吃过一口饭，踏着方步去喝水、吃泥、吃草的当儿，狗就敏捷地跑过来，努力地吃它的饭。鹅老爷偶然早归，伸颈去咬狗，并且厉声叫骂，狗立刻逃往篱边，蹲着静候；看它再吃了一口饭，再走开去喝水、吃泥、吃草的时候，狗又敏捷地跑上来，把它的饭吃完，扬长而去。等到鹅再来吃饭的时候，饭罐已经空空如也。鹅便昂首大叫，似乎责备人们供养不周。这时我们便替它添饭，并且站着侍候。因为邻近狗很多，一狗方去，一狗又来蹲着窥伺了。

窥　伺：
暗中观望动静，等待机会（多含贬义）。

我们不胜其烦,以后便将饭罐和水盆放在一起,免得它走远去,让鸡、狗偷饭吃。然而它所必需的泥和草,所在的地点远近无定。为了找这些食物,它仍是要走远去的。因此鹅吃饭时,非有一个人侍候不可,真是架子十足!

这部分详细写鹅的吃相,运用了很多动词,这些动词又可以分成两条线。一条是狗的动作:躲、窥伺、跑、吃、逃、蹲;一条是鹅的动作:踏着方步、伸颈去咬、厉声叫骂、吃、昂首大叫,"昂首"一词更是将鹅的高傲表现得非同一般。丰子恺对于细节的把控能力、对于动词的运用,都在这里体现出来了。

最后出一个阅读题:文中为何称白鹅为"鹅老爷"?"老爷"是旧时代对有身份有地位的男子的尊称,而作者用以称呼白鹅,因为它在家中拥有特殊"地位",享受特殊待遇,而且表现得"架子十足"。用"鹅老爷"这一反语来表现鹅的个性傲慢以及尊贵,嗔怪嬉笑中可以看出作者对白鹅的喜爱之情。

平哥伴读

手　指

　　丰子恺非常擅长写日常生活中一些不起眼的事。但是，把小事写好不容易。《手指》这篇课文以拟人化的手法写出了五个手指的不同特点，告诉我们任何事物都各有所长，各有所短，给我们耐人寻味的启示。下面来看课文：

　　我们每个人，都随时随地随身带着十根手指，永不离身。一只手上的五根手指，各有不同的姿态，各具不同的性格，各有所长，各有所短。

　　开头总述手指有不同姿态和不同性格。下面对五个手指进行分段叙述。

　　大拇指在五指中，形状实在算不上美。身体矮而胖，头大而肥，构造简单，比人家少一个关节。但在五指中，却是最肯吃苦的。例如拉胡琴，总由其他四指按弦，却叫他相帮扶住琴身；水要喷出来，叫他死力抵住；血要流

中国近现代人物篇 下

出来,叫他拼命按住;重东西要翻倒去,叫他用劲顶住;要读书了,叫他翻书页;要进门了,叫他揿(qìn)电铃。讨巧的事,却轮不上他。例如招呼人,都由其他四指上前点头,他只能呆呆站在一旁;给人搔痒,人舒服后,感谢的是其他四指。

常与大拇指合作的是食指。他的姿态可不如其他三指窈窕(yǎo tiǎo),都是直直落落的强硬的线条。他的工作虽不如大拇指吃力,却比大拇指复杂。拿笔的时候,全靠他推动笔杆;遇到危险的事,都要他去试探或冒险;秽(huì)物、毒物、烈物,他接触的机会最多;刀伤、烫伤、轧伤、咬伤,他消受的机会最多。他具有大拇指所没有的"机敏",打电话、扳枪机必须请他,打算盘、拧螺丝、解纽扣等,虽有大拇指相助,终是要他主干的。

五指中地位最优、相貌最堂皇的,无如中指。他居于中央,左右都有屏障。他个子最高,无名指、食指贴身左右,像关公左右的关平、周仓,左膀右臂,片刻不离。他永远不受外物冲撞,所以曲线优美,处处显示着养尊处优的幸福。每逢做事,名义上他是参加的,实

关平:
东汉末年名将关羽的长子。

周仓:
《三国演义》中关羽身边的武将。

27

际并不出力。他因为身体最长，取物时，往往最先碰到物，好像取得这物是他一人的功劳。其实，他碰到之后就退在一旁，让大拇指和食指去出力，他只在旁略为扶衬而已。

无名指和小指，体态秀丽，样子可爱。然而，能力薄弱也无过于他们了。无名指多用于研脂粉、蘸药末、戴戒指。小指的用处则更渺（miǎo）小，只是掏掏耳朵、抹抹鼻涕而已。他们也有被重用的时候，在丝竹管弦上，他们的能力不让于别人。舞蹈演员的手指不是常作兰花状吗？这两根手指正是这朵"兰花"中最优美的两瓣。除了这等享乐的风光事以外，遇到工作，他们只是其他手指的附庸。

第二至五自然段分写每根手指的不同姿态和特点，观察细致入微，条理清晰，语言风趣幽默。

手上的五指，我只觉得姿态与性格，有如上的差异，却无爱憎在其中。手指的全体，同人群的全体一样，五根手指如果能一致团结，成为一个拳头，那就根根有用，根根有力量，不再有什么强弱、美丑之分了。

最后一段点明文章主旨，说明人也跟手指一样，应该做到团结一致。每个人都有自己的长处和短处，只要大家拧成一股绳，就会产生无穷的力量。

延伸阅读

忆儿时吃蟹

丰子恺/文

（选自《日月楼中日月长》，有删改）

有一件不能忘却的事，是父亲的中秋赏月，而赏月之乐的中心，在于吃蟹。

我的父亲中了举人之后，科举就废，他无事在家，每天吃酒，看书。他不要吃羊、牛、猪肉，而喜欢吃鱼、虾之类。而对于蟹，尤其喜欢。自七八月起直到冬天，父亲平日的晚酌规定吃一只蟹，一碗隔壁豆腐店里买来的开锅热豆腐干。他的晚酌，时间总在黄昏。八仙桌上一盏洋油灯，一把紫砂酒壶，一只盛热豆腐干的碎瓷盖碗，一把水烟筒，一本书，桌子角上一只端坐的老猫，我脑中这印象非常深刻，到现在还可以清楚地浮现出来，我在旁边看，有时他给我一只蟹脚或半块豆腐干。然我喜欢蟹脚。

蟹的味道真好，我们五个姊妹兄弟，都喜欢吃，也是为了父亲喜欢吃的缘故。只有母亲与我们相反，喜欢吃肉，而不喜欢又不会吃蟹，吃的时候常常被蟹螯上的刺刺开手指，出血；而且抉剔得很不干净，父亲常常说她是外行。父亲说：吃蟹是风雅的事，吃法也要内行才懂得。先折蟹脚，后开蟹斗……脚上的拳头（即关节）里的肉怎样可以吃干净，脐里的肉怎样可以剔出……脚爪可以当作剔肉的针……蟹螯上的骨头可以拼成一只很好看的蝴蝶……父亲吃蟹真是内行，吃得非常干净。所以陈妈妈说："老爷吃下来的蟹壳，真是蟹壳。"

蟹的储藏所，就在天井角落里的缸里，经常总养着十来只。到了七夕、七月半、中秋、重阳等节候上，缸里的蟹就满了，那时我们都有得吃，而且每人得吃一大只，或一只半。尤其是中秋一天，兴致更浓。在深黄昏，移桌子到隔壁的白场上的月光下面去吃。更深人静，明月底下只有我们一家的人，恰好围成一桌，此外只有一个供差使的红英坐在旁边。大家谈笑，看月亮，他们——父亲和诸姐——直到月落时光，我则半途睡去，与父亲和诸姐不分而散。

这原是为了父亲嗜蟹，以吃蟹为中心而举行的。故这种夜宴，不仅限于中秋，有蟹的节季里的月夜，无端也要举行数次。不过不是良辰佳节，我们少吃一点，有时两人分吃一只。我们都学父亲，剥得很精细，剥出来的肉不是立刻吃的,都积受在蟹斗里,剥完之后,放一点姜醋,拌一拌,就作为下饭的菜,此外没有别的菜了。因为父亲吃菜是很省的,而且他说蟹是至味,吃蟹时混吃别的菜肴,是乏味的。我们也学他,半蟹斗的蟹肉,过两碗饭还有余,就可得父亲的称赞,又可以白口吃下余多的蟹肉,所以大家都勉励节省。

现在回想那时候,半条蟹腿肉要过两大口饭,这滋味真好!自父亲死了以后,我不曾再尝这种好滋味。现在,我已经自己做父亲,况且已经茹素,当然永远不会再尝这滋味了。唉!儿时欢乐,何等使我神往!

1分钟了解朱自清

人物名片

朱自清（1898—1948），原名朱自华，字佩弦，现代杰出的散文家、诗人、学者、民主战士。代表作有《背影》《春》《匆匆》等。

 1898年出生于江苏省东海县。

 1912年进入江苏第八中学学习。

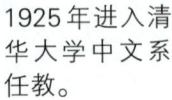 1925年进入清华大学中文系任教。

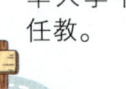 1928年出版散文集《背影》。

 1916年考入北京大学预科。次年改名朱自清。

 1931年留学英国，学习语言学和英国文学。

 1946年10月，从四川回到北平。

 1932年任清华大学中国文学系主任。

 1948年8月12日因病逝世。

1938年任西南联合大学中国文学系主任。

朱自清：
铁骨铮铮的文学大家

1898年11月22日，朱自清出生于江苏省东海县。父亲朱鸿钧是个读书人，曾在江苏东海、扬州、徐州等地做官。朱鸿钧对儿子寄予厚望，为他起名朱自华，取自苏东坡的诗句"腹有诗书气自华"，希望他诗书传家，学有所成，有朝一日能光宗耀祖。朱自清从小就被父亲送入私塾读书，学习经史古文和诗词，这为他日后成为一位文学大家打下了基础。

1912年，十四岁的朱自清考入扬州高等小学，随后又进入江苏第八中学。朱自清没有辜负家人的热切期望，1916年顺利考入北京大学预科，1917年升入本科哲学系，改名朱自清。在北京大学学习期间，他是青年运动的积极分子，积极参加演讲团，还对文学产生了浓厚兴趣。

1920年，朱自清以优异成绩从北京大学哲学系毕业，先后在浙江第一师范学校和扬州中

> **自　清：**
> 朱自清的"自清"之名出自屈原的《卜居》"宁廉洁正直以自清乎"。意思是不与社会上各种腐败现象同流合污，要以廉洁正直使自己保持清白。

学从事教学工作。当时,他的家庭屡遭变故,父亲也丢了官职,赋闲在家,为找差事而东奔西走,脾气变得暴躁起来。家中还有年幼的弟弟妹妹,全家生活就靠着以前的积蓄和朱自清教书的微薄收入,生活压力非常大。老派思想根深蒂固的父亲觉得名校毕业的朱自清不应该选择教书这份清贫的工作,对朱自清的收入很不满意。他像封建专制家长那样试图完全控制儿子的生活,甚至还凭借与校长的私交,擅自跑到学校去支走朱自清的薪水。当时朱自清已经成家,父亲的行为使得朱自清自己的家庭生活也陷入困顿。在旧传统和新观念的冲突下,父子俩的关系逐渐恶化。尽管如此,孝顺的朱自清还是每月从自己微薄的收入中省出一部分,按时寄回家补贴家用。

1925年,朱自清进入清华大学中文系任教,开始从事文学研究,生活总算安稳下来。此时,以往与父亲相处的点点滴滴时常浮现在朱自清眼前。

有一天,朱自清接到父亲的来信,看着那熟悉的笔迹,已有两年多未和父亲见面的他不禁潸然泪下。一时间,往昔一幕幕浮现在眼前,千般感受涌上心头,他饱含深情,挥笔写下了经典散文《背影》。文章叙述了他当年离开南京到北京读大学,父亲送他到浦口火车站,照料他上车并替他买橘子的情形。他用朴素的文字,把父亲对儿子的爱表达得深刻细腻,真挚感人。

三年之后，朱自清的弟弟收到开明书店寄来的大哥的散文集，将其带回家中给父亲看。父亲那时已行动不便，他挪到窗前，靠在椅子上，戴上老花镜，一字一句地读着儿子的文章，不觉老泪纵横，父子之间的矛盾彻底冰释。

随着父子关系的好转，朱自清心情愉快，连续创作出很多优秀作品，也出版了不少文学著作。

抗日战争全面爆发后，朱自清随清华大学南下长沙，1938年3月又到达昆明，出任由北京大学、清华大学、南开大学合并的西南联合大学中国文学系主任，并当选为中华全国文艺界抗敌协会理事。

在全面抗战的艰苦岁月里，朱自清的月薪少得可怜，而家中有八个孩子要抚养，全家每个月的花销都要远远超过自己的收入，朝不保夕是常有的事。由于营养不良，朱自清患上了胃病，病情日渐加重。但即便在这样贫困交加的日子里，朱自清仍然以认真严谨的态度，孜孜不倦地从事着教学和文学研究工作，与叶圣陶合著了《国文教学》等书籍。

1946年好友李公朴、闻一多先后遭到特务

李公朴

（1902—1946）：伟大的爱国主义者，坚定的民主战士，中国民主同盟早期领导人，杰出的社会教育家。1946年7月11日被国民党特务暗杀。

闻一多

（1899—1946）：伟大的爱国主义者，坚定的民主战士，中国民主同盟早期领导人，中国现代诗人、学者。1946年7月15日被国民党特务暗杀。

暗杀，这使朱自清极度震惊和悲愤。他回到北平，出席社会各界举办的关于好友的追悼会，并报告闻一多生平事迹。朱自清尽全力照顾好友的家人，使自己本来就十分拮据的生活雪上加霜。那时的北平，物价飞涨，物资短缺，百姓生活异常艰难。国民党为了笼络人心，向人们发放美军的救济粮。可是，以朱自清为代表的一批教授们，宁可饿死也不去领救济粮，坚决不为五斗米折腰，始终保持着一个正直的爱国知识分子的气节和情操。

　　由于长年的胃病、食物短缺和疏于治疗，1948年8月12日，朱自清因胃穿孔不幸逝世，年仅五十岁。一代才华横溢的文学大家，就这样走完了自己清贫的一生，着实令人痛惜。这位大名鼎鼎的清华教授自甘清贫，正如他的名字所诠释的，廉洁正直以自清，像清风一样地到来，像清风一般地离去。

名人轶事

大氅换来的知识

1920年是朱自清在大学学习的最后一年。一次,他到琉璃厂去逛书店,见到一部新版的《韦伯斯特大字典》,定价14元。这个价格对这部大书说来虽不算太贵,可对一个念书的学生来说,实在不是个小数目。自己手头没这么多钱,可书又实在想买,思来想去,就自己的一件皮大氅(chǎng)还值点钱了。

这件大氅是父亲在朱自清结婚时为他做的,水獭领,紫貂皮。大氅虽是布面,样式有点土气,可毕竟是皮衣,在制作的时候,父亲还是费了些心力的。但朱自清实在想要那本大字典,又想到将来准能将大氅赎回来,便在踌躇许久后,将它拿到了当铺,以书价作当价当了14元。大氅当然不止这个价,所以当铺柜上的人一点儿不为难,即刻付款。

拿上钱,朱自清马上就把那本《韦伯斯特大字典》抱了回来。不料那件费了父亲许多心力的大氅,最终却没有赎回来。

延伸阅读

背　影

　　我与父亲不相见已二年余了,我最不能忘记的是他的背影。

　　那年冬天,祖母死了,父亲的差使也交卸了,正是祸不单行的日子。我从北京到徐州,打算跟着父亲奔丧回家。到徐州见着父亲,看见满院狼藉的东西,又想起祖母,不禁簌簌地流下眼泪。父亲说:"事已如此,不必难过,好在天无绝人之路!"

　　回家变卖典质,父亲还了亏空,又借钱办了丧事。这些日子,家中光景很是惨淡,一半为了丧事,一半为了父亲赋闲。丧事完毕,父亲要到南京谋事,我也要回北京念书,我们便同行。

　　到南京时,有朋友约去游逛,勾留了一日;第二日上午便须渡江到浦口,下午上车北去。父亲因为事忙,本已说定不送我,叫旅馆里一个熟识的茶房陪我同去。他再三嘱咐茶房,甚是仔细。但他终于不放心,怕茶房不妥帖;

颇踌躇了一会。其实我那年已二十岁,北京已来往过两三次,是没有什么要紧的了。他踌躇了一会,终于决定还是自己送我去。我再三劝他不必去;他只说:"不要紧,他们去不好!"

我们过了江,进了车站。我买票,他忙着照看行李。行李太多了,得向脚夫行些小费才可过去。他便又忙着和他们讲价钱。我那时真是聪明过分,总觉他说话不大漂亮,非自己插嘴不可,但他终于讲定了价钱;就送我上车。他给我拣定了靠车门的一张椅子;我将他给我做的紫毛大衣铺好座位。他嘱我路上小心,夜里要警醒些,不要受凉。又嘱托茶房好好照应我。我心里暗笑他的迂;他们只认得钱,托他们只是白托!而且我这样大年纪的人,难道还不能料理自己么?唉,我现在想想,那时真是太聪明了!

我说道:"爸爸,你走吧。"他往车外看了看说:"我买几个橘子去。你就在此地,不要走动。"我看那边月台的栅栏外有几个卖东西的等着顾客。走到那边月台,须穿过铁道,须跳下去又爬上去。父亲是一个胖子,走过去自然要费事些。我本来要去的,他不肯,只好让他去。我看见他戴着黑布小帽,穿着黑布大马褂,深青布棉袍,蹒跚地

蹒 跚:
腿脚不灵便,走路缓慢,摇摆的样子。

走到铁道边,慢慢探身下去,尚不大难。可是他穿过铁道,要爬上那边月台,就不容易了。他用两手攀着上面,两脚再向上缩;他肥胖的身子向左微倾,显出努力的样子,这时我看见他的背影,我的泪很快地流下来了。我赶紧拭干了泪。怕他看见,也怕别人看见。我再向外看时,他已抱了朱红的橘子往回走了。过铁道时,他先将橘子散放在地上,自己慢慢爬下,再抱起橘子走。到这边时,我赶紧去搀他。他和我走到车上,将橘子一股脑儿放在我的皮大衣上。于是扑扑衣上的泥土,心里很轻松似的。过一会说:"我走了,到那边来信!"我望着他走出去。他走了几步,回过头看见我,说:"进去吧,里边没人。"等他的背影混入来来往往的人里,再找不着了,我便进来坐下,我的眼泪又来了。

近几年来,父亲和我都是东奔西走,家中光景是一日不如一日。他少年出外谋生,独立支持,做了许多大事。哪知老境却如此颓唐!他触目伤怀,自然情不能自已。情郁于中,自然要发之于外,家庭琐屑便往往触他之怒。他待我渐渐不同往日。但最近两年的不见,他终于忘却我的不好,只是惦记着我,惦记着我的儿子。我北来后,他写了一封信给我,信中说道:"我身体平安,唯膀子疼痛厉害,举箸提笔,诸多不便,大约大去之期不远矣。"我读到此处,在晶莹的泪光中,又看见那肥胖的、青布棉袍黑布马褂的背影。唉!我不知何时再能与他相见!

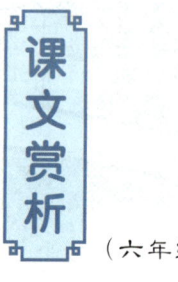

课文赏析

（六年级下册）

匆 匆

讲这篇课文之前，我们先讲一下当时的背景。朱自清作为新青年，一直活跃在文艺战线上，写了很多文章。随着<u>五四运动</u>热潮的消退，这些新青年开始反思国家应该怎么发展。五四的低潮期现象对众多文人影响极大，就连鲁迅都受到了影响，这在他的作品《彷徨》中也有所体现。

朱自清在写这篇《匆匆》之前，还给自己的好友写过一封信，信中写道："每一刹那有每一刹那的意义与价值！每一刹那在持续的时间里，有它相当的位置。"话中充满了对未来的迷惘与惶恐，他不知道未来的路该往哪里走。正是在这种状态下，朱自清写了《匆匆》一文。

在文中，我们可以感受到朱自清当时的迷

> **五四运动：**
> 1919年5月4日发生的一场以先进青年知识分子为先锋、广大人民群众共同参与的，通过示威游行、请愿等多种形式进行的爱国运动，是中国人民彻底反帝反封建的爱国运动。

茫,但他在迷茫中并不甘沉沦,文中的态度仍然是积极向上的,虽不知前路何在,依旧执着前行。

课文中选择这篇文章多是从珍惜时间的角度着眼的。

燕子去了,有再来的时候;杨柳枯了,有再青的时候;桃花谢了,有再开的时候。但是,聪明的,你告诉我,我们的日子为什么一去不复返呢?——是有人偷了他们吧:那是谁?又藏在何处呢?是他们自己逃走了吧:现在又到了哪里呢?

开头三个排比句,勾勒出一个淡淡的画面,画面里展现出的是大自然的荣枯,是时间飞逝的痕迹,把读者带入其中,接受情绪的感染,由此追寻自己日子的行踪。"我们的日子为什么一去不复返呢?"看似在问,实际上表达了对时光逝去而无法挽留的无奈和对已经逝去的日子深深的留恋。我们的日子为什么一去不复返?是被人"偷了"还是"逃走"了呢?……一连串疑问透出作者怅然若失的情绪。

我不知道他们给了我们多少日子,但我的手确乎是渐渐空虚了。在默默里算着,八千多日子已经从我手中溜去,像针尖上一滴水滴在大海里,我的日子滴在时间的流里,没有声音,也没有影子。我不禁头涔(cén)涔而泪潸(shān)潸了。

这一段的节奏慢下来,缓缓叙述时间之无情,生命之短暂。

去的尽管去了，来的尽管来着，去来的中间，又怎样地匆匆呢？早上我起来的时候，小屋里射进两三方斜斜的太阳。太阳他有脚啊，轻轻悄悄地挪移了，我也茫茫然跟着旋转。于是——洗手的时候，日子从水盆里过去；吃饭的时候，日子从饭碗里过去；默默时，便从凝然的双眼前过去；我觉察他去得匆匆了，伸出手遮挽时，他又从遮挽的手边过去；天黑时，我躺在床上，他便伶伶俐俐地从我身上跨过，从我脚边飞走了；等我睁开眼和太阳再见，这算又溜走了一日；我掩面叹息，但是新来的日子的影儿又开始在叹息里闪过了。

这段作者把太阳人格化，说太阳像一位少年迈着轻盈的脚步来了，悄悄地从身边走过，随着太阳的"挪移"，人也"茫茫然跟着旋转了"。接着，作者用一系列排比句展示了时间流逝之快。吃饭、洗手、默思，是我们日常生活的细节，作者却敏锐地从中看到时间的流逝。当他企图挽留时，时间却伶俐地"跨过"，轻盈地"飞去"，悄声地"溜走"，急速地"闪过"了，一系列活泼的文字，描绘出时间的急速变化，给人一种鲜活的感觉，我们仿佛听到了时间轻俏、活泼的脚步声，也听到了作者心灵的颤动。

在逃去如飞的日子里，在千门万户的世界里的我能做什么呢？只有徘徊罢了，只有匆匆罢了。在八千多日的匆匆里，除徘徊外，又剩些什么呢？过去的日子如轻烟，被微风吹散了,如薄雾,被初阳蒸融了。我留着些什么痕迹呢?我何曾留着像游丝样的痕迹呢?我赤裸裸来到这世界,转眼间也将赤裸裸地回去吧?但不能平的,为什么偏要白白走这一遭啊?

你聪明的,告诉我,我们的日子为什么一去不复返呢?

文章最后节奏又快了起来,用三个问句"我能做些什么呢?""又剩下什么呢?""留着些什么痕迹呢?"把人们的思想、行动、感受都鼓动起来,让人感到时不我待,从而更加珍惜时间。

1分钟了解老舍

人物名片

老舍（1899—1966），本名舒庆春，字舍予，中国现代小说家、语言大师、人民艺术家，新中国第一位获得"人民艺术家"称号的作家。代表作有《骆驼祥子》《茶馆》《龙须沟》《四世同堂》等。

1899年2月3日出生于北京。

1908年进入私塾读书。

1924年赴英国伦敦大学任教。

1930年回国任齐鲁大学教授。

1966年8月24日逝世。

1957年，《茶馆》发表于《收获》第一期。

1936年开始创作长篇小说《骆驼祥子》。

老舍：
人民艺术家

1899年2月3日，老舍出生于北京，因为出生时正值立春，父母为他取名"庆春"，有庆贺春来、前景美好之意。他的父亲是一名满族的护军，在八国联军攻打北京城的战争中阵亡。全家靠母亲替人洗衣做活维持生计。老舍在他的自述中这样写道："我还不到两岁，父亲即去世，母亲没有乳，只给我打一点儿面糊吃，父亲去世了，家里更穷了，天天吃棒子面与咸菜。"

老舍九岁时，靠亲朋资助进入私塾读书。老舍学习刻苦，待人诚恳，同学们都喜欢跟他玩。班里有个名叫高煜年的同学与他形影不离。一天，老师看到天空中五颜六色的风筝，出了一个"说纸鸢"的作文题，让同学们当日写完。老舍文思敏捷，一会儿就写好了，可那高同学冥思苦想，没个结果。老舍等得不耐烦，便走到他面前悄悄地说："我来帮你吧！快点写完，咱们好去放风筝。"两人一拍即合。

> **纸 鸢：**
> 即风筝。鸢是一种体形较大的鸟，古代的风筝主要是模仿鸢的形状做的，最开始用木头制作，故称木鸢。东汉蔡伦发明造纸术之后，开始用纸做风筝，又改称"纸鸢"。

老师对老舍代友起草的文章特别喜爱，第二天国文课上，他对高同学大加赞赏："这次作文，不少同学大有进步，尤其是高煜年同学的文章，破题得体，深获吾心。"接着，便情不自禁地高声朗读起来："纸鸢之为物，起风而畏雨，以纸为衣，以竹为骨，以线索之，飘荡空中……"老舍和高同学看着老师读得如痴如醉的样子，忍不住偷偷笑了起来。老师问道："你们两个笑什么？难道我读错了吗？""老师，您没读错，不过……""不过什么？"老师见二人支支吾吾，继续追问。这时，老舍和高同学四目相对，深感自己不该弄虚作假，欺骗老师，便把真相原原本本地讲了出来。从此，老舍再也不做这种事情了，一生保持着笃诚坦率的品德。

老舍十四岁时，考入京师第三中学（现北京三中），后因经济困难退学，同年考取公费的北京师范学校，毕业后担任过小学校长和劝学员等职务。1922年，他在北京教育会做文书工作，每月四十多元的收入，除赡养母亲外，还要去燕京大学补习英语，日子过得十分清苦。

1924年秋，老舍赴英国，在伦敦大学东方学院华语学系任华语讲师，教英国人学习中国古典文学。业余时间阅读了大量英文作品，并开始文学创作。自1925年起，老舍陆续发表长篇小说，引起文坛瞩目。

1930年老舍回国，在齐鲁大学任教。课余时间继续从事创作，逐渐形成了他作为幽默作家、北京人情世态的风俗画师、市民社会的表现者和批判者等独特的艺术风格。

> 齐鲁大学：创建于1864年，老舍、钱穆等学术名家先后在此执教，号称"华北第一学府"。1952年被撤销建制。

1936年，老舍专心投入《骆驼祥子》的写作中。长篇小说《骆驼祥子》真实地描写了老北京一个人力车夫的辛酸故事。此小说大量应用北京口语、方言，还有一些老北京的风土人情的描写，向人们展示了北京底层贫苦市民的悲苦生活，表达了作者对劳动人民的深切同情，是现代白话文小说的经典作品。

抗日战争全面爆发后，老舍投入全民抗战的洪流中，对文艺界的团结抗日做出了很大贡献。他热情提倡通俗文艺，连续写了《残雾》《张自忠》《国家至上》等十余个剧本，颂扬民族正气，表彰爱国志士，在当时起了积极的宣传作用。

1944年初，老舍开始创作长篇小说《四世同堂》，通过艺术手段刻画了深受传统观念束缚的市井平民在民族生死存亡关头的内心冲突，以及于苦难中升腾起来的觉醒和抗争。

1946年，老舍赴美讲学并进行文化交流，宣传中国现代文学，继续从事文学创作并将自己的作品译成英文。

中华人民共和国成立后,老舍回到北京。新时代的新气象使他极为振奋,创作激情高涨。1950年,老舍在北京东城丰盛胡同看好一处小院,房主开价一百匹白布,老舍便用自己的稿费换了一百匹白布买下了这所小院,在这里居住、写作、会客。为了美化庭院,他在院子里栽了两棵柿子树。每到深秋时节,树上缀满红红的柿子,别有一番诗情画意。为此,夫人胡絜青给这个院子起名"丹柿小院"。从此,丹柿小院就成了老舍家的一个别称,这里是他平生居住时间最久的一处住宅,他在新中国成立以后的全部作品都是在这个小院里写成的。

1951年初,老舍创作的话剧《龙须沟》上演,获得巨大成功。剧本通过一个大杂院几户人家的悲欢离合,写出了历尽沧桑的北京和备尝艰辛的城市贫民正在发生的天翻地覆的变化,是一曲献给新中国的颂歌。《龙须沟》是老舍创作的新的里程碑,他因此获得"人民艺术家"的荣誉称号。后来创作的话剧《茶馆》也是中国话剧史上的经典之一,成为当代中国话剧舞台的保留剧目。

四十多年的创作生涯,使老舍在思想上、艺术上不断取得重要进展和突破。他孜孜不倦,勤奋写作,涉猎文学创作的各个领域,是位多产作家,一生写了一千多篇(部)作品。这些作品具有很强的时代性,同时表达了他对人间苦难的悲悯之情。

名人轶事

老舍提"兵"救"赵"

北新书局出版的《青年界》曾向老舍催稿,编辑赵景深在约稿信上写了一个大大的"赵"字,用红笔圈起来,旁边加注"老赵被困,请发救兵(小说也)"。老舍在寄稿的同时,幽默地寄去了一封戏腔十足的答催稿信:

元帅发来紧急令,内无粮草外无兵!小将提枪上了马,《青年界》上走一程。呔!马来!

参见元帅。

带来多少人马?

两千来个字!还都是老弱残兵!

后帐休息!

得令!

正是:旌旗明日月,杀气满山头!

两人一来一往,配合默契,十分有趣。由此我们也可以看出老舍的幽默和自谦。

语文书里的"大人物"

妙趣横生的自传

老舍四十岁时,曾用幽默的笔调给自己写了一篇"自传",全文如下:

舒舍予,字老舍,现年四十岁,面黄无须。生于北平,三岁失怙,可谓无父。志学之年,帝王不存,可谓无君。无父无君,特别孝爱老母。

幼读三百篇,不求甚解。继学师范,遂奠教书匠之基。及壮,糊口四方,教书为业,甚难发财;每购奖券,以得末彩为荣,亦甘于寒贱也。二十七岁,发愤著书,科学、哲学无所懂,故写小说,博大家一笑,没什么了不得。

三十四岁结婚,今已有一女一男,均狡猾可喜。闲时喜养花,不得其法,每每有叶无花,亦不忍弃。书无所不读,全无收获,并不着急。教书做事,均甚认真,往往吃亏,亦不后悔。如是而已,再活四十年也许能有点出息!

这篇自传质朴自谦,寓意深邃,妙趣横生。刊出后,好评如潮。

老舍作诗

有一次,老舍家里来了许多年轻人,当时老舍已经是极为有名的大文人了,所以这些年轻人提出要老舍教他们作诗，老舍谦虚地回答道："我只是瞎拼凑罢了，哪里会作诗？"在大家的再三央求下，老舍随口吟出一首别致的五言绝句：

大雨洗星海，长虹万籁天。

冰莹成舍我，碧野林风眠。

寥寥二十个字把八位人们熟悉并称道的文艺家的名字"拼凑"在一起，形象鲜明，意境开阔，余味无穷。这群年轻人听了，无不赞叹叫绝。

诗中提到的大雨是指当时著名的文学翻译家孙大雨；洗星海指的是创作了著名的《黄河大合唱》的大音乐家；长虹是指当时的文化名人高长虹；万籁天是戏剧和电影工作者。冰莹也就是冰心谢婉莹；成舍我曾经是一家报刊的主编；碧野是一位作家；林风眠是一位画家。能够现场即兴吟出如此别致的一首诗，可见老舍的文学功底是相当深厚的。

（四年级下册）

猫

  这篇《猫》是老舍创作的一篇状物散文，1959年发表于《新观察》杂志。文章写的是老舍家养的一只猫，其形象在老舍的笔下栩栩如生，令人百读不厌。作者通过仔细观察，写出了猫的性格，字里行间充溢着对猫的喜爱之情。

  猫的性格实在有些古怪。

  说它老实吧，它的确有时候很乖（guāi）。它会找个暖和的地方，成天睡大觉，无忧无虑，什么事也不过问。可是，它决定要出去玩玩，就会出走一天一夜，任凭谁怎么呼唤，它也不肯回来。说它贪玩吧，的确是啊，要不怎么会一天一夜不回家呢？可是，它听到老鼠的一点儿响动，又是多么尽职。它屏息凝视，一连就是几个钟头，非把老鼠等出来不可！

  第一句总写猫的性格：实在有些古怪。接着，展开写猫的性格如何古怪，文中用了两个"可是"，把古怪分成三个层次来写。第一层是说猫很乖，第二层说它贪玩，第三层说它很尽职。很乖的猫、贪玩的猫、尽职尽责的猫，三种对立矛盾的性格兼而有之。

它要是高兴，能比谁都温柔可亲：用身子蹭你的腿，把脖子伸出来让你给它抓痒，或是在你写作的时候，跳上桌来，在稿纸上踩印几朵小梅花。它还会丰富多腔地叫唤，长短不同，粗细各异，变化多端。在不叫的时候，它还会咕噜咕噜地给自己解闷。这可都凭它的高兴。它若是不高兴啊，无论谁说多少好话，它也一声不出，连半朵小梅花也不肯印在稿纸上！

这一段写得很有意思，在作者眼中，猫就像是一个跟大人赌气的小孩子，把猫爪印比喻成"小梅花"，流露出老舍对猫的喜爱之情。

它什么都怕，总想藏起来。可是它又那么勇猛，不要说见着小虫和老鼠，就是遇上蛇也敢斗一斗。

这种古怪的小动物，真让人觉得可爱。

这里用"可是"来了一个转折。既说猫胆小，又说它勇猛，通过矛盾对比来表现猫"古怪"的性格，而这种"古怪"在作者眼里其实就是"可爱"。

满月的小猫们就更好玩了，腿脚还不稳，可是已经学会淘气。妈妈的尾巴，一根鸡毛，都是它们的好玩具，要个没完没了。一玩起来,它们不知要摔多少跟头,但是跌倒了马上起来,再跑再跌。它们的头撞在门上,桌腿上,和彼此的头上,撞疼了也不哭。它们的胆子越来越大,逐渐开辟新的游戏场所。它们到院子里来了。院中的花草可遭了殃。它们在花盆里摔跤,抱着花枝打秋千,所过之处,枝折(shé)花落。你见了,绝不会责打它们,它们是那么生气勃勃,天真可爱!

　　这一段每一句话呈现一个场景,写小时候的猫如何惹人怜爱。"耍个没完没了""摔疼了也不哭""抱着花枝打秋千""生气勃勃,天真可爱"这些词句,哪里是在描写一只猫,分明是在说一个天真可爱的孩子呀。作者抓住"可爱""淘气"两个词,语言平实无雕琢,为我们勾勒了小猫的形象,无处不让人体会到小猫的可爱、淘气,以及作者对小猫深深的喜爱。

延伸阅读

老舍的教育哲学

对于教育孩子,老舍先生有一套独特的哲学,他提倡对待儿童像对待好朋友一样,要有平等的态度,主张尊重儿童,让他们在爱的环境中自由生长。在这方面他是身体力行的。比如,对中学生,他以姓名相称,不再叫小名,表示尊重;会主动伸出手,行握手礼,以视平等。孩子们送小礼物给他,他必定当场回赠,如一时找不到合适的礼品,就会把自己的皮手套、衣服、皮鞋回赠出去,或者把自己的作品送上,还要签上名。

老舍爱给儿童写信,在信中常用幽默的话和孩子们开玩笑,甚至悄悄地向儿童宣布自己的写作计划。在他面前,孩子可以自由说话,他认为孩子有权如此,并希望普天下的父母都有这样的态度和胸怀。

小女儿舒立曾记录过这样一段生活趣事,也从另一方面展现出了一个慈爱、幽默又与众不同的父亲形象:

小学四年级有一次考珠算才得了四十分，不及格。这是我自上学以来最坏的分数，我心里很难过。回到家哭了一鼻子。吃午饭。母亲问我怎么了，我不肯说。因为我知道母亲从来要求子女门门功课百分。这回才考四十分，准挨骂不可，别自讨没趣。吃完饭，趁母亲不在，父亲再问我时，我才坦白考试得了坏成绩。父亲听后不但没批评我，反而很幽默地说："四十分不算少了，我小的时候算术学不会，考试时压根儿算不上来，尽捡别人的废卷子交上去，还得不上四十分呢！"一席话说得我破涕为笑了。

1分钟了解冰心

人物名片

冰心（1900—1999），原名谢婉莹，诗人、翻译家、儿童文学作家、社会活动家、散文家。代表作有《繁星》《超人》《寄小读者》《小桔灯》等。

1900年出生于福州谢家大宅。

1903年随家人迁至烟台。

1913年随家人迁往北京。

1918年升入协和女子大学预科。

1919年起，以"冰心"为笔名发表小说和散文。

1999年2月28日在北京逝世。

1926年回国，执教于燕京大学和清华大学，多次外出游学，并积极创作。

1923年进入燕京大学，毕业后留学英国。

冰心奶奶：
影响一代又一代青少年

1900年10月5日，冰心出生于福州三坊七巷谢家大宅（今鼓楼区杨桥东路17号），父亲是一名具有爱国维新思想的海军军官，母亲也是受过新式教育的女子，不仅喜欢读书，还颇具爱国思想，常将自己的首饰换成钱捐给军队。在父母的影响下，冰心从小就在心中播下了爱国的种子，一生牵挂着祖国的命运。

1903年，因父亲受命担任海军训练营营长，同时负责筹办海军学校，所以冰心一家随父迁至烟台，在烟台居住了八年，度过了她幸福而多彩的童年生活。

幼年的冰心特别喜欢听故事，在她七岁时，舅舅常利用晚上时间给她讲《三国演义》，那些曲折的情节、鲜活的人物深深吸引了小冰心。可是，舅舅晚上常常有事，不能每天都给她讲三国故事，有时一连停好几天。小冰心急得不得了，于是她就拿起舅舅的《三国演义》

> **《三国演义》**：作者罗贯中，中国古典四大名著之一，是中国第一部长篇章回体历史演义小说。

自己看，七岁的她毕竟识字有限，有些地方看不懂，但这丝毫不影响她阅读的热情，她连蒙带猜往下读，慢慢地理解了书中的内容，越看越入迷，竟然很快把《三国演义》看完了。随后，她又自己找来《水浒传》《聊斋志异》等书，坐在屋里一看就是一整天。母亲担心她小小年纪把眼睛看坏了，劝她出去玩儿，她却怎么也不肯。无奈之下，母亲只好把书藏起来，可很快就会被她找到。有一次，母亲让她洗澡，她竟然坐在澡盆里看起书来，连洗澡水凉了都没发觉，母亲生气地夺过她手中的《聊斋志异》，撕成两半扔到墙边。小冰心眼含泪珠，望望母亲，又看看那本心爱的书，胆怯地一点点挪到墙角，捡起撕坏的书又接着读起来。这一来，倒把生气的母亲逗乐了。为了分散一下她的注意力，父亲常利用节假日带她到军舰上去玩，没想到，这个七八岁的小女孩竟然给水兵们讲起了三国的故事。当小冰心倒背着手神气而又一本正经地说出"天下大势，分久必合，合久必分"时，水兵们都被她那稚气的神情逗得捧腹大笑。

冰心十岁时学起了《论语》《左传》《唐诗

《水浒传》：
作者施耐庵，中国古典四大名著之一。

《聊斋志异》：
清朝著名小说家蒲松龄创作的文言短篇小说集。"聊斋"是作者的书斋名称。

《左传》：
全名《春秋左氏传》，相传为春秋末年的左丘明为解释孔子的《春秋》而作，实际成书时间在战国或两汉之间。

三百首》。她对唐诗抱有极大兴趣，很快就能背诵许多有名的诗篇，并开始学作对联。有一回，老师说出"鸡唱晓"让她对，她脱口而出"鸟鸣春"。老师一愣，又说"榴花照眼红"，她略思片刻，便从容应道"柳絮笼衣白"，老师禁不住连连称赞。

1918年，冰心升入协和女子大学预科，向往成为一名救死扶伤的医生。五四运动的爆发和新文化运动的兴起，使冰心把自己的命运和民族的振兴紧密地联系在一起，她全身心投入到时代潮流中，积极参加爱国宣传活动。从1919年起，她开始以"冰心"为笔名发表小说和散文。

1923年，冰心进入燕京大学，毕业后到美国波士顿的威尔斯利学院攻读英国文学，专门从事文学研究，并以优异的成绩获得奖学金。三年的留学生活进一步开拓了冰心的视野，充实了新的知识，同时也结识了许多朋友，特别是认识了她的终身伴侣吴文藻先生。出国留学后，冰心把自己的旅途见闻写成散文寄回国内，汇集为《寄小读者》一书出版，受到热烈欢迎，二十多岁的冰心也因此名噪中外。在书

吴文藻
（1901—1985）：江苏江阴人，中国著名社会学家、人类学家、民族学家。

中,冰心将对故国的思念、异国的风情及自己的人生思考,亲切动情地展现在小朋友的面前,影响和哺育一代又一代青少年。

1926年,冰心在美国获得文学硕士学位后回到祖国,先后在燕京大学和清华大学任教。其间除写作外,还多次到日本、法国、英国、意大利等国进行学术交流。她创作的大量散文和小说,结集为《小桔灯》《樱花赞》等书出版,广受欢迎。

1980年6月,冰心先患脑血栓,后又骨折,但她患病期间仍坚持创作,这一时期作品数量之多、内容之丰富,使得她的文学成就达到了一个新的境界。其中,比较有代表性的有短篇小说《空巢》,散文《三寄小读者》《我的自传》等。冰心年近九旬时发表了《我请求》《我感谢》《给一个读者的信》等作品,用正直坦诚的拳拳赤子之心,表达了对祖国对人民深沉的爱。

1999年2月28日,冰心在北京逝世,享年九十九岁,被称为"世纪老人"。她一生身体力行,关心祖国下一代的成长,把自己的稿费全部捐给了希望工程。她的一生就像她最爱的茉莉花茶一样,恬淡宁静,不慕名利,不事奢华,散发着淡淡的清香。

短诗三首

　　《繁星》是冰心的第一部诗集，收录的是她二十岁左右所写的小诗，共一百六十四首。《繁星》是冰心在印度诗人泰戈尔的《飞鸟集》影响下写成的，用冰心自己的话说，就是将一些"零碎的思想"收集在一个集子里。总体来说，大致包括三个方面的内容：一是对母爱与童真的歌颂与赞扬；二是对大自然的崇拜与赞颂；三是对人生的感悟和思考。

　　课本中选的这三首小诗语言浅显，可以加强我们对现代诗歌的认识，感受诗歌的魅力，培养发现美的眼睛，激发对现代诗歌的学习兴趣。

繁星（七一）

这些事——

是永不漫灭的回忆：

月明的园中，

藤萝的叶下，

母亲的膝上。

读完这首小诗，你的脑海里会出现一幅什么样的画面呢？风清月明之夜，皎洁的月光洒在园中，藤萝叶下，母亲膝上……是不是特别美好？诗歌开头所说的"这些事"其实就是诗人幼时与母亲在一起的往事。"永不漫灭"强调印象十分深刻，这种深刻的感情在诗人回忆的温馨画面中慢慢弥散，让我们感受到她对母亲和童年生活的深深怀念。

繁星（一三一）

大海啊！

哪一颗星没有光？

哪一朵花没有香？

哪一次我的思潮里

没有你波涛的清响？

整首诗节奏感很强,非常押韵,主要表达的是诗人对大海的热爱。诗中排比与反问两种修辞手法的综合运用,更增强了感情的表达力度。

繁星(一五九)

母亲啊!
天上的风雨来了,
鸟儿躲到它的巢里;
心中的风雨来了,
我只躲到你的怀里。

这首诗浅显易懂,"天上的风雨"指狂风暴雨,"心中的风雨"指经历的困难、挫折。风雨是景象,是心情,一个"躲"字体现了诗人对母亲怀抱的依恋,同时也表现了母爱的伟大。

1分钟了解巴金

人物名片

巴金（1904—2005），原名李尧棠，中国杰出的现代文学家、出版家、翻译家。代表作有《春天里的秋天》《家》《春》《秋》《随想录》等。

- 1904年出生于四川省成都市。
- 1921年发表文章《怎样建设真正自由平等的社会》。
- 1927年远赴巴黎留学。
- 1928年12月回到上海,从事文学编辑与创作。
- 1933年,《家》正式出版。
- 1982年获得"但丁国际奖"。
-  2005年10月17日在上海病逝,享年101岁。

巴金：
文学巨匠

1904年11月25日，巴金出生于四川省成都市一个封建官僚家庭。他曾在《我的老家》一文中回忆家的样子："门前台阶下一对大石缸，门口一条包铁皮的木门槛，两头各有一只石狮子，屋檐下一对红纸大灯笼。"在那座五进三重的大宅院里，巴金有将近二十个长辈，三十多个兄弟姐妹，有四五十个男女仆人。在巴金十来岁时，父母相继去世，从此，人世间的悲凉向这个少年扑面而来。后来祖父也去世了，家族成员陷入遗产之争，巴金对此厌恶至极。好在有两位哥哥的照拂，尤其是大哥李尧枚，从小就是弟弟的榜样。他学习成绩优异，中学毕业时名列全校第一，本希望能够继续读名校上大学，将来去德国留学，但这些理想最终没有实现。因为父亲去世，家族的重担就落在身为长子的李尧枚身上。

巴金从小体弱多病，没有读过小学，好学的他每天跟在哥哥们后面习字看书。十四岁时，巴金进入英语补习学校念书，只读了一个月就因病辍学。虽然没有接受很系统的教育，但他靠着聪明和努力，也没有差同龄人许多。

五四运动期间,巴金开始大量阅读《新青年》等书刊,受新潮思想的影响,开始了他个人的反封建斗争。

1921年,巴金在《半月》刊上发表第一篇文章《怎样建设真正自由平等的社会》。

1923年春天,巴金的大哥把他送到一艘木船上,他坐船离开了成都。在小说《新生》的自序中,巴金这样回忆:"我辞别了山,渡过了江,划起了一只独木小舟,向着人间的海驶去。暴风雨吹打我的脸,巨浪颠簸我的舟,但他们并不曾淹没了我。"

1925年,巴金报考北京大学,可惜在体检时被查出患有肺病,无奈与北大失之交臂。此后,巴金又在上海和南京等地辗转求学,开始了他长达半个世纪的文学创作生涯。

1927年,巴金远赴法国巴黎留学。留学期间,他一方面大量阅读西方哲学和文学作品,另一方面也时时关心着祖国。为了排遣心中的苦闷与思乡之情,他开始创作小说《灭亡》,随着这部小说的发表,巴金开始在中国文坛崭露头角。

1928年12月,巴金从法国回到上海,从事文学编辑与创作。回上海后,大哥李尧枚来探望他,在闲谈中,巴金提到想写一篇以自家人物为主人公、反映封建大家庭的小说,得到大哥的支持,这部小说就是后来的《家》。巴金在书中控诉了封建大家庭的腐朽和罪恶,讴歌了年轻一代的觉醒与反抗。小说中高觉新这个人物原型就是大哥李尧枚。

语文书里的"大人物"

1933年,《家》正式出版,巴金写下序言,题为《呈献给一个人》,这个人就是大哥李尧枚。可惜这时大哥刚刚离世,已经没有机会看到了。

抗战全面爆发后,巴金辗转于昆明、重庆、成都、桂林、贵阳等地,从事抗日文化宣传活动。在此期间,出版了《春》《秋》,衔接之前出版的《家》,巴金完成了著名的"激流三部曲"。1944年5月,巴金与萧珊在贵阳结婚。新中国成立后,巴金先后任上海市文学艺术界联合会副主席、中国作家协会主席、中国文学艺术界联合会副主席等。

1978年,年过七旬的巴金开始写《随想录》。随着身体状况逐渐恶化,后期他已经拿不稳笔,一千多字的文章断断续续要写几个月,有时候一天只能写几十个字,但他从未放弃。1982年,巴金获得"但丁国际奖",将此奖颁发给巴金是为了表彰他在文学创作上取得的巨大成就。2003年11月18日,国务院授予巴金"人民作家"荣誉称号。

2005年10月17日,巴金在上海病逝,享年101岁。遵照他的遗嘱,他和妻子的骨灰被混在

> **但丁国际奖:**
> 1979年意大利学院为纪念意大利中世纪伟大诗人但丁而设立的荣誉奖,主要奖励在文学方面有突出成就和贡献的人,每年评选一次。

一起，伴着芬芳的玫瑰花瓣，撒入上海长兴岛附近的东海，融于海水，永不分离。

巴金一生不断追求真理、追求进步，他的作品影响中国文学界长达半个多世纪，他的文字永远充满着真情与生命的力量，成为无数读者的灵魂灯塔。

名人轶事

巴金的读书方法

巴金十分喜欢看书,他有一种读书方法十分奇特,那就是在没有书本的情况下读书,读书而无书的确算得上天下一奇了,他到底是怎么读的呢?

有一次巴金生病住院,因为长时间躺在病床上太过无聊,所以就干脆闭上眼睛,回忆自己以前看过的书中的情节,这样不仅可以加深印象,还能从中领悟到新的见解。用这种方法,曾经读过的书可以再读第二遍、第三遍,甚至很多遍。

这是一个很好的记忆法,我们往往在看过一本书之后就将其丢到一边,过不了多久,对这本书的记忆就不是很深了,时间长了甚至会忘掉书中的情节,甚至连书名都忘记了。因此,我们可以试试巴金的读书方法。

巴金的这种读书方法用孔子的话来说就是"温故而知新",只不过这个"故"并不是实物,而是存储在脑海中的东西。

巴金爱书,在文化圈内是出了名的。1949年上海解放前夕,巴金一家生活很拮据,但即便吃不上饭,也不能耽误了买书。一天,一向顺从他的夫人萧珊实在忍不住了,对他说:"家里已经没有钱买米了。"对家里有钱没钱从来不过问的巴金却说道:"钱,就是用来买书的。都不买书,写书人怎么活?"第二天,他又带着孩子们去逛书店了。

笔名"巴金"的由来

巴金虽闻名海内外,但"巴金"二字的由来不是每个人都知道的。巴金在1957年9月27日致作家彼得罗夫的信中对自己笔名的来历作了说明:"一九二八年八月我写好《灭亡》要在原稿上署名,我想找两个笔画较少的字。当时我正在翻译克鲁泡特金的《伦理学史》,我看到了'金'字,就在稿本上写了下来。这时候我突然得到一位年轻朋友去世的消息,这个朋友姓巴,我和他在法国同住过一段时间,对此深感悲伤。为了纪念他,我就在'金'字前面加了一个'巴'字。从此'巴金'就成了我的

克鲁泡特金:
(1842—1921)俄国地理学家、无政府主义运动的精神领袖和理论家。

笔名。"

巴金给家乡孩子的信

亲爱的同学们：

你们好！

谢谢你们写信给我，一大堆信！我数了数，一共四十封，好像你们都站在我面前，争先恐后，讲个不停，好不热闹！家乡的孩子们，感谢你们给我这个老人带来温暖。

我有病，写字困难，捏着笔手不听指挥，不说给每个同学写一封回信，或者像五年级郭小娟同学所要求的那样写一段话，就是只给你们大家回一封短信也十分吃力。有时候在我的手里一支笔会有千斤重。怎么办呢？无论如何，我不能辜负你们的好意，我不能使家乡的孩子们失望。我终于拿起了笔。

请原谅，我今年不能回家乡，并不是我不愿意看望你们，正相反，我多么想看见你们天真的笑脸，多么想听见你们歌唱般的声音，但是我没有体力和精力支持这一次长途的旅行，那么就让这封信代替我同你们见面吧。

不要把我当成什么杰出人物，我只是一个普通人。我写作不是我有才华，而是我有感情，对我的祖国和同胞我有无限的爱，我用作品表达我的这种感情。我今年八十七岁，今天回顾过去，说不上失败，也谈不上成功，我只是老老实实、平平凡凡地走过这一生。我思索，我追求。我终于明白生命的意义在于奉献而不在于享受。

我在回答和平街小学同学们的信中说："我愿意再活一次，重新学习，重新工作。让我的生命开花结果。"有人问我生命开花是什么意思。我说："人活着不是为了白吃干饭，我们活着就是给我们生活在其中的社会添上一点光彩。这个我们办得到，因为我们每个人都有更多的爱，更多的同情，更多的精力，更多的时间，比维持我们自己的生存所需要的多得多。只有为别人花费了它们，我们的生命才会开花。一心为自己，一生为自己的人什么也得不到。"

我和别人一样，也希望看到自己生命开花。但是我不可能再活一次。过去我浪费了不少的光阴，现在我快走到路的尽头，剩下的日子已经不多了。我十分珍惜这有限的一分一秒。

亲爱的孩子们，我真羡慕你们，你们前面有无比宽广的道路，你们心里有那么多美好的事物，爱惜你们可以使用的宝贵时间，好好学习吧，希望在你们身上。

我真诚地祝福你们！

巴金

1991年5月15日

（五年级上册）

鸟的天堂

《鸟的天堂》一文选自巴金的《旅途随笔》。"鸟的天堂"是广东省一个著名的旅游风景区。在距广州市一百公里外的新会区天马河的河心沙洲上，有一株五百多年历史的奇特大榕树。这棵树的树枝垂到地上，扎入土中，成为新的树干。随着时间的推移，枝干越长越多，这棵大榕树竟独木成林。林中栖息着成千上万只白鹤、麻鹤、灰鹤和其他鸟雀，构成了一个蔚为壮观的"鸟的天堂"。1933年5月，巴金从上海南游到广州，对此处景观叹为观止，写下这篇美文，使"鸟的天堂"美名流传至今。一起来看课文：

我们吃过晚饭，热气已经退了。太阳落下了山坡，只留下一段灿烂的红霞在天边。

我们走过一段石子路，很快就到了河边。在河边大树下，我们发现了几只小船。

语文书里的"大人物"

第一、二自然段交代了时间和当时的情景，看似跟鸟的天堂没关系，其实并非如此，文中提到了"小船"，说明需要划船过河才能看到鸟的天堂，这是为下文做铺垫。

我们陆续跳上一只船。一个朋友解开了绳，拿起竹竿一拨，船缓缓地动了，向河中心移去。

河面很宽，白茫茫的水上没有一点波浪。船平静地在水面移动。三支桨有规律地在水里划，那声音就像一支乐曲。

在一个地方，河面变窄了。一簇簇树叶伸到水面上。树叶真绿得可爱。那是许多株茂盛的榕树，看不出主干在什么地方。

当我说许多株榕树的时候，朋友们马上纠正我的错误。一个朋友说那里只有一株榕树，另一个朋友说是两株。我见过不少榕树，这样大的还是第一次看见。

这几段是次详描写，从河边来到鸟生活的大榕树，文章从这里切到主线"鸟的天堂"上来了。这是环境描写，比之前河面上那些内容详细了些。

我们的船渐渐逼近榕树了。我有机会看清它的真面目，真是一株大树，枝干的数目不可计数。枝上又生根，有许多根直垂到地上，伸进泥土里。一部分树枝垂到水面，从远处看，就像一株大树卧在水面上。

榕树正值茂盛的时期，好像在把它的全部生命力展示

给我们看。那么多的绿叶,一簇堆在另一簇上面,不留一点儿缝隙。那翠绿的颜色,明亮地照耀着我们的眼睛,似乎每一片绿叶上都有一个新的生命在颤动。这美丽的南国的树!

这一部分作者从不同的距离、不同角度(根系、叶子等)来描写大榕树,给读者愉悦的美的享受。

船在树下泊了片刻。岸上很湿,我们没有上去。朋友说这里是"鸟的天堂",有许多鸟在这树上做巢,农民不许人去捉它们。我仿佛听见几只鸟扑翅的声音,等我注意去看,却不见一只鸟的影子。只有无数的树根立在地上,像许多根木桩。土地是湿的,大概涨潮的时候河水会冲上岸去。"鸟的天堂"里没有一只鸟,我不禁这样想。于是船开了,一个朋友拨着桨,船缓缓地移向河中心。

第一次看鸟结束,但是一只鸟都没有看到。鸟的天堂里没有鸟,这是怎么回事呢?作者在此给我们留下一个悬念,给文章增加波折,引起读者对下文的阅读兴趣。

第二天,我们划着船到一个朋友的家乡去。那是个有山有塔的地方。从学校出发,我们又经过那"鸟的天堂"。

这一段是过渡段,承上启下,讲作者第二次到"鸟的天堂"。

这一次是在早晨。阳光照耀在水面,在树梢,一切都显得更加光明了。我们又把船在树下泊了片刻。

起初周围是静寂的。后来忽然起了一声鸟叫。我们把手一拍，便看见一只大鸟飞了起来。接着又看见第二只，第三只。我们继续拍掌，树上就变得热闹了，到处都是鸟声，到处都是鸟影。大的，小的，花的，黑的，有的站在树枝上叫，有的飞起来，有的在扑翅膀。

　　我注意地看着，眼睛应接不暇，看清楚了这只，又错过了那只，看见了那只，另一只又飞起来了。一只画眉飞了出来，被我们的掌声一吓，又飞进了叶丛，站在一根小枝上兴奋地叫着，那歌声真好听。

　　这次作者终于看到鸟了。随着一声鸟叫，鸟的天堂的神秘面纱被一层层揭开。在鸟声盈耳、鸟影扑腾中，鸟儿的大小、颜色、神态都显现得清清楚楚。在群鸟的描写中，作者还别具匠心地勾勒出生动的细节：一只受惊吓的画眉鸟从树林里飞出又飞进，而它"站在一根小枝上兴奋地叫着"这一笔，更为这生气勃勃的百鸟飞腾的群像添上亮色。

　　当小船向着高塔下面的乡村划去的时候，我回头看那被抛在后面的茂盛的榕树。我感到一点儿留恋。昨天是我的眼睛骗了我，那"鸟的天堂"的确是鸟的天堂啊！

　　全文记叙了巴金和他的朋友两次经过"鸟的天堂"时所见到的不同景象，描写了大榕树的庞大、茂盛，以及群鸟欢闹的奇异景象，表达了作者对大自然的热爱和赞美。

1分钟了解华罗庚

人物名片

华罗庚（1910—1985），著名数学家、中国科学院院士，中国解析数论创始人和开拓者、中国现代数学之父。

- 1910年11月12日出生于江苏常州。
- 1922年进入金坛县立初中。
- 1926年退学回家帮父亲料理杂货铺。
- 1930年进入清华大学图书馆担任馆员，一年后提升为助教。
- 1936年被保送到英国剑桥大学，其间发表多篇论文。
- 1938年回国，到西南联合大学任教授。
- 1950年返回祖国，任清华大学数学系主任。
- 1956年着手筹建中科院计算数学研究所。
- 1985年6月12日因病逝世。

华罗庚：
数学大师

1910年11月12日，华罗庚出生于江苏常州一个平民家庭，他的父亲开了一个小杂货店，生意并不好，一家人艰难度日，勉强供华罗庚上学读书。华罗庚从小就很爱动脑筋，常因思考问题过于专注而被同伴们戏称为"罗呆子"。在金坛中学读书时，华罗庚遇到了一位独具慧眼的数学教师王维克，王老师发现了华罗庚的数学天赋，对他精心培养，不仅借给他很多数学书籍，课余还经常对他单独辅导，使华罗庚的数学水平有了很大进步。

> 王维克
> (1900—1952)：
> 我国著名翻译家、教育家。

1925年，华罗庚初中毕业后，因家中无力供他上大学，只得报考了上海一所职业学校。华罗庚对这所学校的教育十分不满，加上家里经济困难，一年后他就选择了退学。

回到家后，华罗庚帮助父亲料理杂货铺，顾客来了，他打算盘，记账。顾客走了，他就埋头看书或演算习题，有时入了迷，竟然忘记接待顾客。一次，有位顾客到店里买毛巾，问他多少钱一条，华罗庚头也没抬，随口就把刚才演算出的一个数字说了出来："26867。"顾客一听觉得莫名其妙，扭头就走了。父亲看到后非常生气，抢过华罗庚手中的数学书和演算纸，扔到炉子里给烧掉了。可是华罗庚依然不放弃，为了抽出更多时间学习，他每天天不亮就起来看书，夏天不顾蚊虫叮咬，冬天就把砚台放在炉子上，一边磨墨一边用毛笔做习题。

华罗庚和全世界无数的杰出人才一样，困难愈多，克服困难的决心也愈加坚定。他克服了常人难以想象的困难，从一本《大代数》、一本《解析几何》和一本从老师那儿摘抄来的《微积分》开始，用五年时间自学完了高中和大学的数学课程，踏上了通往数学大师的道路。

1929年冬，华罗庚因病导致左腿残疾，无法像正常人那样走路。看到他一瘸一拐地走在路上，人们都不禁为他感到惋惜。可是华罗庚并不理会这些，他十分坚定地想：既然不能干别的工作，那我还是钻研数学吧。做这一行，只要有一支笔、一张纸就够了。他说："我要用健全的头脑代替不健全的腿。"

凭着这种精神，华罗庚全身心地投入数学研究，他用节衣缩食省下的钱订了一份《科学》杂志，又买了很多数学书籍，同时也开始写一些有关数学的文章，给《科学》

杂志投稿。1930年,上海《科学》杂志发表了他的一篇论文,时任清华大学数学系主任的熊庆来看到这篇文章后大加赞赏,当他得知文章的作者是一位年仅十九岁的失学青年时,震惊不已。当熊庆来进一步了解到华罗庚的自学经历和数学才华后,打破常规,让华罗庚进入清华大学图书馆担任馆员。在这里,华罗庚如鱼得水,沉醉于数学的海洋中,每天只给自己留下五六个小时的睡眠时间。说起来让人难以置信,华罗庚在那时养成了熄灯之后也能做题的习惯。他在熄灯前先看着题目思考一会儿,熄灯后躺在床上,闭目静思,开始在头脑中做题。碰到难处,他就翻身下床,打开灯再看一会儿。就这样,一本需要十天半个月才能看完的书,他往往一夜两夜就看完了。他边工作边学习,用一年半时间就学完了数学系全部课程,还自学了英文、法文、德文,在国外著名的数学杂志上发表了三篇论文。清华大学更是破了先例,把只有初中学历的华罗庚提升为助教。

1936年夏天,华罗庚被保送到英国剑桥大学进修,两年中发表了十多篇论文,引起国际

> **熊庆来**
> (1893—1969):中国数学家、教育家,中国现代数学先驱、中国函数论的主要开拓者之一。

数学界的赞赏。

1938年，华罗庚回国，到西南联合大学任教授。他在昆明郊外一间牛棚似的小阁楼里写了二十多篇论文，完成了第一部数学专著《堆垒素数论》。

1946年，华罗庚应纽约普林斯顿大学邀请去美国讲学，并于1948年被美国伊利诺依大学聘为教授。

1950年，华罗庚毅然放弃美国优裕的生活，怀着强烈的爱国热忱返回祖国。随后担任了清华大学数学系主任、中科院数学所所长等职，还发现和培养了王元、陈景润等数学人才。1956年，他着手筹建中科院计算数学研究所。在从事数学理论研究的同时，华罗庚还一直希望能把数学理论与工农业生产结合起来，经过实践，他发现数学中的统筹法和优选法可以在农业生产中普遍应用。为此，他带领学生深入到生产一线，足迹遍及二十七个省、自治区、直辖市，创造了巨大的经济效益。

晚年的华罗庚不顾年老体衰，仍然奔波在祖国建设的第一线，他还多次应邀赴国外讲学。

王 元

(1930—2021)：原籍江苏镇江，当代知名数学家，中国科学院院士。

陈景润

(1933—1996)：当代知名数学家。1973年在《中国科学》发表了哥德巴赫猜想中的"1+2"详细证明，被国际数学界称为"陈氏定理"。

1985年6月12日,在日本东京一个国际学术会议上,华罗庚作了精彩生动的报告,原定四十五分钟的报告在经久不息的掌声中被延长到一个多小时,当他讲完最后一句话时,心脏病突发,倒在了讲台上。因抢救无效于当晚逝世,享年七十五岁。

华罗庚将一生献给了祖国的科学事业,给我们留下了两百多篇学术论文、十部专著,其中八部在国外出版,部分被列为21世纪数学的经典著作。华罗庚也被誉为"中国现代数学之父""人民数学家"。他是国际上享有盛誉的数学大师,被列为芝加哥科学技术博物馆中当今世界八十八位数学伟人之一。

名人轶事

没读过《孙子算经》

华罗庚读中学时,有一次,数学老师在课堂上给同学们出了这样一道题:"今有物不知其数,三三数之剩二,五五数之剩三,七七数之剩二,问物几何?"此题出自古代的数学著作《孙子算经》。意思是说,有一种东西,不知道数量,如果三个三个地去数它,最后剩二;如果五个五个地去数它,最后剩三;如果七个七个地去数它,最后剩二。问这种东西共有多少个。

老师刚把题读完,华罗庚的答案就脱口而出了:"二十三!"

"怎么,你看过《孙子算经》?"老师惊诧地问。

华罗庚回答说:"我不知道《孙子算经》这本书,更没有看过。"

"那你是怎么算出来的?"老师又问。

华罗庚有板有眼地答道:"我是这样想的,三个三个地数,余二,七个七个地数,余二,余数都是二,那么,总数就可能是三乘七加二,等于二十三,二十三用五去除,余数又正好是三,所以,二十三就是所求的数了。"

"啊——"老师简直被惊呆了,连声说:"算得巧,算得巧!"

接着老师告诉大家,这道题是我国古代算学经典《孙子算经》里的一道名题。据说在楚汉之争中,汉王刘邦的大将韩信还用这个方法点兵呢!

这年才刚满十四岁的华罗庚从没看过《孙子算经》,他只是平时肯下功夫,肯动脑筋钻研,才能想出这个特别的计算方法。

聪明在于学习，天才在于积累

这篇课文是华罗庚1956年在北京大学演讲的内容，华罗庚以科学家和作家为例，结合自己的学习经历，告诉我们聪明不是天生的，而是不断勤奋学习积累出来的，劝勉我们遇到困难不要气馁，要善于总结经验教训，不断积累知识，提高自身能力，这样才能最终获得成功。一起来看一下：

有的人在工作、学习中缺乏耐性和韧性，他们一旦碰了钉子，走了弯路，就开始怀疑自己是否有研究才能。其实，我可以告诉大家，许多有名的科学家和作家，都是经过很多次失败，走过很多弯路才成功的。有人看见一个作家写出一本好小说，或者看见一个科学家发表几篇有分量的论文，便仰慕不已，很想自己能够信手拈来，妙手成章，一觉醒来，誉满天下。其实，成功的作品和论文只不过是作家、学者们整个创作和研究中的极小部分，甚至数量上还不及失败作品的十分之一。大家看到的只是他们成功的作品,而失败的作品是不会公开发表出来的。

要知道,一个科学家在攻克科学堡垒的长征中,失败的次数和经验,远比成功的经验要丰富、深刻得多。失败虽然不是什么令人快乐的事情,但也决不应该因此气馁。在进行研究时,研究方向不正确,走了些岔路,白费了许多精力,这也是常有的事。但不要紧,可以再调换方向进行研究。更重要的是要善于吸取失败的教训,总结已有的经验,再继续前进。

根据我自己的体会,所谓天才,就是坚持不断的努力。有些人也许觉得我在数学方面有什么天分,其实从我身上是找不到这种天分的。我读小学时,因为成绩不好,没有拿到毕业证书,只拿到一张修业证书。初中一年级时,我的数学也是经过补考才及格的。但是说来奇怪,从初中二年级以后,我就发生了一个根本转变,因为我认识到既然我的资质差些,就应该多用点儿时间来学习。别人学一小时,我就学两小时,这样,我的数学成绩得以不断提高。

一直到现在我也贯彻这个原则:别人看一篇东西要三个小时,我就花三个半小时。经过长期积累,就多少可以看出成绩来。并且在基本技巧烂熟之后,往往能够一个钟头就看懂一篇人家看十天半月也解不透的文章。所以,前一段时间的加倍努力,在后一段时间能收到预想不到的效果。

是的,聪明在于学习,天才在于积累。

1 分钟了解季羡林

人物名片

季羡林（1911—2009），字希逋，又字齐奘。国际著名东方学大师、语言学家、文学家、史学家、教育家和社会活动家。精通英、德、法、俄文，还有梵文、巴利文，尤精于吐火罗文。

1911年出生于山东聊城清平县。

6岁到济南投奔叔叔，进入私塾读书。

10岁开始学习英文，高中开始学德文。

7岁上小学。

18岁转入省立济南高中。

1930年考入清华。

1935年赴德国留学。

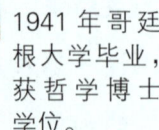
1941年哥廷根大学毕业，获哲学博士学位。

2009年7月11日逝世。

1984年任北京大学校务委员会副主任等职务。

1978年被任命为北京大学副校长。

季羡林：
语言大师

> **吴宓**
> （1894—1978）：
> 文学评论家、国学大师、诗人，清华大学国学院创办人之一，被称为中国比较文学之父。

> **叶公超**
> （1904—1981）：近代著名外交家、书法家。他在14年的教授生涯中培养了无数英才，桃李遍天下，钱锺书、季羡林、杨振宁等都曾是他的学生。

1911年8月6日，季羡林出生于山东清平县（今临清市）一个农民家庭。六岁时到济南投奔叔叔，开始进入私塾读书。七岁进入山东省立第一师范学校附设小学读书。十岁开始学英文，高中开始学德文，并对外国文学产生兴趣。十八岁转入省立济南高中，国文老师是翻译家董秋芳先生，季老后来说："我之所以五六十年来舞笔弄墨不辍，全出于董老师之赐，我毕生难忘。"

1930年，季羡林考入清华大学西洋文学系，师从**吴宓**（mì）、**叶公超**等人学习英文和梵（fàn）文。大学期间，他以优异的成绩获得家乡清平县政府所颁奖学金。

1935年9月，根据清华大学文学院与德国交换研究生协定，清华招收赴德研究生，季羡林被录取，前往德国求学。留学期间，季羡林学习了梵文、巴利文、吐火罗文以及俄文、南斯拉夫文、阿拉伯文等。同时学习多门语言，朋友们笑称他简直是"自我折磨"。

在德国留学时，有一年的冬天特别冷，学生们每到吃饭时间就迫不及待地赶到食堂，以免去晚了吃不到热菜热饭。季羡林却总是最后一个到食堂，买最便宜的饭菜，一边吃饭一边看书。时间一长，厨师们才了解到季羡林由于经济拮据，特意避开用餐高峰，选择在没人的时候买最便宜的饭菜充饥。厨师们非常喜欢这个好学的年轻人，纷纷为他出谋划策，劝他在大学外做一些兼职，以缓解经济压力。季羡林却苦笑着摇摇头说："我兼职打工，虽然可以让自己的生活过得舒服一些，但是留学时间太短，我想利用这有限的时间学到更多知识，早日回国尽力，让我的国家富强起来。"听了季羡林的话，大家都很受感动。在随后很长一段时间里，善良的厨师们总是尽量多地给这个勤奋而坚强的中国男孩留一些热菜。

1941年，季羡林从德国哥廷根大学毕业，获哲学博士学位，回国后受聘为北京大学教授兼东方语言文学系主任，从事教务、科研和翻译工作。他全身心地投入到学术研究中，每天清晨四点多便起床写作，他家里的灯永远是

语文书里的"大人物"

北京大学校园里熄得最晚、亮得最早的那一盏。后来季羡林又被任命为北京大学副校长、中国外国文学学会副会长、中国外语教学研究会会长、中国语言学会会长、中国史学会常务理事等，并以学者身份先后出访德国、日本、泰国等，进行学术交流。

季羡林一生勤勉，学术领域涉及十多个方面，精通十二国语言，翻译了大量作品，几十年来，写下了一千一百多万字的学术专著，一百多万字的散文，在中华传统文化、文学理论、语言学、文化学、历史学、中国翻译史、比较文学等领域均卓有建树。

季羡林一生培养了六千多名弟子，其中三十人成为驻外大使。作为誉满国内外的学术大师，他却没有半点架子和派头。在北大校园里，他经常穿一身洗得发白的卡其布中山装、圆口布鞋，提着一个20世纪50年代生产的人造革旧书包，像一个普通的工友。他总是面带笑容，和蔼可亲，同他谈话，如沐春风，绝不会让人感到紧张局促。有一年秋天，北京大学新学期开学时，一个外地来的学生背着大包小包走进校园，可能实在太累了，就把包放在路边休息。这时正好一位老人走过来，这位同学就拜托老人给自己看一下包，自己轻装去办理入学手续，老人爽快地答应了。近一个小时过去了，当这位同学返回时，老人还在那尽职尽责地守着那些大包小包，同学谢过老人后就到宿舍去了。在北大的开学典礼上，这位同学惊讶地发现，主席台上就座的北大副校长季羡林正是那一天替自己看行李的老人。

2006年，九十六岁的季羡林荣获感动中国人物奖，正如颁奖辞所言：智者永，仁者寿，长者随心所欲。一介布衣，言有物，行有格，贫贱不移，宠辱不惊。学问铸成大地的风景，他把心汇入传统，把心留在了东方。

（五年级下册）

月是故乡明

"月是故乡明"出自杜甫的诗《月夜忆舍弟》，全诗为：戍鼓断人行，边秋一雁声。露从今夜白，月是故乡明。有弟皆分散，无家问死生。寄书长不达，况乃未休兵。这首诗写于安史之乱时期，抒发了杜甫在离乱之际对故乡和亲人的思念，其中"露从今夜白，月是故乡明"一句由于特别能引起人们的共鸣而被广为传诵，作者借这句诗作为文章题目，将思乡之情表达得深切真挚。来看课文：

每个人都有个故乡，每个人的故乡都有个月亮。人人都爱自己故乡的月亮。

开篇点明主旨：人人都爱故乡的月亮。文字很平淡，但平淡之中自有深情。

但是，如果只有孤零零一个月亮，未免显得有点儿孤单。因此，在中国古代诗文中，总有什么东西给月亮当陪衬，最

中国近现代人物篇 下

多的是山和水，比如"山高月小""三潭印月"，不可胜数。我的故乡是在山东西北部的大平原上。我小的时候，从来没有见过山，也不知山为何物。我曾幻想，山大概是一个圆而粗的柱子吧，顶天立地，好不威风。后来到了济南，才见到山，恍然大悟：山原来是这个样子啊！因此，我在故乡望月，从来不同山联系。像苏东坡说的"月出于东山之上，徘徊于斗牛之间"，完全是我无法想象的。

至于水，我故乡的小村子却到处都是。几个大苇坑占了村子面积的一多半。在我这个小孩子眼中，虽不能像洞庭湖"八月湖水平"那样有气派，但也颇有烟波浩渺之势。到了夏天，黄昏后，我躺在坑边场院的地上，数天上的星星。有时候在古柳下面点起篝火，然后上树一摇，成群的知了飞落下来，比白天用嚼烂的麦粒去粘要容易得多。我天天晚上乐此不疲，天天盼望黄昏早早来临。

这两段一段写山一段写水，由古诗文中给月亮当陪衬最多的山和水过渡到自己家乡的环境，自己的家乡是大平原，没有山，只有小时候幻想的样子。至于故乡的水，虽只

三潭印月： 西湖最大的岛屿，西湖十景之一，被誉为"西湖第一胜境"。岛南湖中建有三座中空石塔，月明之夜，在中空的塔内点上蜡烛，洞口蒙上薄纸，烛光外透，塔影、云影、月影融成一片，烛光、月光、湖光交相辉映，呈现出"天上一轮月，湖中影成三"的绮丽景色，三潭印月因此得名。

语文书里的"大人物"

是几个小时候自认为烟波浩渺的大苇坑，却承载着童年的快乐，体现出作者对故乡的眷恋和怀念。

到了更晚的时候，我走到坑边，抬头看到晴空一轮明月，清光四溢，与水里的那个月亮相映成趣。我当时虽然还不懂什么叫诗兴，可觉得心中油然有什么东西在萌动。有时候在坑边玩很久，才回家睡觉。在梦中见到两个月亮叠在一起，清光更加晶莹澄澈。

前面从月亮引申到山水，这里又从山水带回到月亮。大家可以找个有月光的夜晚去感受一下作者说的那种内心萌动的感觉。夜空中一轮明月，清光四溢，与水中月亮的倒影相映成趣，也许你会感受到一种诗的意境，并且特别想用文字表达出来。

我在故乡只待了六年，以后就离乡背井，漂泊天涯。在济南住了十多年，在北京度过四年，又回到济南待了一年，然后在欧洲住了近十一年，又回到北京，到现在已经四十多年了。在这期间，我曾到过将近三十个国家，看到过许许多多的月亮。在风光旖旎的瑞士**莱芒湖**上，在无边无垠的非洲大沙漠中，在碧波万

莱芒湖：
也称日内瓦湖（法国称莱芒湖）。这是阿尔卑斯湖群中最大的一个，横跨法国、瑞士两国。

顷的大海中，在巍峨雄奇的高山上，我都看到过月亮。这些月亮应该说都是美妙绝伦的，我都非常喜欢。但是，看到它们，我立刻就会想到故乡苇坑上面和水中的那个小月亮。对比之下，我感到这些广阔世界的大月亮，无论如何比不上我那心爱的小月亮。不管我离开我的故乡多远，我的心立刻就飞回去了。我的小月亮，我永远忘不掉你！

  这一段通过开头几句看似啰唆的表达，写了作者在四十多年漫漫离乡旅途中见过的许许多多的月亮，这些月亮都是美妙绝伦的，但在作者心目中无论如何也比不上故乡苇坑上的那一轮小月亮。作者拿世界各地见到的月亮与故乡的月亮作对比，表达对故乡的深深眷恋和思念。这里有个排比句用得特别好，"在风光旖旎的瑞士莱芒湖上，在无边无垠的非洲大沙漠中，在碧波万顷的大海中，在巍峨雄奇的高山上……"里面几个四字词语"风光旖旎""无边无垠""碧波万顷""巍峨雄奇"，我们在写景时也可以学习使用。

  我现在年事已高，住的朗润园是燕园胜地。夸大一点儿说，此地有**茂林修竹**，绿水环

茂林修竹： 出自东晋王羲之《兰亭集序》："此地有崇山峻岭，茂林修竹。"

流,还有几座土山点缀其间,风光无疑是绝妙的。每逢望夜,一轮当空,月光闪耀于碧波之上,上下空蒙,一碧数顷,荷香远溢,宿鸟幽鸣,真不能不说是赏月胜地。荷塘月色的奇景,就在我的窗外。然而,每逢这样的良辰美景,我想到的却仍然是故乡苇坑里的那个平凡的小月亮。

这段写作者步入老年,住在燕园的赏月胜地朗润园,虽然有荷塘月色的奇景,心中想的却仍然是故乡苇坑里的那轮平凡的小月亮,流光难返,思乡情切,其中有追忆,有惆怅,有留恋,有惋惜。这种感情表达得很微妙,非常细致。

月是故乡明,我什么时候能够再看到我故乡的月亮啊!

最后一段就一句话,是对前文的呼应。前文作者回忆了故乡与童年生活,进而想到自己几十年漂泊异乡,不禁发出何时能再看到故乡月亮的慨叹,思乡之情自然迸发,把全文的情感推向高潮。

语文书里的"大人物"

(升级版)

外国人物篇 上

浦宇平 编著

山东科学技术出版社

·济南·

图书在版编目（CIP）数据

语文书里的"大人物"：升级版 / 浦宇平编著. -- 济南：山东科学技术出版社，2024.3
ISBN 978-7-5723-1730-9

Ⅰ.①语… Ⅱ.①浦… Ⅲ.①名人－生平事迹－世界 Ⅳ.①K811

中国国家版本馆CIP数据核字(2023)第140465号

语文书里的"大人物"（升级版）
YUWENSHULI DE "DARENWU" (SHENGJI BAN)

责任编辑：李海英　韩晓萌　张梦叶

主管单位：山东出版传媒股份有限公司
出 版 者：山东科学技术出版社
　　　　　地址：济南市市中区舜耕路517号
　　　　　邮编：250003　电话：（0531）82098088
　　　　　网址：www.lkj.com.cn
　　　　　电子邮件：sdkj@sdcbcm.com
发 行 者：山东科学技术出版社
　　　　　地址：济南市市中区舜耕路517号
　　　　　邮编：250003　电话：（0531）82098067
印 刷 者：山东临沂新华印刷物流集团有限责任公司
　　　　　地址：临沂市高新技术产业开发区新华路
　　　　　邮编：276017　电话：（0539）2925659

规格：32开（148 mm×210 mm）
印张：21　　字数：270千　　印数：1~10000
版次：2024年3月第1版　　印次：2024年3月第1次印刷
定价：158.00元（全6册）

点一盏灯

我在二十岁做校园媒体的时候就爱写深度报道、人物访谈，总试图在时效的事件背后，探寻人性的幽微，挖掘潜藏的规律。把新闻做成历史，是我求学生涯的理想之一。

可惜造化弄人。大学毕业后，半推半就地裹挟在互联网的浪潮里，犹如一叶扁舟漂浮在时代巨轮的身侧，看似劈波斩浪，其实是随波逐流，在价值无从锚定的汪洋之上颠簸浮沉。总有人说，迎上了风口猪也会起飞——可我不想做一头猪，哪怕是一头会飞的猪。

于是手脚并用呼哧带喘地游上岸，希望脚踩大地，可以找到足以锚定更长时间、跨越更大时空的意义和价值。所幸之前做校园媒体时的习惯还顽强地留在身上，读一本书，听一则故事，聊一段掌故，我所关心的还是背后的人物、性情，或规律。白纸黑字的一段光荣事迹

或是故纸堆里的一则人物生平，总让我觉得死气沉沉，而穿透文字和历史的迷雾，让这个人活生生地站到面前来，给他拍拍土、抖抖尘，一切都鲜活了。

小时候，总想"做个大人物""创番大事业"。而今身处现实丛林，踩着前人的脚印，努力踏出一条未必通往远大前程的道路，即便无人问津，却也渐渐悟出一些人活一世的意义。

孔子的伟大，不是因为"大成至圣先师"的名号——那是后世帝王粉饰太平的说辞，而是因为他"累累若丧家之狗"，在礼崩乐坏的时代，知不可为而为之，给华夏文明留下了一个孤独而高大的背影。

苏轼的伟大，不是因为诗书画俱佳的后世评价——那不过是天纵英才的毫末技艺，而是因为他以区区一介书生，短短几十年光阴，在迷雾中艰难前行，给知识分子留下一条"也无风雨也无晴"的归途。

哥伦布的伟大，不是因为开辟了通往新世界的航路——那惊涛骇浪的航路写满了贪婪和残酷，而是因为他独辟蹊径又坚持不懈，以超拔的顽强，为人类树起了一面勇敢闯荡、永不言弃的大旗。

闻一多的伟大，不是因为他在最后一次演讲时抛却

生死的大义凛然——那是热血沸腾的激愤呼告，而是他以诗人的赤子之心、以名士的孤傲气节，"铁肩担道义，辣手著文章"，给后学晚辈树起一座善恶分明的丰碑。

这才是大人物，这才是大事业。

大人物之"大"，是因其不以被人记住作为追求，但历史记住了他们，因为有了他们，这个世界才变得美好。

生活在这个已有无数大人物生活过的世界上，是我们的幸运。而人活一世的意义也在于此——以绵薄之力行必行之路，以赤子之心知不可为而为，在迷雾中奋力前行，为这个美好的世界点一盏灯，让它变得更加五光十色。

未来是我们的，更是你们的。

愿在前行的路上，遇到你。

于上海

目录 CONTENTS

列夫·托尔斯泰

1分钟了解列夫·托尔斯泰 / 1
列夫·托尔斯泰：渴望平等博爱的大文豪 / 3
课文赏析　穷人 / 13
课文赏析　跳水 / 22

屠格涅夫

1分钟了解屠格涅夫 / 29
屠格涅夫：慧眼识才的"伯乐" / 30
课文赏析　麻雀 / 41

马克·吐温

1分钟了解马克·吐温 / 47
马克·吐温：用幽默直面灰暗人生 / 48
课文赏析　威尼斯小艇 / 56

维克多·雨果

1分钟了解维克多·雨果 / 64
雨果：用理想之光点亮法兰西 / 65
课文赏析 "诺曼底号"遇难记 / 76

法布尔

1分钟了解法布尔 / 86
法布尔：为昆虫唱响生命之歌 / 88
课文赏析 蜜蜂 / 94
课文赏析 蟋蟀的住宅 / 98

1分钟了解列夫·托尔斯泰

人物名片

列夫·托尔斯泰（1828—1910），俄国批判现实主义作家、思想家、哲学家，代表作有短篇小说《阿尔贝特》，中篇小说《青年》，长篇小说《战争与和平》《安娜·卡列尼娜》《复活》等。

17岁时考入喀山大学。

20多岁时被调往多瑙河战线参加战斗。

1828年8月出生于俄国一个贵族庄园。年幼失去父母，由亲戚抚养成人。

1859年开始为农民子弟创办学校。

服役期间，写出了《童年》《少年》《青年》等作品。

1855年11月离开军队回到圣彼得堡。

1869年发表《战争与和平》。

1877年创作《安娜·卡列尼娜》。

1910年11月于阿斯塔波沃车站逝世。

1899年出版《复活》。

列夫·托尔斯泰：
渴望平等博爱的大文豪

1828年8月28日，托尔斯泰出生于距莫斯科两百多千米的一个贵族庄园，父亲是个善良而略带忧郁的人，管理着庄园中的各种事务。母亲精通四国语言，博览群书，兴趣广泛，每当夜幕降临，家中就会传出琅琅的读书声。在托尔斯泰不到两岁的时候，母亲就去世了，他由善良而坚强的姑母抚养长大。他们家有写记事簿的习惯，托尔斯泰七岁时就主动承担起这项任务，在记事簿上留下了稚拙而又端正的字迹。为了能在记事簿上写出更多精彩的词句，托尔斯泰爱上了阅读，他常常一头钻进家中藏书丰富的图书室，忘了吃饭和睡觉，那些图书成了他精神世界的天堂。

十七岁时，托尔斯泰考入**喀山大学**，攻读土耳其语和阿拉伯语，第二年转到法律系

> **喀山大学：**
> 成立于1804年，是俄罗斯继圣彼得堡大学和莫斯科大学之后成立的第三所大学。

语文书里的"大人物"

卢 梭

(1712—1778):法国18世纪启蒙思想家、哲学家、教育家、文学家,民主政论家和浪漫主义文学流派的开创者,启蒙运动代表人物之一。

学习。像很多贵族公子哥一样,托尔斯泰喜欢参加各种各样的社交活动,同时对哲学产生了浓厚的兴趣,读了卢梭等人的作品。两年后,托尔斯泰退学回乡,在自家领地上进行农奴制改革的尝试。虽然出身贵族,但他对底层农奴充满着同情。他关心农民疾苦,创办农民子弟学校,用平等和欣赏的眼光看待他们。

1851年,二十三岁的托尔斯泰和他的兄长前往高加索当兵。很快,托尔斯泰被派往多瑙河战线参加战斗,表现勇敢。

经历了战争的托尔斯泰对生死有了不一样的思考,服役期间,写出《童年》《少年》《青年》等作品。随着阅历的增加,托尔斯泰的创作慢慢走向成熟,进入了创作的第一个高峰期。1869年,他发表了人生中第一部里程碑式的作品——《战争与和平》。这是一个大部头作品,托尔斯泰用了六年的时间才写成。1877年,托尔斯泰创作出第二部里程碑式的作品——《安娜·卡列尼娜》。这时的托尔斯泰有了更多家庭生活的经历，思想也更加成熟。"幸福的家庭都是相似的，不幸的家庭各有各的不幸"是这部小说的开场白。该书通过主人公安娜追求爱情的悲剧和列文在农村面临危机而进行改革与探索这两条线索，描绘了俄国从莫斯科到外省乡村广阔而丰富多彩的图景，先后描写了一百五十多个人物，是一部社会百科全书式的作品。

托尔斯泰在六十多岁时开始动笔写《复活》，花了整整十年时间才完成。《复活》是托尔斯泰第三部里程碑式的作品，被誉为"俄国批判现实主义发展的高峰"。之所以说是里程碑式的，不仅是因为小说写得好，还因为在这部作品中我们可以看到托尔斯泰自我批判、自我反省、自我发现的过程。

托尔斯泰不仅是文学家，也是一位思想家，他痛恨社会的不公，痛恨剥削和特权，反对政府的暴力统治，希望国家变革。他经常在日记中对自己做出尖刻的批评，同时又写下充满委屈的辩解。他一生经历过很多次思想危机，厌恶、鄙夷自己的贵族身份和贵族生活。他关心底层人民的困苦，到土地上跟农民一起劳动，自己耕地，自己做衣服、缝鞋子，帮农民盖房子，拒绝所有贵族身

亚斯纳亚·波利亚纳庄园：
列夫·托尔斯泰的诞生地，他的大半生都在这里度过。

份带给他的奢侈的东西。

可以说，从十九岁到八十三岁的六十多年中，托尔斯泰一直在尝试将自身的小我投入到全人类中，希望拯救人类的灵魂，开拓一个博爱平等的世界。但现实与他的思想总是截然相反，他为穷人所做的努力并没有得到政府的支持，这就造成了他内心的极大痛苦。

尤其是到了晚年，托尔斯泰的思想危机越来越严重，无法纾解。为了摆脱这种痛苦，1910年深秋的一个夜晚，托尔斯泰在医生的陪同下，悄悄乘上一辆马车离开了家。不幸的是，大约半个月后，他就身患肺炎在阿斯塔波沃车站逝世，这位伟大文学家的人生就此谢幕。遵照他的遗言，他的遗体被安葬在<u>亚斯纳亚·波利亚纳庄园</u>的森林中，坟上没有竖立墓碑和十字架……

延伸阅读

俄国文坛最亮的那束光

在美国一所知名大学的课堂上，一位教授曾给同学们讲世界文学史。当讲到托尔斯泰在文学史上的地位时，教授想了一会儿，说："请靠窗的同学把窗帘拉上。"窗帘拉上之后，教授又让同学们把灯也全部关上。

教室里顿时一片漆黑，在黑暗中，教授打开了前排的灯，教室里恢复了一点儿亮光，这时教授讲话了："现在这一排灯给教室带来了一点儿光亮，在俄国文学的星空中，这一束光就是屠格涅夫。"屠格涅夫是俄国响当当的批判现实主义作家，也是一位剧作家，著名的《猎人笔记》就出自他手。

紧接着，教授打开第二排灯，教室里又明亮了些。"现在又多了一些光亮，这些光代表的是果戈理。"教授说道。果戈理是俄国著名戏剧家，其代表作《钦差大臣》享誉全世界。

很快,教授打开了第三排灯:"这第三排灯带来的光就是契诃夫。"契诃夫与欧·亨利、莫泊桑并称为世界短篇小说三巨匠,《变色龙》《装在套子里的人》等小说写得非常精彩。

接着,第四排灯也亮了。"在俄国文学的星空中,这排灯带来的光代表的是普希金。"教授悠悠地说道。普希金是俄国著名诗人,诗歌《假如生活欺骗了你》不知鼓舞了多少人。

教室逐渐亮了起来,教授打开最后一排灯:"这排灯带来的光是写下深刻剖析人心之作《罪与罚》的陀思妥耶夫斯基。"

教室里的灯全部亮了,但还没讲到正主,同学们不禁议论纷纷。只见教授放下手中的书,走到窗边,哗地一下拉开了窗帘,明亮的阳光穿透玻璃照进教室,洒在讲台上,教授感慨道:"这束最亮的光就是列夫·托尔斯泰!"教室里顿时响起热烈的掌声。

果戈理、普希金、契诃夫都是非常了不起的文学家、思想家。果戈理的戏剧、普希金的诗文堪称一绝,契诃夫的小说更是构思巧妙,扣人心弦。但俄国文学史上那束照进昏暗的最亮的光,是列夫·托尔斯泰。

托尔斯泰的笔记

托尔斯泰一生著作无数,《战争与和平》《安娜·卡列尼娜》《复活》等鸿篇巨制,至今依然光芒四射。这一切成就都离不开托尔斯泰的一个好习惯——写日记。在列夫·托尔斯泰作品集中,光日记就有八十多本,他把自己的所见所闻、所思所感事无巨细都往日记上写。他从十九岁开始写日记,一直写到临终前,几乎没有中断过。

托尔斯泰的身边永远带着铅笔和笔记本,读书和谈话时碰到一些美妙的地方都会随手记下来。有一次,一位朋友来看望托尔斯泰,两人刚说了几句话,托尔斯泰就掏出本子记,朋友感到很奇怪,就问他:"你在本子上记的什么啊?""我记的就是你啊。"托尔斯泰微笑着回答。朋友还是有些不明白,继续问道:"我有什么好记录的?"托尔斯泰放下手中的笔,认真地说:"什么都可以记录,世上所有真实的东西都是有趣的。"无论在什么地方,他总是用一双富有洞察力的眼睛注视着一切,观察记录着一切有意义有趣味的东西,为自己的文学创作积累素材。

也许同学们会觉得生活中没有那么多有趣的东西可写,其实有趣还是无趣,关键是你从什么角度去看、去思考。

语文书里的"大人物"

梁实秋

(1903—1987)：原名梁治华，字实秋，中国著名的现当代散文家、学者、文学批评家、翻译家，国内研究莎士比亚的权威。其散文集创造了中国现代散文著作出版的最高纪录。

在很多作家的笔下，无趣的日常会变得非常有趣。比如写《理发》，理发有什么点可以写啊？我们大多数人都觉得理发很无聊，搞得脖子里有碎头发不说，跟个木头一样呆坐着也着实不舒服。而梁实秋就把这种"不舒服"写出了调侃的感觉：一块白绸布往你身上一罩，不见得是新洗的，往往是斑斑点点的如虎皮宣。随后是一根布条在咽喉处一勒。……头发是以剪为原则，但是附带着生薅硬拔的却也不免，最适当的抗议是对着那面镜子狞眉皱眼的做个鬼脸，而且希望他能看见。人的头生在颈上，本来是可以旋转自如的，但是也有几个角度是不大方便的，理发匠似乎不大顾虑到这一点，他总觉得你的脑袋的姿势不对，把你的头扳过来扭过去，以求适合他的刀剪。我疑心理发匠许都是孔武有力的，不然腕臂间怎有那样大的力气……理发匠的行为举止，理发者的心态，理发过程中的各种反应，被梁实秋写得惟妙惟肖，而且通过理发这件事还引申出对人、对生活的一些想法，让理发这件无聊的事一下子变得有意思起来。

还有丰子恺写拔牙,直接写成了《口中剿匪记》:因为我口中所剩十七颗牙齿,不但毫无用处,而且常常作祟(suì),使我受苦不浅。现在索性把它们拔光,犹如把盘踞要害的群匪剿尽,肃清,从此可以天下太平,安居乐业……比喻得很恰当,写得也是相当精彩。

钱锺书先生曾一个人呆坐在房子里,面对一扇窗户浮想联翩,写出一篇优美的散文《窗》。钱老信手拈来,借助常见的窗子,以小见大,直击心灵。文中说:有了门,我们可以出去;有了窗,我们可以不必出去。窗子打通了大自然和人的隔膜,把风和太阳逗引进来,使屋子里也关着一部分春天,让我们安坐了享受,无需再到外面去找。在作者的笔下,窗户不仅是窗户,更折射出一种人生哲理。再比如,文中还说:从门进来的,至多是客人,也只能是客人;而从窗子里钻进来的,无论是小偷还是情人,都是决心来做主人的。这句其实是作者引用诗人**缪塞**在《少女做的是什么梦》

钱锺书
(1910—1998):江苏无锡人,原名仰先,字哲良,后改名锺书,中国现代作家、文学研究家,代表作有《围城》《宋词选注》等。

缪 塞:
19世纪法国浪漫主义作家、诗人。

语文书里的"大人物"

平哥叮咛：
写日记不需要多规范，一个本子一支笔就够了，遇到有意思的事，有什么灵感、什么想法，读到好的句子，或者别人讲的笑话都可以记录下来。闲来翻一翻，你就会发现原来看似平凡的生活也可以有滋有味。

中的妙语，缪塞说得妙，钱锺书用得又何尝不妙？所以托尔斯泰的这句"世上所有真实的东西都是有趣的"取决于你有没有一双慧眼去发现这些有趣的东西，有没有足够的思考可以联想到一些有趣的东西。

很多文学家都有记日记的习惯，比如鲁迅。鲁迅日记的内容一般都是今天发生了什么事、见了谁、收了多少稿费等，跟备忘录差不多。胡适也写日记，他的日记也很简短，大多是他思想变化和寻知求识的记录，还有参加的文学活动和交友的实录等。

不要小看这个习惯，这一点对我们每个同学来说都很重要。俗话说得好，好记性不如烂笔头，记忆力再强，有些东西时间久了也会遗忘。日常生活中记录下来的东西往往非常鲜活，而且是能够打动你的，这些东西积累下来，就会变成你创作的素材，激发你的创作灵感。同学们经常说写作文没有素材，主要还是日常积累不够，所以平时要多观察、多记录。

课文赏析（六年级上册）

穷　人

《穷人》这篇文章可以说是短篇小说中的经典之作，我在讲课时选用的频率很高，小说无论是文笔、结构还是对人物形象的刻画，都相当好。虽然文章标题为"穷人"，但全文没出现一个"穷"字，却把穷人穷到什么地步刻画得十分真切，我们一起来感受一下。

渔夫的妻子桑娜坐在火炉旁补一张破帆。屋外寒风呼啸，汹涌澎湃的海浪拍击着海岸，溅起一阵阵浪花。海上正起着风暴，外面又黑又冷，这间渔家的小屋里却温暖而舒适。地扫得干干净净，炉子里的火还没有熄，食具在搁板上闪闪发亮。挂着白色帐子的床上，五个孩子正在海风呼啸声中安静地睡着。丈夫清早驾着小船出海，这时候还没有回来。桑娜听着波涛的轰鸣和狂风的怒吼，感到心惊肉跳。

第一段主要是环境描写，前半部分讲的是自然环境，天气很恶劣，刮着海风，又黑又冷；后半部分讲的是桑娜家里的环境：地扫得干干净净、食具闪闪发亮、孩子安静地睡着。托尔斯泰在写小说开篇的时候选择了一个很常用的方法——环境描写，然后通过环境描写把人物推出来：勤劳、节俭、能干的家庭主妇桑娜，为一家人生活奔波在海上捕鱼的丈夫，还有五个安睡的孩子。这是一个怎样的家庭，读者已经了然于心。通过环境描写，读者甚至可以窥探到人物的性格特点。虽然贫穷，但是家里干净、温暖而舒适；虽然外面狂风大作，但是家中五个孩子睡得很安然。细细品来，每一句话都有深意。我们写文章常喜欢直说：外面刮着大风，屋里收拾得很干净，桑娜是一个很勤劳的人，她的丈夫很辛苦等，这种一览无余的文章会让读者失去阅读的兴趣。

古老的钟发哑地敲了十下，十一下……始终不见丈夫回来。桑娜沉思：丈夫不顾惜身体，冒着寒冷和风暴出去打鱼，她自己也从早到晚地干活，还只能勉强填饱肚子。孩子们没有鞋穿，不论冬夏都光着脚跑来跑去；吃的是黑面包，菜只有鱼。不过，孩子们都还健康，没什么可抱怨的。桑娜倾听着风暴的声音，"他现在在哪儿？老天啊，保佑（yòu）他，救救他，开开恩吧！"她自言自语着。

这段写出了当时社会底层劳动人民生活的艰辛，同时也为下文呈现桑娜和她丈夫的高贵品质做了一个铺垫。虽然托尔斯泰出身贵族，但是他痛恨社会不均，顾惜劳苦大众的生活状况。

睡觉还早。桑娜站起身来，把一块很厚的围巾包在头上，提着马灯走出门去。她想看看灯塔上的灯是不是亮着，丈夫的小船能不能望见。

因为担心丈夫的安全，桑娜要出门看看，从而过渡到下文看望生病的女邻居。

海面上什么也看不见。风掀起她的围巾，卷着被刮断的什么东西敲打着邻居小屋的门。桑娜想起了傍晚就想去探望的那个生病的女邻居。"没有一个人照顾她啊！"桑娜一边想一边敲了敲门。她侧着耳朵听，没有人答应。

读到这里，我们就比较明确地知道故事的重点不是丈夫出事，因为有新的人物进来了，那就是女邻居西蒙。从桑娜担心丈夫到走出门外，然后借由"卷着被刮断的什么东西敲打着邻居小屋的门"这个声音，将故事情节继续推进，把读者的视线巧妙地引到了生病的邻居身上。

"寡（guǎ）妇的日子真困难啊！"桑娜站在门口想，"孩子虽然不算多——只有两个，可是全靠她一个人张罗，如今又加上病。唉，寡妇的日子真难过啊！进去看看吧！"

这一段通过桑娜的心理活动说明了邻居的情况：邻居是寡妇，家里没有劳动力，只有两个幼小的孩子，而她自己又生病了，日子过得很艰辛。交代邻居情况的同时也表现了桑娜的善良。真正的善良是什么？是在你自己填不饱肚子的时候想着别人饿，自己没水喝的时候想着别人渴。托尔斯泰非常善于表现这些东西，桑娜自己已经很贫穷了，还能想着去同情和帮助另一个穷人，这是很难能可贵的品质。

桑娜一次又一次地敲门，仍旧没有人答应。

"喂，西蒙！"桑娜喊了一声，心想，莫不是出什么事了？她猛地推开门。

桑娜敲门一直没有人应答，所以心想也许西蒙出事了，于是猛地推开门，推门看到了什么呢？吸引着读者往下读。结构设计上非常巧妙，层层递进，将故事推到了高潮。

屋子里没有生炉子，又潮湿又阴冷。桑娜举起马灯，想看看病人在什么地方。首先投入眼帘的是对着门的一张床，床上仰面躺着她的女邻居。她一动不动。

邻居果然出事了。至此小说正式进入高潮部分，首先还是环境描写。凡是出现场景切换的时候都可以加一个环境描写，就像是戏剧，一幕结束又到了新的一幕。通过环境描写让读者对邻居家有个整体的认知，对故事的走向有个初步的预设。

桑娜把马灯举得更近一些，不错，是西蒙。她头往后仰着，冰冷发青的脸上显出死的宁静，一只苍白僵硬的手像要抓住什么似的，从稻草铺上垂下来。就在这死去的母亲旁边，睡着两个很小的孩子，都是卷头发、圆脸蛋，身上盖着旧衣服，蜷（quán）缩着身子，两个浅黄头发的小脑袋紧紧地靠在一起。显然，母亲在临死的时候，拿自己的衣服盖在他们身上，还用旧头巾包住他们的小脚。孩子呼吸均匀而平静，睡得正香甜。

在这个新场景中，有一位死去的母亲和两个可爱的孩子。一道难题摆在桑娜面前：要不要把孩子抱回去呢？毕竟她家太穷了，而且已经有五个孩子，再抱回两个，拿什么养活他们呢？我们来看桑娜是怎么做的。

桑娜用头巾裹住睡着的孩子，把他们抱回家里。她的心跳得很厉害，自己也不知道为什么要这样做，但是觉得非这样做不可。她把这两个熟睡的孩子放在床上，让他们同自己的孩子睡在一起，又连忙把帐子拉好。

桑娜没多想就把孩子抱回了家，虽然不知道自己为何这么做，但她觉得必须这样做。主人公内心的善良由此可见。可现实的问题仍然存在，家里条件实在太糟糕，所以桑娜心跳得很厉害。

　　桑娜脸色苍白，神情激动。她忐忑(tǎn tè)不安地想："他会说什么呢？这是闹着玩的吗？自己的五个孩子已经够他受的了……是他来啦？……不，还没来！……为什么把他们抱过来啊？……他会揍我的！那也活该，我自作自受……嗯，揍我一顿也好！"

　　门吱嘎一声，仿佛有人进来了。桑娜一惊，从椅子上站起来。

　　"不，没有人！天啊，我为什么要这样做？……如今叫我怎么对他说呢？……"桑娜沉思着，久久地坐在床前。

　　这部分用七个省略号真实准确地表现了桑娜当时极度矛盾的心情，她由开始的担心丈夫为何没回来变成担心丈夫会突然回来，因为她不知道该如何跟丈夫解释，毕竟这不是一件小事，他们家的现实条件太糟糕了。她不知道丈夫能不能理解、赞同自己的做法。即便有一万个担心，她还是觉得自己必须这么做。这是一段很纠结的心理活动描写。读到此，我们也会和桑娜一起担心：她的丈夫会不会同意桑娜的做法呢？

　　门突然开了，一股清新的海风冲进屋子。魁(kuí)梧黧(lí)黑的渔夫拖着湿淋淋的被撕破了的渔网，一边走进来,一边说:"嘿,我回来啦,桑娜!"

"哦,是你!"桑娜站起来,不敢抬起眼睛看他。

丈夫平安回来了,要是往常,桑娜也许早就冲上去拥抱安慰辛苦的丈夫,可今天她不敢抬头看他。

"瞧,这样的夜晚!真可怕!"

"是啊,是啊,天气坏透了!哦,鱼打得怎么样?"

桑娜附和丈夫,内心非常不安。

"糟糕,真糟糕!什么也没有打到,还把网给撕破了。倒霉,倒霉!天气可真厉害!我简直记不起几时有过这样的夜晚了,还谈得上什么打鱼!还好,总算活着回来啦。……我不在,你在家里做些什么呢?"

渔夫说着,把网拖进屋里,坐在炉子旁边。

"我?"桑娜脸色发白,说,"我嘛……缝缝补补……风吼得这么凶,真叫人害怕。我可替你担心呢!"

"是啊,是啊,"丈夫喃喃地说,"这天气真是活见鬼!可是有什么办法呢!"

两个人的语言都很符合人物当时的处境,丈夫在感慨,桑娜在担心,所以一直有点儿魂不守舍。

两个人沉默了一阵。

"你知道吗?"桑娜说,"咱们的邻居西蒙死了。"

"哦?什么时候?"

"我也不知道,大概是昨天。唉!她死得好惨啊!两个孩子都在她身边,睡着了。他们那么小……一个还不会说话,另一个刚会爬……"桑娜沉默了。

桑娜跟丈夫描述邻居孩子的可怜,希望引起丈夫的同情,丈夫会不会同意收留邻居的孩子呢?托尔斯泰把悬念保留到了最后。

渔夫皱起眉,他的脸变得严肃、忧虑。"嗯,是个问题!"他搔搔后脑勺说,"嗯,你看怎么办?得把他们抱来,同死人待在一起怎么行!哦,我们,我们总能熬过去的!快去!别等他们醒来。"

这一段通过对丈夫的神态、语言、动作等描述,说明丈夫也跟桑娜一样,善良而又充满同情心。"我们总能熬过去的",一个"熬"字恰当地写出渔夫一家的苦日子,也准确地表现了他们面对困难时的坚强。

但桑娜坐着一动不动。

"你怎么啦?不愿意吗?你怎么啦,桑娜?"

"你瞧,他们在这里啦。"桑娜拉开了帐子。

丈夫的理解,让桑娜沉浸在激动和欣慰之中。"一动不动"一词恰如其分地表达了她当时的心情,收到了似平静又不平静的效果。最后一句话充满了母性的关爱,也充满了平静而坚韧的力量。

这篇课文多处用了环境描写。环境描写不仅可以用来交代事情发生的时间和背景，还可以用来渲染气氛，侧面烘托人物性格、心情等，是一种很好的写作方法。中国古诗词中也常常用到这种方法，比如"床前明月光"把人带到孤寂的夜晚；"白日依山尽"让人看到夕阳落山时的雄浑壮阔；"千山鸟飞绝"衬托出了冬天的凄清萧瑟……好的环境描写可以把读者"抓"到你的场景中，给人身临其境之感。

　　这篇小说非常值得我们仔细品读，无论是情节设置还是结构安排，无论是环境描写还是人物刻画，都突出地表现出主人公的性格特点，不仅对我们在作文中刻画人物是一个很好的借鉴，对我们自身也有一定的启迪，让我们学会发现人性中的闪光点，懂得什么是真正的善良。

跳 水

这篇《跳水》是托尔斯泰的儿童小说。托尔斯泰的儿童小说常常故意不点明题旨和寓意,他认为,结论是从故事里自然流露而出的,应该让孩子在阅读过程中自己去体悟。《跳水》这篇小说有大量的细节描写和动作描写,把一个看似平常的事情写得扣人心弦,可以说是神乎其技,相当经典。一起看课文:

一艘环游世界的帆船正往回航行。这一天风平浪静,水手们都在甲板上。一只猴子在人群里钻来钻去,模仿人的动作,惹得大家哈哈大笑。它显然知道大家拿它取乐,因而更加放肆(sì)起来。

第一段交代了事情发生的场景。海上风平浪静,水手们也很放松,被一只猴子逗得哈哈大笑。接着往下读,我们就会知道故事不仅仅发生在猴子和水手身上,还有船长的儿子，这个小男孩才是故事的主人公。

　　船长的儿子才十一二岁，他也笑得很开心。猴子忽然跳到他面前，摘下他的帽子戴在自己的头上，很快地爬上了桅（wéi）杆。水手们又大笑起来，只有那个孩子哭笑不得，眼巴巴地望着猴子坐在桅杆的第一根横木上，摘下帽子来用牙齿咬，用爪子撕（sī），好像故意逗他生气。孩子吓唬（hǔ）它，朝着它大喊大叫。猴子不但不理，还撕得更凶了。

　　这一段用一系列动作描写来表现猴子是如何放肆的。跳、摘、戴、爬、咬、撕，一连串的动作像是几个连贯而又不断切换的特写镜头，把猴子惹人的状态写得惟妙惟肖。小男孩的帽子被抢，又被咬被撕，他冲猴子大喊大叫，而猴子不但不理会，还撕得更凶，一系列反应逐渐掀起矛盾冲突。

　　水手们笑得更欢了，孩子却气得脸都红了。他脱了上衣，爬上桅杆去追猴子。他攀着绳子爬到第一根横木上，正要伸手去夺帽子，猴子比他更灵巧，转身抓着桅杆又往上爬。

　　"你逃不了！"孩子一边追赶一边喊。猴子还不时回过头来逗孩子生气。爬到了桅杆的顶端，它用后脚钩住绳子，把帽子挂在最高的那根横木的一头，然后坐在桅杆的顶端，扭着身子，龇（zī）牙咧（liě）嘴做着怪样。横木的一头离桅杆一米多。孩子气极了，他的手放开了绳子和桅杆，张开胳膊，摇摇晃晃地走上横木去取帽子。这时候，甲板上的水手全都吓呆了。孩子只要一失足，直摔到甲板上就没命了。即使他走到横木那头拿到了帽子，也难以回转身来。有个人吓得大叫了一声。孩子听到叫声往下一望，两条腿不由得发起抖来。

又是一连串的动作描写，脱、爬、追、夺、抓等几个动作将矛盾冲突推到了顶点，孩子爬得越来越高，越来越危险。"放开绳子""张开胳膊""摇摇晃晃"……读起来让人感到心惊胆战，为小男孩捏着一把汗，而在甲板上一直"看戏"的水手是什么反应呢？

水手们察觉了孩子的危险，全都惊呆了。有人吓得大叫，却不知道该怎么办。无论是直接描写，还是侧面烘托，都让我们倒吸一口凉气。那危险到底解决了吗？接着往下看：

正在这时候，船长从船舱里出来，手里拿着一支枪。他本来是想打海鸥的，看见儿子在桅杆顶端的横木上，就立刻瞄（miáo）准儿子，喊道："向海里跳！快！不跳我就开枪了！"

读到这里的时候，想必你也被惊呆了：怎么回事？父亲怎么能拿枪瞄准自己的孩子呢？他到底想怎么解决这个事情？

原来父亲是以此来威胁孩子赶紧往水里跳。船长是用逆向思维来解决问题的，因为此时无法确保孩子能安全回到甲板上，所以只能逼孩子往海里跳，船上有很多水手，跳入海里孩子得救的机会就会更大。

孩子心惊胆战，站在横木上摇摇晃晃的，没听明白他爸爸的话。船长又喊："向海里跳！不然我就开枪了！一！二！"刚喊出"三"，孩子纵身从横木上跳了下来。

扑通一声，孩子像颗炮弹一样扎进了海里。二十来个勇敢的水手已经跳进了大海：四十秒钟——大家已经觉得时间太长了。等孩子一浮上来，水手们就立刻抓住了他，把他救上了甲板。

一场危机被船长以一种极端的方式果断冷静地化解，孩子得救了。这也启示我们，在巨大的危机降临时，只有拿出向死而生的勇气奋力一搏，才能转危为安、化险为夷。

整篇文章思路线索非常清晰。如果托尔斯泰在写之前列提纲的话估计就是：猴子逗大家开心—猴子惹孩子—孩子陷入危险—船长救孩子—孩子得救了。层层递进，且时时处处都有大量的细节描写，包括语言、神态、动作等。

虽然文章篇幅很短，但十分简洁有力，这就是大文豪的手笔。

这篇课文中的动作描写，对同学们的写作是一个很好的借鉴。动作描写是塑造人物的主要手段。比如施耐庵要塑造武松的性格，就安排了一回"景阳冈武松打虎"，全是写武松怎样"打"，从动作上描写出武松的英雄本色和武艺高强。在对人或物进行动作刻画的时候，要注意人物行动的生动性和典型性。所谓生动性，指的是不仅要写出人物在做什么，还要写出他怎样做。所谓典型性，则指的是要写出人物为什么这样做，而不那样做。大家可以再回顾课文中有关孩子和猴子的动作描写，看看分别用了哪些词，表现了人物什么特征等。

平哥伴读

名人轶事

伯爵也是运动高手

有一次,一位法国青年拜访托尔斯泰。俩人一同散步闲聊,恰巧旁边有副单杠。青年跑过去,一跃而起,抓住单杠,做了几个动作,骄傲地说:"伯爵,这门艺术,您大概是外行吧?"

托尔斯泰笑了笑。

"文人不会武,这也不必苛求……"法国青年似乎怕托尔斯泰尴尬,连忙说道。

托尔斯泰看了看同伴,走到单杠下面,轻轻一跃,双手握杠,两腿挺直朝前一伸,往后一摆,轻松自如地做了几个难度很大的动作,像燕子那么轻巧自如。法国青年看得眼花缭乱。他哪里知道,骑马、打猎、游泳、滑冰、划船等运动,正是伯爵的爱好呢!当托尔斯泰从单杠上跳下来,法国青年心悦诚服地说:"伯爵,您单杠上的动作也是真正的艺术。"

托尔斯泰没有吭声,只是淡然地笑笑。

考点荟萃（一）

1. 下列属于列夫托尔斯泰作品的是（　　）。
   A.《战争与和平》　　B.《复活》
   C.《父与子》　　　　D.《变色龙》

2. 给下列加点字注音。
   A. 蜷（　　）缩
   B. 忐（　　）忑（　　）不安
   C. 魁（　　）梧 黧（　　）黑
   D. 龇（　　）牙 咧（　　）嘴

3.《穷人》这篇文章是（　　）国作家（　　）写的，他的代表作有（　　）（　　）。

1分钟了解屠格涅夫

人物名片

屠格涅夫（1818—1883），俄国批判现实主义作家、剧作家，被誉为"现实主义艺术大师"，代表作有《猎人笔记》《父与子》等。

- 1818年11月出生于俄国一个旧式富裕家庭。
- 1833年进入莫斯科大学文学系学习。
- 1834年进入彼得堡大学哲学系。
- 1838年前往柏林大学学习哲学。
- 1847年，在进步刊物《现代人》上发表《猎人笔记》。
- 19世纪50年代初，发表中篇小说《多余人日记》和《雅科夫·帕辛科夫》等。
- 1860年发表小说《前夜》。
- 1862年发表《父与子》。
- 1877年发表最后一部长篇小说《处女地》。
- 1883年9月病逝于巴黎。

语文书里的"大人物"

屠格涅夫：
慧眼识才的"伯乐"

1818年11月，屠格涅夫出生于俄国中部奥廖尔省的一个旧式富裕家庭，他的童年是在母亲的一个庄园度过的。奥廖尔省一带秀丽的自然风光，给屠格涅夫留下深刻的印象，在他之后的很多作品中都有出色的自然景色描写。

屠格涅夫的父亲是一位骑兵团团长，母亲则是一个虚荣专横的女农奴主，经常体罚仆人，有时甚至会因仆人一个小小的过失就把他们流放到寒冷贫瘠的西伯利亚。不仅如此，母亲的虚荣严酷也表现在对儿子的教育上。屠格涅夫小时候特别喜欢读寓言故事。一天，当地一位著名的作家到屠格涅夫家做客，屠格涅夫的母亲为了炫耀儿子的才能，便命令儿子："快朗诵一则先生写的寓言！"屠格涅夫朗诵得很流利，也很动听。作家非常高兴，亲切地问："你喜欢我的寓言故事吗？"屠格涅夫认真地回答："喜欢，但是我更喜欢克雷洛夫的寓

克雷洛夫：
俄国著名的寓言作家、诗人，与伊索和拉·封丹齐名。

言,他的寓言比您的更有趣一些!"大作家听了一点儿也没生气,他觉得这个孩子很诚实。可是屠格涅夫的母亲不高兴了,当即训斥了儿子一通,屠格涅夫不服气地争辩道:"克雷洛夫的寓言就是好!我怎么想就怎么说,难道您让我说假话吗?"

屠格涅夫长大之后回忆说:"在我生长的那个环境里,打人、骂人、拳头、耳光等,简直就是家常便饭。"农奴主的残暴行为在屠格涅夫的心中埋下了憎恶的种子,所以他的作品中常常会有对农奴制度的批判。尤其是《猎人笔记》这部小说,更是无情地揭露了农奴主的残暴和农奴们的悲惨生活。为此,屠格涅夫还因触犯到统治阶级的利益而被拘捕、放逐。

屠格涅夫憎恶农奴主,对那些生活困苦的人充满尊重和同情。在一次散步时,屠格涅夫碰到一个乞丐,他见那人可怜,便打算给他一些钱,可在衣袋里摸了半天,发现自己竟没有带钱包,于是满脸歉意地对乞丐说:"兄弟啊,实在对不起,我没带吃的东西,钱包也落在家里了。"乞丐一听,突然紧紧地抓住屠格涅夫的手,眼里噙满了泪水说:"谢谢您,谢谢您,先生!"屠格涅夫奇怪地问:"你谢我什么呢?我什么也没有给你啊。"乞丐答道:"我本来对这个世界已经不抱有什么希望了,没想到您竟然称我为兄弟,还向我表示歉意,谢谢您,您给了我活下去的勇气。"

语文书里的"大人物"

《童年》：
托尔斯泰的处女作，发表于1852年，与后来写的另外两部《少年》《青年》构成自传体小说三部曲。

屠格涅夫不仅诚实善良，而且懂得欣赏他人。1852年秋天，他在打猎时无意间捡到一本皱巴巴的《现代人》杂志，他随手翻了几页，竟被一篇题为《童年》的小说所吸引。小说的作者是一个初出茅庐的无名小辈，屠格涅夫十分欣赏，迫不及待地要结识这位"新的天才"。于是，他四处打听这位作者的情况，得知这个年轻人自幼父母双亡，是由姑母抚养照顾长大的，就在前不久，刚随哥哥去了高加索部队当兵。屠格涅夫对这位年轻人充满期待，几经周折，终于找到了他的姑母，表达了自己对这位年轻人的欣赏与肯定。姑母很快就写信告诉侄儿："你的第一篇小说引起了很大的轰动，连大名鼎鼎的作家屠格涅夫也逢人就称赞你。他说：'这位青年人如果能继续写下去，前途一定不可限量！'"年轻人收到姑母的信后欣喜若狂，《童年》那篇小说本是他因生活苦闷而信笔写来打发心中寂寥的，并无当作家的妄念。正是屠格涅夫的欣赏，点燃了他心中创作的火焰，让他找到了自信和人生价值。从此，他笔耕不辍，最终成为享有世界声誉的文学家和思想家，这个年轻人就是列夫·托尔斯泰。

外国人物篇 上

如果没有屠格涅夫的发现和鼓励，也许我们今天就无法读到《战争与和平》《安娜·卡列尼娜》《复活》等优秀的作品，更无法了解这位伟大的文学家传奇的人生了。欣赏，是一种理解和沟通，也包含了信任和肯定，是一种激励和引导，可以使人扬长避短，更健康地成长和进步。我们每个人都渴望被欣赏，也应该学会如何欣赏别人。

屠格涅夫善于体察社会生活中出现的新思潮，关心重大社会问题，追求生活真实，创作了很多优秀的中篇和长篇小说，最具代表性的有《猎人笔记》《贵族之家》《父与子》。此外，还有散文诗《傻瓜》、剧本《村居一月》等。在将近半个世纪的创作生涯中，屠格涅夫通过一系列作品，敏锐地反映了俄国社会思想发展过程中一系列重大事件。他的创作为俄国文学的发展做出了巨大贡献，被誉为"现实主义艺术大师"。从19世纪60年代起，屠格涅夫大部分时间居住在国外，他凭借自己杰出的才能和独特的人格魅力结交了许多著名作家、艺术家，如**福楼拜**、**莫泊桑**、**都德**等。他向西欧介绍俄国文学，尤其是托尔斯泰和普希金的作品。

福楼拜
（1821—1880）：法国著名作家，代表作有《包法利夫人》《情感教育》等。

莫泊桑
（1850—1893）：法国小说家，被誉为"世界短篇小说之王"。代表作有《羊脂球》《我的叔叔于勒》《漂亮朋友》等。

都 德
（1840—1897）：法国作家，代表作有《最后一课》《柏林之围》等。

19世纪70年代,屠格涅夫定居法国。1877年,他发表了最后一部长篇小说《处女地》。在生命的最后几年里,远离祖国的屠格涅夫在病榻上写了八十三篇散文诗,表达了他暮年的情怀。1883年9月,屠格涅夫病逝于巴黎。

初出茅庐 (chū chū máo lú)

释义 比喻刚进入社会或刚到工作岗位上来，缺乏经验。

例句 春天犹如一个初出茅庐的少年，刚刚踏上人生的征程。

近义词 初露头角　涉世未深

反义词 饱经沧桑　老马识途

成语典故

罗贯中在《三国演义》第三十九回中说："直须惊破曹公胆，初出茅庐第一功。"东汉末年，刘备三顾茅庐请出诸葛亮并拜为军师，但是关羽、张飞等人对他很不信服。没过多久，曹操派大将夏侯惇领十万大军攻打新野，诸葛亮手持刘备印剑，集众点将，命关羽带一千人马埋伏在豫山，放过敌人先头部队，看到起火，迅速出击；令张飞带一千人马埋伏在山谷里，待起火后，杀向博望坡；关平、刘封则带五百人马，在博望坡后面分两路等候，敌军一到，立刻放火；又把赵云从樊城调来当先锋，命他假败诱敌；刘备带一千人马作为后援。关羽忍不住问："我们都去打仗，先生干什么？"诸葛亮摇着鹅毛扇笑道："我在城中坐等。"张飞大笑道："我等都去拼命，先生你好逍遥！"诸葛亮说："印剑在此，违令者斩！"关羽、张飞无话，冷笑着走了。在战斗中，各将按诸葛亮吩咐行事，杀得曹兵丢盔弃甲。诸葛亮初次用兵，神机妙算，大获全胜。关羽、张飞等佩服得五体投地。

延伸阅读

屠格涅夫与托尔斯泰的故事

屠格涅夫与托尔斯泰因为彼此欣赏而成为知己,可之后两人决裂了十七年之久,最后又和好如初。两人之间发生的这段故事是俄国文学史上一段有趣的插曲。

屠格涅夫很早就发现了托尔斯泰的才华,并预言不久的将来,俄国文学的第一把交椅非托尔斯泰莫属。后来他们成为好友,也许是性格所致,托尔斯泰和屠格涅夫见面没几次便因观点不合发生了争吵,关系一直不温不火。

有一天,两人在朋友家相遇,就闲聊起来。

"老兄,今天想跟你谈谈我女儿的慈善事业,她在慈善活动中可是大放异彩啊。"屠格涅夫吸了一口烟悠悠地说道。他本想借此缓和与托尔斯泰的关系,没想到耿直的托尔斯泰对上流社会的慈善活动很是不屑,认为这些活动虚伪至极,于是毫不客气地说:"一个穿着华丽的少女,膝上放些肮脏不堪的破衣服,是在演一出言不由衷的戏。"

这句挖苦的话彻底惹恼了屠格涅夫，两人因此争论起来，而且越吵越凶，屠格涅夫生气地说："我真想抽你几个耳光。"说着还摆出抽耳光的姿势。托尔斯泰见状，直接拿起房间的一把步枪要跟他决斗，在朋友的劝说下事态才得以平息，但两人的关系从此破裂，这道裂痕整整延续了十七年之久。

其实这件事后不久，屠格涅夫就后悔了，他给托尔斯泰写了一封道歉信。但托尔斯泰似乎并没有买这位老朋友的账，一直没有回信。直到1878年，五十岁的托尔斯泰开始反省自己的一生，他想到了自己文学之路的导师和朋友屠格涅夫，为自己的执拗深感懊悔。于是，托尔斯泰给这位远在巴黎的六十岁老人发去一封真诚的道歉信。他在信中写道："我记得我在文学上的名望全靠您栽培，我还记得，您多么爱我的作品和我这个人。关于我，您可能也会有同样的回忆，因为有一个时期我是真诚地爱过您。我现在真诚地（如果您能原谅我的话）向您献出全部友谊。在我们这个年纪，唯一幸福的是与人们和睦相处。如果我们能建立这种关系，我将感到非常高兴。"年已花甲的屠格涅夫读完信后竟感动地哭了起来。

从此之后，两人放下芥蒂，彼此诚挚以待，他们的友情一直持续到彼此生命的终点。屠格涅夫在临终前还给正在经历思想危机的托尔斯泰留下了一封绝笔信，在信中表达了他作为托尔斯泰同时代人的欣慰,并鼓励托尔斯泰重新振作起来,继续回到文学事业上来。

语言大师屠格涅夫

屠格涅夫的小说语言简洁、质朴、精确、优美,善于通过恰当的语言、生动的情节以及对大自然情景交融的描述,塑造栩栩如生的人物形象,反映社会现实。

屠格涅夫的成名之作《猎人笔记》是一部通过一个猎人的狩猎活动而记述19世纪中叶俄国农村生活的随笔集。作品采用见闻录的形式,描写乡村山川风貌、生活习俗以及农民形象,揭露了当时地主丑恶残暴的本质,也生动地描述了人民对美好生活的追求和向往。

19世纪50—70年代是屠格涅夫创作的旺盛时期,他先后发表了长篇小说《罗亭》《贵族之家》《父与子》等作品。其中,《父与子》是屠格涅夫这一时期的代表作,主要描写了贵族代表基尔沙诺夫的"老朽"和新人代表——一个平民知识分子巴札罗夫之间的冲突,由此反映不同社会阶级力量的"父与子"的关系。这部小说发表后,引起了文学界的强烈反响。

(四年级上册)

麻　雀

《麻雀》选自屠格涅夫的《猎人笔记》，文章用生动、精练的语言，叙述了一只弱小的老麻雀在庞大凶猛的猎狗面前奋不顾身保护小麻雀的故事，歌颂了伟大的母爱。

我打猎回来，走在林荫路上。猎狗跑在我的前面。

突然，我的猎狗放慢脚步，悄悄地向前走，好像嗅到了前面有什么野物。

开头部分先声夺人，一下子把读者吸引住——猎狗突然发现了什么野物？

风猛烈地摇撼着路旁的白桦树。我顺着林荫路望去，看见一只小麻雀呆呆地站在地上，无可奈何地拍打着小翅膀。它嘴角嫩黄，头上长着绒毛，分明是刚出生不久，从巢里掉下来的。

这篇文章很值得我们学习的一点是，作者在描写中用的很多修饰词都是带有感情色彩的。比如"看见一只

语文书里的"大人物"

小麻雀呆呆地站在地上,无可奈何地拍打着小翅膀"中,"无可奈何"一词表现了麻雀的弱小无助,让人顿生怜爱之心。"它嘴角嫩黄,头上长着绒毛,分明是刚出生不久,从巢里掉下来的。""分明"一词也带有强烈的感情色彩。

猎狗慢慢地走近小麻雀,嗅了嗅,张开大嘴,露出锋利的牙齿。突然,一只老麻雀从一棵树上飞下来,像一块石头似的落在猎狗面前。它挓(zhā)挲(shā)起全身的羽毛,绝望地尖叫着。

猎狗在这里是反面形象,"慢慢地走近"表现出它的谨慎,"嗅了嗅,张开大嘴"表现了它的凶猛。"突然,一只老麻雀从一棵树上飞下来,像一块石头似的落在猎狗面前。"转折就在这里发生了,注意这里的比喻:像一块石头似的。麻雀怎么会像石头呢?这里主要体现它面对危险毫不迟疑,非常果敢地、迅猛地挡在猎狗面前,表达了老麻雀为救小麻雀所表现出的勇气和胆量。"绝望地尖叫着"又是带有感情色彩的描述,老麻雀很显然斗不过猎狗,所以它绝望地尖叫,它愿意付出生命的代价去挽救小麻雀。

老麻雀用自己的身躯掩护着小麻雀,想拯救自己的幼儿。可是因为紧张,它浑身发抖,发出嘶哑的声音,准备着一场搏斗。在它看来,猎狗是个多么庞大的怪物啊!可是它不能安然地站在高高的没有危险的树枝上,一种强大的力量使它飞了下来。

　　这里可以出一道阅读理解题，这种强大的力量是什么？答案就是母爱。因为母爱让老麻雀奋不顾身，产生了超越死亡的力量，这份力量把猎狗震住了，同时也让主人肃然起敬，赶紧唤回了猎狗。

　　猎狗愣住了，它可能没料到老麻雀会有这么大的勇气，慢慢地，慢慢地向后退。

　　我急忙唤回我的猎狗，带着它走开了。

　　读完全文，我们不觉长舒一口气，再回味一下，又觉得故事很有味道。这就是一篇好的记叙文，非常值得我们去体会，尤其是修饰词的运用，比如表示动作、衬托形象的"呆呆地""无可奈何地""慢慢地""挓挲"等，表示情绪和心理的"绝望""嘶哑""搏斗"等。这些词是如何推动全局发展的，都值得我们好好思考。

平哥伴读

言不由衷 (yán bù yóu zhōng)

释义 话不是打心眼里说出来的，即说的不是真心话，指心口不一致。

例句 他虽满口应下，但从他的表情可以看出他有些言不由衷。

近义词 口是心非　口蜜腹剑

反义词 言行一致　言之有信

成语典故

春秋时期，诸侯国郑国的实力强大，郑庄公任周朝的卿士，执掌朝政大权。时任周天子的周平王是一个软弱无能的人，他不得不依靠郑庄公处理朝政，却又对虢（guó）公忌父十分信任，想让他代替郑庄公处理朝政。郑庄公知道这件事后，对周平王特别不满。周平王非常害怕，赶紧向郑庄公解释说，他没有让忌父取代郑庄公的想法。为了取得郑庄公的信任，他和郑庄公互换人质，让周太子狐到郑国去做人质,而郑国公子忽则到周朝来做人质。公元前720年,周平王死去,他的孙子姬林继位,称周桓王。周桓王也想让忌父代替郑庄公掌管朝政。郑庄公知道后大怒,派大夫祭足领兵马把周朝温地的麦子抢割一空,并全部运送到郑国。到了秋天,祭足又带领兵马到周朝的成周一带,把那里的谷子全部割掉,运回郑国。周朝和郑国从此结下了仇怨。

《左传·隐公三年》在记载了这件事情以后,评论道:"信不由中,质无益也。明恕而行,要之以礼,虽无有质,谁能间之?"意思是说,言语不发自内心,即使互相交换人质也是没有用处的。双方如能设身处地、相互谅解,做事用礼仪来加以约束的话,就是没有人质,又有谁能破坏得了他们之间的关系?"信不由中"的"信",这里指人的言语;"中"同衷,是"内心"的意思。成语"言不由衷"就由此而来。

考点荟萃(二)

1. 屠格涅夫是（　　）。

    A. 19世纪俄国批判现实主义作家

    B. 18世纪中期英国喜剧作家

    C. 18世纪前期俄国批判现实主义作家

    D. 17世纪后期法国喜剧作家

2. 屠格涅夫的《猎人笔记》是（　　）。

    A. 长篇小说

    B. 随笔集

3. 成语"初出茅庐"说的是（　　）。

    A. 诸葛亮　　　　B. 赵云

    C. 张飞　　　　　D. 曹操

4. 课文《麻雀》选自屠格涅夫的（　　）。

    A.《猎人笔记》　　B.《父与子》

    C.《前夜》　　　　D.《村居一月》

1分钟了解马克·吐温

人物名片

马克·吐温（1835—1910），美国著名小说家、演说家，代表作有《百万英镑》《汤姆·索亚历险记》《哈克贝利·费恩历险记》。

1835年出生于美国密苏里州的一个乡村家庭。

12岁时外出打工，做过印刷厂学徒、报童等工作。

1852年发表处女作《拓殖者大吃一惊的花花公子》。

1863年开始使用笔名"马克·吐温"发表文章。

1865年发表幽默故事《卡拉韦拉斯县驰名的跳蛙》。

1872年出版《艰苦岁月》一书。

1876年出版长篇小说《汤姆·索亚历险记》。

1910年4月21日因病逝世。

马克·吐温：
用幽默直面灰暗人生

马克·吐温是美国著名的幽默大师、小说家、演说家，批判现实主义文学的奠基人，不仅在美国文学史上占有极其重要的位置，在世界文学史上也是有一席之地的。

1835年，马克·吐温出生于美国密苏里州的一个乡村家庭，家中有七个孩子，他排行第六。他的父亲是当地一名律师，收入微薄，家境拮据。在马克·吐温四五岁时，他们一家迁往密西西比河附近的一座小城。在他十二岁的时候，父亲不幸死于肺炎，家中唯一的经济来源中断了。马克·吐温不得不在本应上学的年纪外出打工，担负起养家的责任。这种经历在很多著名作家身上都出现过，丰富的人生阅历尤其是痛苦的经历于作家而言，其实也是一笔宝贵的财富。

马克·吐温最早从事的工作就是和文字打交道的，但那时纯粹是为了谋生。他先是在印刷厂当学徒，后来又干过送报员和排字工。这期间，他开始给哥哥奥利安创办的

《汉尼拔杂志》写稿，文章写得并不深刻，带有十六七岁少年所特有的青涩和懵（měng）懂，正是这种完全自我的表达让他在创作的过程中感受到了快乐，慢慢建立起对文字的热爱。1852年5月1日，马克·吐温在波士顿幽默周刊《手提包》上发表了他的处女作《拓殖者大吃一惊的花花公子》。

1858年，马克·吐温决定回到自己的故乡密苏里州。在途中，因为船票太贵，马克·吐温只好一边打工一边完成旅程，在这期间他成长为一名轮船领航员。马克·吐温的真名其实叫"萨缪尔·兰亨·克莱门"，因为他当时在与伙伴测量水深时要做标记，经常会听到伙伴喊"Mark Twain!"意思是"两个标记"，这是轮船安全航行的必要条件。可能是马克·吐温特别喜欢这个发音吧，所以后来发表文章时就用这个词做了自己的笔名。

除了当领航员，马克·吐温还当过矿工，后来又做过木材生意，不但没有成功，反而欠下不少债务。不得不说，马克·吐温还真是没有经商的头脑，没办法，只能靠"写作"来还债。之后他又到了一家报社工作。

马克·吐温笔耕不辍，作品产量越来越高，这与生活所迫也有一定关系。正因为饱尝了人间冷暖，看遍了人性丑恶，所以他的作品充满了强烈的正义感，有许多对社会不合理现象的揭露和对人性丑恶的鞭挞（tà）。

后来马克·吐温去往旧金山，在那里成为一名记者，并开始进行演讲。1867年，三十二岁的马克·吐温已经凭着幽默、犀利的语言风格在新闻界有了一些名气，在一次社会名流聚餐中，他认识了未来的妻子奥莉维亚·兰登，马克·吐温对奥莉维亚一见钟情。此后三年，他一边在事业上继续奋斗，一边与奥莉维亚保持联系，在连续给奥莉维亚写了一百八十四封求爱信后，二人举行了婚礼。婚后，马克·吐温还创办了一份《快报》，运转了一年左右就停办了。不过马克·吐温的创作一直没有停止，著名的《艰苦岁月》《威尼斯小艇》就是在这一时期诞生的。

三年后，他的岳父在康涅狄格州买下了一个农场，马克·吐温一家也搬到了那里，根据妻子奥莉维亚的设想，在那里建造了一栋大别墅，外墙刷着红色涂料，共有十九个房间，专门有一间供马克·吐温写作。从1874年至1891年长达十七年的时间里，马克·吐温一直住在这里。如今，这里已成为马克·吐温博物馆，很多到美国康涅狄格州的人都会情不自禁地想要去看一下这座曾经诞生了无数伟大作品的"红房子"。马克·吐温在那里写下了很多精彩的故事，比较有代表性的要数《汤姆·索亚历险记》《哈克贝利·费恩历险记》。其中，《汤姆·索亚历险记》

部分片段被选入小学六年级语文课本。这两部小说的主人公都是少年,马克·吐温在《汤姆·索亚历险记》序言中写道:"这本书里所描绘的冒险故事大多确有其事,其中一两件是我的亲身经历,其余是我儿时伙伴们的故事。"马克·吐温自己也说过,汤姆身上有他自己的影子。当时的马克·吐温已经结婚七八年了,有了两个可爱的女儿,一个四岁,另一个两岁。所以这部小说很可能是马克·吐温根据给孩子们讲的故事整理成书的。很多儿童文学作品都是这样产生的,比如《爱丽丝漫游奇境记》的内容来源就是作者刘易斯·卡罗尔给友人的女儿爱丽丝所讲的故事。

刘易斯·卡罗尔
(1832—1898):英国数学家、逻辑学家、童话作家。生性腼腆,患有严重的口吃,但兴趣广泛。

1904年,马克·吐温的妻子在意大利去世,他也进入了创作的最后阶段,他晚年的很多作品都是由他口述、秘书笔录的。1910年,马克·吐温因病去世。在半个多世纪的创作生涯中,这位著名作家为后世留下了无数辛辣、幽默而正义感十足的名篇,赢得了亿万粉丝,被誉为"美国文学中的林肯"。

林 肯
(1809—1865):指亚伯拉罕·林肯,美国第16任总统,在任期间主导废除了美国的黑人奴隶制。

我们通常说一个作家的作品大都与他的人生经历息息相关。马克·吐温写作的最初目的也许只是谋生，但他独特的人生阅历让他的认知更为丰厚，他的笔下注入了自己的思想和时代缩影，既富于独特的个人机智与妙语，又不乏深刻的社会洞察与剖析，这使他的作品脱离了一般庸俗的格调，充满了时代的活力。

延伸阅读

世界上有很多美好的品质，比如善良、温柔、坚强等。另外还有一种品质稍显"异类"，它看似滑稽，实则意味深长，包含着智慧、大度、谦虚，这就是幽默。幽默在特定场合往往能显示出无与伦比的力量。马克·吐温就是这样一个幽默的人。

大文豪与蚊子

有一天，马克·吐温到某旅店投宿。朋友告诉他此地的蚊子很多，白天晚上都有，而且特别聪明，叮人很厉害。马克·吐温在服务台登记的时候，正好有一只蚊子飞过来，他就对服务员说："早听说此地的蚊子特别聪明，果不其然，它竟然知道预先来看看我的房间号码，以便夜晚对号光临，饱餐一顿。"服务员听后不禁大笑。结果那一夜马克·吐温睡得很好，服务员因为他幽默的话语而记住了他的房间号码，提前进入房间做好了灭蚊防蚊的工作。

方式对了很多事情就事半功倍,马克·吐温以蚊子"聪明"预先来看房间号码以备饱餐的玩笑话,来提醒服务员做好防蚊工作,使自己享受了一整晚的好睡眠。这与其说是大文豪怎么对付蚊子,不如说他善于揣摩人心。

这个小故事充分体现出马克·吐温的情商和智慧,他知道怎样用幽默的方式去达到自己的目的,而又不伤害别人。如果一本正经、煞有介事,会让人听了不舒服;如果趾高气扬,以训诫的口吻说反而会让人讨厌;如果能用幽默的方式委婉地处理问题,效果很可能会不太一样。

死亡时间提前了

有一年愚人节,纽约的一家报纸为了愚弄众人,报道了一则马克·吐温去世的消息。于是,吊唁的人流纷纷向马克·吐温家涌去。当人们看到出来的竟是马克·吐温本人时,又惊讶又气愤,纷纷谴责那家报纸对马克·吐温的这种大不敬行为。马克·吐温却没有发火,而是幽默地说:"报纸报道我死是千真万确的,只不过日期提前了一些。"

马克·吐温如此一说,这件尴尬(gān gà)的事儿就被巧妙地化解了。

课文赏析

（五年级下册）

威尼斯小艇

这篇《威尼斯小艇》是马克·吐温的一篇写景散文，语言优美、富有情趣，展现了瑰丽的异国风情。

威尼斯是世界闻名的水上城市，河道纵横交错，小艇成了主要的交通工具，等于大街上的汽车。

看到第一句话，就让读者产生一种猎奇心，竟然还有城市是建在水上的？建在水上的城市，人们如何出行呢？原来他们的交通工具是小艇。

威尼斯的小艇有二三十**英尺**长，又窄又深，有点像独木舟。船头和船艄（shāo）向上翘（qiào）起，像挂在天边的新月；行动轻快灵活，仿佛田沟里的水蛇。

这一段从长度、宽度和形状三个方面写小

威尼斯：
位于意大利东北部，始建于451年，迄今已有一千五百多年的历史，是世界著名的旅游胜地。

英　尺：
英美制长度单位，一英尺等于0.3048米。

外国人物篇 上

艇的外观特点,用了两个比喻句,一个是"船头和船艄向上翘起,像挂在天边的新月","新月"就是上弦月,符合小艇的特征。另一个是"行动轻快灵活,仿佛田沟里的水蛇",以水蛇作比,能很好地体现小艇狭长而又轻巧灵活的特点。

我们坐在船舱里,皮垫子软软的像沙发一般。小艇穿过一座座形式不同的石桥。我们打开窗帘,望望耸立在两岸的古建筑,跟来往的船只打招呼,有说不完的情趣。

这一段主要写小艇内部和游客的感受。

船夫的驾驶技术特别好。行船的速度极快,来往船只很多,他操纵自如,毫不手忙脚乱。不管怎么拥挤,他总能左拐右拐地挤过去。遇到极窄的地方,他总能平稳地穿过,而且速度非常快,还能急转弯。两边的建筑飞一般地倒退,我们的眼睛忙极了,不知看哪一处好。

这一段写船夫的驾驶技术高超,用行船速度极快、来往船只很多、极窄的地方也能平稳穿过等侧面描写来反衬。

商人夹了大包的货物,匆匆走下小艇,沿河做生意。青年妇女在小艇里高声谈笑。许多孩子由保姆伴着,坐着小艇到郊外去呼吸新鲜的空气。老人带了全家,坐着小艇上教堂去作祷(dǎo)告。

作者的笔触渐渐从威尼斯小艇过渡到威尼斯的人,照应前文指出的"小艇"是主要的交通工具。

半夜,戏院散场了,一大群人拥出来,走上了各自雇(gù)好的小艇。簇拥在一起的小艇一会儿就散开了,消失在弯曲的河道中,远处传来一片哗笑和告别的声音。水面上渐渐沉寂,只见月亮的影子在水中摇晃。高大的石头建筑耸(sǒng)立在河边,古老的桥梁横在水上,大大小小的船都停泊在码头上。静寂笼罩着这座水上城市,古老的威尼斯又沉沉地入睡了。

最后一段是优美的夜景描写,写城市从热闹到寂静的过程,其实仍然是在写小艇的作用,只要人们有活动,就会有小艇在行进,进一步强调小艇与人们的生活息息相关。结尾"古老的威尼斯又沉沉地入睡了",一个"又"字表达出人们的生活周而复始,而小艇也这样周而复始地在人们的生活中发挥着重要作用。作者说这座城市沉沉入睡也是用拟人的手法来表达自己对这座城市的无比热爱之情。

纵观全文,作者紧扣小艇,介绍了无论是白天还是夜晚,人们的生活都与小艇息息相关。抓住特点把人们的活动同景物、风情结合起来,景、物、人相互联系,使文章充满了生气。作者之所以能把威尼斯小艇及与小艇有关的事物写得如此具体生动,是同仔细观察分不开的。同学们在生活中也要学习作者的观察方法,培养勤于观察的习惯。

> **延伸阅读**

金钱的魔力

《金钱的魔力》节选自马克·吐温的短篇小说《百万英镑》，文章通过"我"到裁缝店买衣服时，先遭到冷落，后又备受关注的故事，淋漓尽致地刻画了小市民以钱取人、金钱至上的丑态。作者以略带夸张的艺术手法，揭露了当时英国社会的拜金主义思想。这篇小说很能体现出马克·吐温的写作风格，我们通过此文来感受一下马克·吐温小说中的讽刺与幽默。

我等候着，一直等到他把手头的事办完，他才领着我到后面的一个房间去，取出一堆人家不肯要的衣服，先选了一套蹩（bié）脚的给我。我把它穿上。衣服并不合身，而且一点儿也不好看，但它是新的，我很想把它买下来，便没有挑剔，只是颇为胆怯地说道："请你们通融通融，让我过几天再来付钱吧。我身上没有带着零钱哩。"

那个家伙摆出一副非常刻薄的嘴脸，说道："啊，是吗？哼，当然我也料到了你没有带零钱。我看像你这样的阔人是只会带大票子的。"

这可叫我冒火了，于是我说："朋友，你对一个陌生人可别单凭他的穿着来判断他的身份吧。这套衣服的钱我完全出得起，我不过是不愿意叫你们为难，怕你们换不开一张大钞票罢了。"

他一听这些话，态度稍改了一点儿，但是他仍旧有点儿摆着架子回答我："我并没有恶意，可是你要开口教训人的话，那我倒要告诉你，像你这样凭空武断，认为我们换不开你身边可能带着的什么大钞票，那未免是瞎操心，恰恰相反，我们换得开！"

我把那张钞票交给他，说道："啊，那好极了，我向你道歉。"

他微笑着接了过去，那种笑容是遍布满脸的，里面还有折纹，还有皱纹，还有螺旋纹，就像你往池塘里抛了一块砖那个样子；当他向那张钞票瞟了一眼的时候，这个笑容就马上牢牢地凝结起来了，变得毫无光彩，恰像你所看到的维苏威火山边上那些小块平地上凝固起来的波状的、满是蛆（qū）虫似的一片一片的熔岩一般。我从来没有看见过谁的笑容陷入这样的窘（jiǒng）况。老板赶紧跑过来，看看是怎么回事，他兴致勃勃地问道："喂，怎么回事？出了什么岔子吗？"

我说:"什么岔子也没有。我在等他找钱。"

"好吧,好吧,托德,快把钱找给他,快把钱找给他。"

托德回嘴说:"把钱找给他!说说倒容易,先生,请你自己看看这张钞票吧。"

老板望了一眼,吹了一声轻快的口哨,一下子钻进那一堆被顾客拒绝接受的衣服里,把它来回翻动,同时一直很兴奋地说着话,好像在自言自语似的:

"把那么一套不像样子的衣服卖给一位脾气特别的百万富翁!托德简直是个傻瓜——天生的傻瓜,老是干出这类事情。把每一个大阔佬都从这儿撵(niǎn)跑了,因为他分不清一位百万富翁和一个流浪汉,老是没有这个眼光。啊,我要找的那一套在这儿哩。请您把您身上那些东西脱下来吧,先生,把它丢到火里去吧。请您赏脸把这件衬衫穿上,还有这套衣服;正合适,好极了——又素净,又讲究,又雅致,简直就像个公爵穿得那么考究。这是一位外国的亲王定做的——您也许认识他呢,先生,就是哈利法克斯公国的亲王殿下,因为他母亲病得快死了,他只好把这套衣服放在我们这儿,另外做了一套丧服去——可是后来他母亲并没有死。不过那都没有问题,我们不能叫一切事情老照我们……我是说,老照他们……哈!裤子没有毛病,非常合您的身,先生,真是妙不可言,再穿上背心,啊哈,又合适!再穿上上衣——我的天!您瞧吧!真是十全十美——全身都好！我一辈子还没有缝过这么得意的衣服呢。"

我也表示了满意。

"您说得很对，先生，您说得很对。这可以暂时对付着穿一穿，您等着瞧我们照您自己的尺寸做出来的衣服是什么样子吧。喂，托德，把本子和笔拿来，快写。腿长三十二……"我还没有来得及插上一句嘴，他已经把我的尺寸量好了，并且吩咐赶制晚礼服、便装、衬衫，以及其他一切。后来我有了插嘴的机会，我就说：

"可是，老兄，我可不能定做这些衣服呀，除非你能无限期地等到我付钱，要不然你能换开这张钞票也行。"

"无限期！这几个字还不够劲儿，先生，还不够劲。您得说永远永远——那才对哩，先生。托德，快把这批定货赶出来，送到这位先生公馆里去，千万别耽误。让那些小主顾们等着吧。把这位先生的住址写下来，过天……"

"我快搬家了。我随后再来把新住址给你们留下吧。"

"您说得很对，先生，您说得很对。您请稍等一会儿——我送您出去，先生。好吧——再见，先生，再见。"

名人轶事

苹果换刷墙

马克·吐温小时候,因为做错事被妈妈罚去刷围墙。围墙比他的头顶还高出许多。他把刷子蘸上灰浆,刷了几下就不想刷了,他坐下来看着高高的围墙,刷的部分和没刷的相比,就像一滴墨水滴落在一个球场上,他顿觉灰心丧气。

不一会儿,他的伙伴罗伯特走来,还啃着一个大苹果,看着清脆多汁的苹果,马克·吐温直流口水,他灵机一动,很认真地刷起墙来,每刷一下都仔细打量一下效果,活像一个大画家在修改作品。

"我要去游泳,看来你去不了。"罗伯特说,"你得干活,是吧?"

"什么,你说这叫干活?这活正合我的胃口,哪个小孩能像我一样天天刷墙玩呢!"马克·吐温卖力地刷着,显出特别开心的样子。罗伯特看得入了迷,连手里的苹果也不香了。

"让我刷刷看。"他急切地说。

"我不给。"马克·吐温拒绝了。

"我把苹果给你吃。"罗伯特恳求道。

"这样么……那给你吧。"马克·吐温装作不情愿的样子把刷子递给罗伯特,然后坐到阴凉处吃起苹果来。

1分钟了解维克多·雨果

人物名片

维克多·雨果（1802—1885），著名作家，法国浪漫主义文学领袖、人道主义的代表人物，代表作有《巴黎圣母院》《悲惨世界》等。

1831年浪漫主义长篇小说《巴黎圣母院》问世。

1802年出生于法国一个军官家庭。

1822年发表诗集《颂歌与杂诗》。

1851年被迫流亡国外。

1843年创作剧本《卫戍官》。

1856年出版诗集《静观集》。

1862年长篇小说《悲惨世界》问世。

1874年长篇小说《九三年》问世。

1885年5月在巴黎与世长辞。

雨果：
用理想之光点亮法兰西

我曾看到过这样一幅漫画：画面中有很多作家，其中一位骑在飞马上，意气风发，另外几位坐在马尾上，因为能跟随先驱，个个脸上洋溢着兴奋自豪的神情。在飞马的后面，还有一些作家在飞奔追赶，累得气喘吁吁，还有几位作家只能望着风驰电掣（chè）的飞马，仰天长叹。

画中这位骑在马上引领风骚的先驱者就是法国浪漫主义文学领袖、人道主义的代表人物维克多·雨果。

1802年2月26日，维克多·雨果出生于法国贝桑松市的一个军官家庭，他的父亲是拿破仑麾（huī）下的一位将军，为人宽厚仁慈。母亲喜欢读书，正是在母亲的引导和培育下，雨果凭借自己的聪慧和勤奋，走上了文学创作之路。

雨果还有两个哥哥，母亲要求儿子们顺从、有礼貌、守时守信，他们都严格按照母亲的教诲去做。

雨果从小爱写诗，但学校老师极力反对，常给他布置大量家庭作业。母亲觉得孩子写诗没有错，正当的兴趣爱好父母应当支持。雨果十七岁那年，母亲鼓励他参加诗歌创作比赛。可是，诗还没写好，母亲突然得了重病，雨果日夜守护在母亲身边，完全没有心思写作。当母亲从昏迷中醒来时，第一句话就关切地问："参赛的诗集寄出没有？"雨果低着头说："因为照顾母亲，我还没有写好。"母亲为此感到非常痛心。雨果看到母亲难过，深感不安，于是等母亲睡着以后，便在床边作起诗来，一夜没合眼，一直写到自己满意为止。清晨，母亲睁开眼，看见床头上的诗稿，欣慰地笑了，她对雨果说："不论做什么事情，遇到什么困难，都要有毅力才行！"

　　雨果在一夜之间写出的那首一百二十行的诗，名为《亨利四世铜像修复颂》。雨果凭这首诗夺得了诗歌比赛的首奖——金百合奖。在母亲的鼓励下，雨果的诗作水平越来越高，二十岁时发表的诗集《颂歌与杂诗》，备受国王路易十八喜爱，还因此赐给他年金。

　　一个烈日炎炎的夏日正午，雨果经过法国市区的一个广场，看到木柱上绑着一个年轻的女仆，据说是犯了所谓的"仆役盗窃罪"。这位女仆面庞消瘦，头发散乱，破烂的衣服半遮着身体，一道道血红的印子清晰可见。一个刽子手钳起一根烧红的烙铁，狠狠地向她裸露的肩背按下去，那女子顿时发出撕心裂肺的惨叫……这一声惨叫深深震撼了雨果，成了他"心灵上永远不能磨灭的呼喊"。这一人间惨剧正是当时残暴社会的缩影,在雨果心中留下了深深的烙印。在雨果以后的作品中,常常可以发现那位可怜女子的影子。

1831年,雨果的浪漫主义长篇小说《巴黎圣母院》问世,小说描写了善良的吉卜赛少女爱斯梅拉达在中世纪封建专制下备受摧残和迫害的悲剧故事,雨果通过这部作品表达了对底层民众深切的同情和对黑暗封建专制的无情批判。小说一出版,立即轰动了法国乃至世界文坛。

1851年,由于国内政局动荡,雨果被迫开启了长达十九年的流亡生涯。这段背井离乡、充满寂寞苦闷的时光,恰恰成了雨果最多产的时期。

1862年,雨果花费了近二十年时间创作的另一部浪漫主义巨著《悲惨世界》问世。书中揭露了资本主义社会的尖锐矛盾,描写了下层人民的痛苦命运,全面反映了19世纪前半期法国的社会政治生活,小说受到全世界人民的追捧。据说雨果在赶写《悲惨世界》这部作品时,苦于社交活动占去大量的时间,于是就想了个绝招:把自己的头发和胡须分别剃去半边。当有朋友来邀请他出席社交活动时,他就指指自己滑稽的相貌,这样一来他就可以谢绝社交约会而专心写作了。

1870年3月,六十八岁的雨果结束流亡生活回到巴黎,受到巴黎人民的热烈欢迎。

1885年5月22日,一代文豪维克多·雨果去世。法国政府取消了所有的会议为他举行国葬,两百多万人的送行队伍从凯旋门所在的星形广场一直延伸到周围的每一条大街,只为目送这位曾经用理想点亮整个法兰西的老人。这位伟大的文学家去世之前,曾立下遗嘱:我要把五万法郎捐给穷人,我希望自己能躺在穷人的灵车上前往墓地。我拒绝所有教堂为我祷告,我要求一种为所有灵魂进行的祷告。我相信上苍……

维克多·雨果的一生几乎跨越整个19世纪,文学生涯长达六十年之久,创作力经久不衰。雨果一生著有大量的诗歌、小说、戏剧作品,代表作有小说《巴黎圣母院》《悲惨世界》《九三年》,诗集《沉思》和《世纪传奇》,戏剧《克伦威尔》和《赫尔纳尼》等,被人们称为"法兰西的莎士比亚"。他的许多作品,如《巴黎圣母院》和《悲惨世界》还被改编成世界著名的音乐剧在各地演出。除此之外,雨果还是一位画家,一生创作了四千多幅画作,其

> **凯旋门:**
> 位于巴黎市中心戴高乐广场,是现今世界上最大的一座圆拱门。

> **莎士比亚**
> (1564—1616):英国文学史上杰出的戏剧家、作家。其代表作有四大悲剧:《奥赛罗》《哈姆雷特》《李尔王》《麦克白》,四大喜剧:《威尼斯商人》《仲夏夜之梦》《皆大欢喜》《第十二夜》,以及戏剧《罗密欧与朱丽叶》等。

中还有几幅中国版画。雨果非常喜欢中国,可惜他没有到过中国,那几幅中国版画是他根据自己的想象创作的。

雨果的一生是创作的一生,是为自由平等奋斗的一生,他的作品有着强大的感召力,饱含着对底层人民深切的同情,深受世界人民的喜爱。在他离世百年后,联合国教科文组织将1985年定为"雨果年"。在法国历史上,还没有第二个人享受过如此殊荣。

雨果和他的母亲

雨果的母亲性格坚定,不受羁束,脸上总是带有一丝骄傲的神情。她对孩子们管教非常严格。有一次,雨果看到别的同学穿着时髦的服装,不禁动了心。母亲提醒雨果:"一个人的价值在于他的才学,而不在他的衣饰。"雨果曾经回忆道:"严厉的、有保留的温情,正常的严格的纪律,既不让孩子们放任自流,也不使孩子们事事不知。经常进行一些富有教育意义的严肃的谈话,这便是那种如此深沉、专注、细心的母爱的主要特征……"

雨果小时候,母亲每天只给他两个苏(法国原辅助货币)的零花钱,雨果从不乱花,渐渐养成了节俭的好习惯。他学习用的练习本,都是自己买纸用线订成的,他就在这样的本子上练习写诗。从写满第十一个本子起,母亲开始将他的作品保存起来。虽然雨果自己觉得那些诗"写得很糟糕",但他的母亲不这么认为,她从儿子身上坚持不懈的韧劲看到了他的未来,她热切地期待儿子的诗作问世。

为了让孩子们能读到更多的书,母亲专门在阅览室办了注册,经常打发孩子们去那里看书。兄弟三人趴在阅

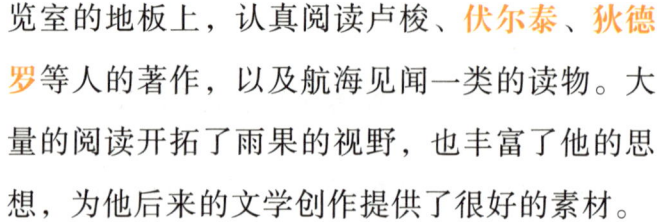

语文书里的"大人物"

伏尔泰：
18世纪法国启蒙思想家、文学家、哲学家。

狄德罗：
法国启蒙思想家、唯物主义哲学家、作家，百科全书派的代表人物。

览室的地板上，认真阅读卢梭、伏尔泰、狄德罗等人的著作，以及航海见闻一类的读物。大量的阅读开拓了雨果的视野，也丰富了他的思想，为他后来的文学创作提供了很好的素材。

1821年夏天，雨果的母亲因肺炎不愈去世。夜晚，他独自一人站在墓碑旁，泪流满面，悲伤得抬不起头来，母亲的声音仿佛又出现在他的耳边："勤奋耐劳，是通往成功的必由之路。"

名言名句

- 人生下来不是为了拖着锁链,而是为了展开双翼。

- 各种各样的蠢事,在每天阅读好书的作用下,仿佛烤在火上的纸一样渐渐燃尽。

- 上天给予人一分困难时,同时也添给人一分智力。

- 在逆境中,把俯视墓穴的悲痛,转换为仰望星空的情感。

- 世界上最宽阔的东西是海洋,比海洋更宽阔的是天空,比天空更宽阔的是人的心灵。

- 我们无法在时间的长河中垂钓,但我们可以将对苦难的诘问化为觅渡的力量。

延伸阅读

"贩卖笔杆"的雨果

有一次,雨果出国旅行,到达边境时,宪兵要检查登记,就问他:"姓名?"

"雨果。"

"干什么的?"

"写东西的。"

"以什么谋生?"

"笔杆子。"

于是宪兵就在登记簿上写道:"姓名:雨果;职业:贩卖笔杆。"

"贩卖笔杆"虽然只是雨果旅行过程中的一个笑话,但不得不说,很多优秀的文学作品都是在他的笔杆下应运而生的。

世界上最短的信

雨果写完《悲惨世界》之后，将书稿投寄给一位出版商。稿子寄出很长一段时间都没有回音，于是，他在纸上画了一个很大的"?"寄给了出版商。几天之后，出版商回信了，雨果拆开一看，信纸上也是一个字没有，只画了一个大大的"!"。雨果看到之后特别欣慰，果然，他的《悲惨世界》不久就出版了，并大获成功。这两封没有字的信至今仍为人们津津乐道。

类似的故事在德国大诗人**歌德**身上也发生过，歌德曾收到过一封朋友寄来的信，拆开一看，一张小小的信笺（jiān）上只有四个字"身体很好"，另外几张信笺则全是空白。很快，歌德的这位朋友就收到一个很重的邮包，打开一看，里面竟是一块石头，压着一张信笺，上面写着"获悉贵体康健，这块石头从我心上落地了。歌德"，风趣中不乏深意，也许这就是文学家特有的幽默和浪漫吧。

歌 德

（1749—1832）：德国著名思想家、作家、科学家，代表作有《少年维特之烦恼》《浮士德》等。

"诺曼底号"遇难记

雨果的这篇《"诺曼底号"遇难记》为我们讲述了一个惊心动魄、感人至深的故事,让我们对生命的意义有了更深的理解和思考。

1870年3月17日夜晚,哈尔威船长照例走着从南安普敦(dūn)到根西岛这条航线。大海上夜色正浓,烟雾弥(mí)漫。船长站在驾驶室里,小心翼翼地驾驶着他的"诺曼底号"。乘客们都进入了梦乡。

文章开头交代故事发生的时间以及当时的环境,主人公哈尔威船长也出现了。"照例"一词说明船长不是第一次走这条航线,对航线的情况已经非常熟悉。

"诺曼底号"是一艘大轮船,在英伦海峡也许可以算得上是最漂亮的邮船之一。它装货容量六百吨,船体长二百二十英尺,宽二十五英尺。海员们都说它很"年轻",因为它才七岁,是1863年造的。

这一段插叙背景，交代"诺曼底号"是一艘怎样的船。这里描写船很"年轻"，用数据来说明这是一艘可以让人放心的轮船，与后面发生事故形成一个反差。"反差"可以给读者带来更大的心灵冲击。

雾越来越浓了，轮船驶出南安普敦河后，来到茫茫大海上，距离埃（āi）居伊山脉估计有十五海里。轮船缓缓行驶着。这时大约凌晨四点钟。

周围一片漆黑，船桅（wéi）的梢尖隐约可辨。

像这类英国船，晚上出航是没有什么可怕的。

这三段主要是环境描写，"雾越来越浓""周围一片漆黑"说明天气越来越恶劣，为后面遇难埋下伏笔，把紧张感带得更加浓郁，但一句"像这类英国船，晚上出航是没有什么可怕的"，把紧张感又消减了一些。这是很高级的一种写法，在写作上我们称之为"一张一弛"。借此拿捏读者的感受，让读者形成一个心理反差。

突然，沉沉夜雾中冒出一枚黑点，它好似一个幽灵，又仿佛一座山峰。只见一个阴森森的往前翘（qiào）起的船头，突破黑暗，在一片浪花中飞驶过来。那是"玛丽号"，一艘装有螺旋推进器的大轮船，它从敖德萨（sà）起航，船上载着五百吨小麦，行驶速度非常快，负载又特别大。它笔直地朝着"诺曼底号"逼了过来。

读到这里，我们不觉会在心里喊："坏了坏了，要撞了!"让作者"牵着鼻子走",不由得紧张起来。

眼看就要撞船,已经没有任何办法避开它了。一瞬间,大雾中似乎耸起许许多多船只的幻影,人们还没来得及一一看清,就要死到临头,葬身鱼腹了。

文章到这里基本上都是通过环境描写来渲染紧张气氛,并没有细致地描写人物,但场面越紧张,到后面越能体现人物的重要。

全速前进的"玛丽号"向"诺曼底号"的侧舷(xián)撞过去,在它的船身上剖开一个大窟窿。

由于这一猛撞,"玛丽号"自己也受了伤,终于停了下来。

"诺曼底号"上有二十八名船员和一名女服务员,还有三十一名乘客,其中十二名是妇女。

震荡可怕极了。一刹那间,男人、女人、小孩,所有的人都奔到甲板上,人们半裸着身子,奔跑着,尖叫着,哭泣着,惊恐万状,一片混乱。海水哗哗往里灌,汹涌湍(tuān)急,**势不可当**。轮机火炉被海浪呛(qiāng)得

势不可当: 指来势迅猛,不可抵挡。

嘶嘶地直喘粗气。

　　这部分的场面描写十分真切悲壮。这里可以出阅读理解题：从三个角度表现"震荡可怕极了"。哪三个角度呢？第一个角度是海水，哗哗往里灌，势不可当；第二个角度是船上的人，尖叫着、哭泣着，惊恐万状；第三个是船本身，轮机火炉像人一样喘着粗气，用了拟人的修辞手法。

　　船上没有封舱用的防漏隔墙。哈尔威船长站在指挥台上，大声吼喝："全体安静，注意听命令！把救生艇放下去。妇女先走，其他乘客跟上，船员断后。必须把六十人救出去！"

　　实际上一共有六十一人，但是他把自己给忘了。

　　到这里，英雄人物哈尔威船长才正式出场。他的每一句话都是短句，简短中透出沉稳的力量，非常符合当时的气氛，也符合船长作为指挥者的身份。

　　"实际上一共有六十一人，但是他把自己给忘了。"哈尔威船长真的把自己忘了吗？我们接着往下看。

　　船员赶紧解开救生艇的绳索。大家一窝蜂拥了上去，这股你推我搡（sǎng）的势头，险些把小艇都弄翻了。奥克勒（lè）福大副和三名工头拼命想维持秩序，但整个人群因为猝（cù）然而至的变故简直都像疯了似的，乱得不可开交。几秒钟前大家还在酣（hān）睡，蓦（mò）地，而且，立时立

语文书里的"大人物"

失魂落魄： 形容惊慌忧虑、心神不定、行动失常的样子。

刻，就要丧命，这怎么不叫人失魂落魄！

就在这时，船长威严的声音压倒了一切呼号和嘈杂，黑暗中人们听到这一段简短有力的对话：

"洛克机械师在哪儿？"

"船长叫我吗？"

"炉子怎么样了？"

"海水淹了。"

"火呢？"

"灭了。"

"机器怎样？"

"停了。"

船上的一切设备都瘫痪了，人群乱得不可开交，情况十分危急，混乱中连续几个有序的问句简短有力，表现了人物的冷静、沉着、果敢。

船长喊了一声："奥克勒福大副？"

大副回答："到！"

船长问道："还有多少分钟？"

"二十分钟。"

"够了，"船长说，"让每个人都下到小艇上去。奥克勒福大副，你的手枪在吗？"

"在，船长。"

"哪个男人胆敢抢在女人前面,你就开枪打死他。"

大家立时不出声了。没有一个人违抗他的意志,人们感到有一个伟大的灵魂出现在他们的上空。

这一部分几乎都在写哈尔威船长,以他为主线,层层递进。船上的其他工作人员也各司其职,同心协力,为后文救援工作顺利进行做了铺垫。

"玛丽号"也放下救生艇,赶来搭救由于它肇(zhào)祸而遇难的人员。

救援工作进行得井然有序,几乎没有发生什么争执或殴斗。事情总是这样,哪里有可卑的利己主义,哪里也会有悲壮的舍己救人。

哈尔威巍然屹立在他的船长岗位上,指挥着,主宰(zǎi)着,领导着大家。他把每件事和每个人都考虑到了,面对惊慌失措的众人,他镇定自若,仿佛他不是给人而是在给灾难下达命令,就连失事的船舶似乎也听从他的调遣(qiǎn)。

过了一会儿,他喊道:"把克莱芒救出去!"

克莱芒是见习水手,还不过是个孩子。

轮船在深深的海水中慢慢下沉。

人们尽力加快速度划着小艇,在"诺曼底号"和"玛丽号"之间来回穿梭。

"快干!"船长又叫道。

二十分钟到了,轮船沉没了。

语文书里的"大人物"

纹丝不动： 一点儿也不动，形容动作没有丝毫改变。

船头先下去,须臾(yú),海水把船尾也浸没了。

哈尔威船长一个手势也没有做,一句话也没有说,犹如铁铸(zhù),纹丝不动,随着轮船一起沉入了深渊。人们透过阴惨惨的雾气,凝视着这尊黑色的雕像徐徐沉进大海。

哈尔威船长的生命就这样结束了。

哈尔威船长继续指挥救援直至付出了自己的生命。"犹如铁铸,纹丝不动",充分表现了船长的临危不惧、大义凛然。作者以"这尊黑色的雕像"来比喻船长,隐喻船长这一人物的精神与壮举深深刻在人们的心中,永不磨灭。

在英伦海峡上,没有任何一个海员能与他相提并论。

他一生都要求自己忠于职守,履(lǚ)行做人之道。面对死亡,他又践行了一次英雄的壮举。

船上六十一人,六十人脱险,一人遇难,而这个人却是最有航海经验、也最容易逃生的船长——哈尔威。我们不禁想到前文说的"他把自己给忘了",如此冷静果敢的船长怎么会忘记自己呢?想必从事故一开始,他就做好了舍生取义的准备。哈尔威船长忠于职守、舍己为人的崇高精神,让人肃然起敬。

名人轶事

爱诗的雨果

维克多·雨果出生于一个军官家庭,从小就在寄宿学校读书。小雨果在学校静心读书学习,很快就找到了抒发自我情感的好办法,那就是写诗。开始他利用课余时间写,后来因为爱诗达到了痴迷程度,上课时间也会写诗,有时还在课堂上读法国大诗人的作品,入迷到授课老师走到身旁都没有察觉,结果书被没收,还挨了处分。

1817年,法兰西研究院组织了一次诗歌征文比赛。雨果写了一首长达300多行的诗歌。这首诗得到了评委们的一致好评,不出意外理应获得头奖。但偏偏出了意外。他在诗中隐晦含蓄地流露出他的年龄是15岁,使部分评委怀疑他是抄袭别人的作品。由于查无实据,也不可能平白无故地剥夺其作品的评选资格,结果只给他评了个第九名。

雨果奖与作家雨果无关

2015年8月23日,中国作家刘慈欣凭《三体》第一部获第七十三届雨果奖最佳长篇故事奖;2016年8月21日,中国作家郝景芳凭《北京折叠》获第七十四届雨果奖最佳中短篇故事奖。这里的"雨果奖"跟大作家雨果可没有什么关系哟,那这个"雨果奖"是怎么回事呢?

雨果奖,正式名称为"科幻成就奖",是为纪念来自卢森堡的"科幻杂志之父"雨果·根斯巴克而由世界科幻协会所颁发的奖项。1953年,世界科幻大会决定设立雨果奖,根据爱好者的投票结果授予。雨果奖成为美国的科幻小说奖。雨果奖和星云奖是科幻文学领域的国际最高奖项,被誉为"科幻文学界的诺贝尔奖"。

考点荟萃（三）

1. 雨果的代表作有（　　）。

    A.《巴黎圣母院》

    B.《悲惨世界》

    C.《安娜·卡列尼娜》

2. 莎士比亚是（　　）国杰出的戏剧家。

    A. 法

    B. 英

    C. 美

3. 歌德是（　　）国作家、思想家。

    A. 德

    B. 法

    C. 英

4. 下列读音正确的是（　　）。

    A. 你推我搡（sǎng）

    B. 猝（zú）然而至

    C. 水流湍（tuān）急

    D. 船舷（xuán）

1分钟了解法布尔

人物名片

法布尔（1823—1915），法国著名昆虫学家、博物学家、文学家，代表作《昆虫记》。

1823年出生于法国南部的一个小村庄。

10岁时随父母搬到法国罗德斯镇。

15岁时被一所师范学校正式录取。

19岁时开始教师生涯。其间，取得了物理、数学的学士学位。

35岁获得自然科学博士学位。

1879年编成《昆虫记》第1册。1880年建"荒石园"。

1882年出版《昆虫记》第2册。

1889年获法国学士院最高荣誉的布其·得尔蒙奖。

1905年获法国学士院颁发的吉尼尔奖。

1915年10月11日逝世。

法布尔：
为昆虫唱响生命之歌

1823年12月22日，法布尔出生于法国南部的一个小村庄。大自然的飞鸟、游鱼、蟋蟀、牛羊给小小的法布尔带来无穷的乐趣，也让他产生了深深的好奇：鱼儿睡不睡觉？鸟儿为什么会飞？蟋蟀的嘴巴里有牙齿吗？……许许多多的问题在他脑海里挥之不去，于是他时常留心观察周围的飞鸟虫鱼，寻找答案。

一个深秋的夜晚，睡在奶奶身边的法布尔突然听见屋后的荒草堆里响起一阵"唧唧唧"的虫鸣声，声音清脆动听。是蟋蟀在叫吗？好像比蟋蟀的声音小一些。难道是山雀？可山雀不会连续叫个不停啊。

"奶奶，奶奶，你听是什么在叫呀？"想不出答案的法布尔问身边的奶奶，可奶奶已经睡着了。法布尔按捺不住心中的好奇，悄悄穿上鞋，推开门，摸黑钻到草丛里，想一探究竟。可是他找了半天，手被野草划破了，也没有搞清楚是什么发出的声音。

法布尔七岁那年，父亲送他到邻村的小学读书。这是一所设备非常简陋的学校,全校只有一间茅草屋、一名教师。不过这位老师很"神奇",他不但会教学,还会理发、修理钟表,他还是一位动物爱好者。他在校园里饲养了猪、羊、鸽子、蜜蜂,还有一只招人喜爱的小刺猬。课余时间,老师经常带着孩子们去田地里割草捉虫,喂养小动物。法布尔在这里除了学习功课,还了解到很多动物知识,对昆虫的兴趣更加浓厚。

一天下午,法布尔在田边发现有一群蚂蚁在搬运一只死掉的苍蝇。有的蚂蚁在前面拉,有的来回跑着调兵遣将,还有的在两旁护卫……整个搬运过程分工明确,像在从事一项巨大工程一样井然有序。法布尔被深深吸引住了。他趴在田边,掏出放大镜,聚精会神地观察蚂蚁的行动,一连看了四五个小时。来往干农活的人看到法布尔趴在那里大半天一动不动,都以为这孩子中邪了。还有一次,法布尔爬上果树观察螳螂的活动,由于看得太入迷,居然忘记了吃午饭。为了捕捉一只小虫子,法布尔常常跟着虫子跑出去很远。所有捕获的小虫子他都小心翼翼地呵护,从不伤害它们。

十岁那年,法布尔随父母迁往法国南部城市罗德斯,进了罗德斯中学。由于家境贫困,他每个礼拜都去教堂干活给自己挣学费。四年后,一家人又移居到图卢兹,法布尔进了图卢兹的神学院学习。不久,由于父亲生意失败,法布尔不得不中途退学。退学后,他做过铁路工,也做过小商贩。虽然生活拮(jié)据,但法布尔并没有放弃求知,他把为数不多的收入一点点攒起来购买书籍,刻苦读书。十五岁那年,他报考了一所师范学校并被正式录取。

法布尔在十九岁时开始了他的教师生涯,虽然一开始当的是数学老师,但他从未放弃过对昆虫的研究。他曾经花掉自己整整一个月的工资买了一本关于昆虫学的著作,仔细读完这本书后,他脑海中萌生了为昆虫写传记的想法。在教学期间,法布尔兢(jīng)兢业业提高自己的业务素质,取得了物理、数学的学士学位。1858年,法布尔又获得了自然科学博士学位。之后他一直从事生物学和昆虫行为学研究。

因为没有实验室,他用自己多年积攒的收入买下了一个荒石园。荒石园里杂草丛生,是昆虫的乐园,法布尔把那里当成自己的工作室和实验室,全身心地投入到对昆虫的观察和研究中。就是在这个荒石园中,法布尔一边进行观察和实验,一边整理前半生研究昆虫的观察笔记和实验记录,完成了《昆虫记》这一伟大的著作。

法布尔的《昆虫记》用朴实、清新的笔调,栩栩如生地记录了昆虫世界中各种各样小生命的习性、喜好、生存技巧、天敌、蜕变、繁殖……在他的笔下,水甲虫变成了佩戴银光胸甲的将军;金龟子成了镶(xiāng)在夏至天幕上的漂亮首饰；萤火虫变成从明亮的圆月上游离出来的光点；犀粪蜣成了勤勤恳恳的劳模……他对昆虫的描述既充满童趣又富有诗意。《昆虫记》不仅是一部研究昆虫的科学巨著，同时也是一部讴歌生命的宏伟诗篇。法布尔也由此获得了"科学诗人""昆虫荷马""昆虫世界的维吉尔"等桂冠。虽然获得了许多头衔和当时文人学者们的仰慕，但他依然朴实如初，为人腼腆而谦逊，过着清贫的生活。

  1915年10月，离九十二岁生日只差一个月的时候，法布尔在荒石园辞世，这位毕生与昆虫为伴、为昆虫唱响生命之歌的科学诗人从此归于大地，与他钟爱的昆虫世界完全融为了一体。

荷　马：
西方文学的始祖，古希腊诗人，著有《荷马史诗》等。

维吉尔：
古罗马诗人，著有《埃涅阿斯纪》等。

栩栩如生 (xǔ xǔ rú shēng)

释义 形容画作、雕塑中的艺术形象等生动逼真,就像活的一样。出自《庄子·齐物论》。

例句 徐悲鸿画的骏马非常传神,栩栩如生。

近义词 活灵活现　惟妙惟肖

反义词 死气沉沉　木雕泥塑

成语典故

中国古代哲学家庄子在自己的著作中曾经写过这样一个故事:"昔者庄周梦为胡蝶,栩栩然胡蝶也,自喻适志与,不知周也。俄然觉,则蘧（qú）蘧然周也"意思是说,庄周做了一场梦,梦见自己变成一只美丽的蝴蝶,比真的蝴蝶还美,活灵活现,在空中翩翩起舞。他觉得非常快活得意,简直忘记了世间还有庄周这么一个人。后人根据这个故事演变出"栩栩如生"这个成语。

名言名句

- 我不过是一盏灯，照亮了我面前的一小块路而已。

- 我们所谓的丑美脏净，在大自然那里是没有意义的。

- 毋庸讳言，在昆虫学领域应该保有少许天真。

- 在科学上，最好的助手是自己的头脑，而不是别的东西。

- 把你的精力集中到一个焦点上试试，就像透镜一样。

- 人不能在生命的旅程中一遇到拦路的荆棘，就把生命当成笨重碍事、一文不值的东西扔掉。

- 要坚韧不拔地干，才能战胜困难！

(三年级下册)

蜜　蜂

　　这篇《蜜蜂》改编自法布尔的《昆虫记》。法布尔的文章是介于科学和文学之间的，他的《昆虫记》被称为长篇科普文学作品。他以自己的观察记录为主，描述时也会加入一些曲折奇异的情节或者是运用一些比喻、想象等修辞方法，文字清新、自然有趣。法布尔将昆虫的多彩生活与自己的人生感悟融为一体，用人性去看待昆虫，让文章变得饶有趣味。这篇课文以第一人称写了他做的一个实验。一起来看课文：

　　听说蜜蜂有辨认方向的能力，无论飞到哪里，它总是可以回到原处。我想做个实验。

　　典型的开门见山的写法，简洁明了，引出下文。

　　一天，我在我家草料棚的蜂窝里捉了一些蜜蜂，把它们放在纸袋里。我叫小女儿在蜂窝旁等着，自己带着蜜

外国人物篇

蜂,走了四公里路,打开纸袋,在它们身上做了白色记号,然后放了出来。二十只左右被闷了好久的蜜蜂向四面飞散,好像在寻找回家的方向。这时候刮起了狂风,蜜蜂飞得很低,几乎要触到地面,大概这样可以减少阻力。我想,它们飞得这么低,怎么能看到遥远的家呢?

这一段作者描述了做实验的一些细节:在自家花园里捉了约二十只蜜蜂,标上白色记号,让小女儿在蜂窝旁等着,自己走了四公里路才打开纸袋等。最后一句设置悬念,"我想,它们飞得这么低,怎么能看到遥远的家呢?"吸引着读者往下读。

在回家的路上,我推测蜜蜂可能找不到家了。没等我跨进家门,小女儿就冲过来,脸红红的,看上去很激动。她高声喊道:"有两只蜜蜂飞回来了!它们两点四十分回到蜂窝里,肚皮下面还沾着花粉呢。"

我放蜜蜂的时候是将近两点钟,也就是说,在大约三刻钟的时间里,那两只小蜜蜂飞了四公里路,这还包括了采花粉的时间。

为什么作者推测蜜蜂可能会找不到家呢?这个推测的理由一是太远了,四公里的路程;二是它们飞得很低,根本看不清回家的方向。而结果呢?还没等"我"跨进家门,女儿就告诉"我"蜜蜂飞回来了,而且还采集了花粉。简直太神奇了，出乎作者意料，它们到底是怎么飞回来的呢？

傍晚时，我亲眼看到另外三只飞了回来，身上也都带着花粉。

第二天我检查蜂窝时，发现了十五只身上有白色记号的蜜蜂。

这样，二十只左右的蜜蜂，至少有十五只没有迷失方向，准确无误地回到了家。尽管它们逆风而飞，沿途都是一些陌生的景物，但它们确确实实飞回来了。

蜜蜂靠的不是超常的记忆力，而是一种我无法解释的本能。

文章最后，作者交代实验结果，并坦然说出自己无法解释这一结论。由于当时的科研条件所限，法布尔对昆虫的研究还只是处在观察记录阶段。观察记录是科学研究的第一步。

这篇文章虽然简单短小，但是我们从中可以感受到作者严谨的科学态度和求实精神，而这对我们每个人来说都是非常重要的。

> 科普·小讲堂

蜜蜂为什么不会迷路？

蜜蜂之所以能够飞出很远的地方还能成功返回蜂巢，是因为它们自身带有一种独特的"导航装备"。

蜜蜂的嗅觉非常灵敏，它们在非常远的地方就能嗅到一种气味，并且能够利用这种气味进行方位辨别，就像我们的"定位"一样。这点跟狗有点相似，都是靠嗅觉寻找回家的路。一般蜜蜂在飞出去的时候，沿途都会留下气味，这样，等它采完蜜后，就能靠着这些气味原路返回了。除了灵敏的嗅觉外，蜜蜂还有一对奇特的复眼，每只复眼由5000~6000只小眼组成；更强悍的是，每只小眼里有8个成辐射状排列的感光细胞。蜜蜂就靠这些小眼感受偏振光导航，这也是它们不会迷路的一个因素。

蟋蟀的住宅

这篇《蟋蟀的住宅》是法布尔的一篇观察笔记。法布尔对所观察记录的昆虫都倾注了自己的情感,在忠实记录的基础上增添了很多艺术人文色彩。这篇小短文向我们真实地介绍了法布尔观察到的蟋蟀住宅的特点,以及蟋蟀建造住宅的才能,也表达了他对蟋蟀的喜爱,赞扬了蟋蟀不辞辛苦和不肯**随遇而安**的精神。通过这篇课文,我们还可以学习一下如何写好观察日记,一起来看一下。

居住在草地上的蟋蟀,差不多和蝉一样有名。它的出名不光由于它的唱歌,还由于它的住宅。

> **随遇而安:** 能适应各种环境,在任何环境中都能满足。

外国人物篇

别的昆虫大多在临时的隐蔽所藏身。它们的隐蔽所得来不费功夫，弃去毫不可惜。蟋蟀和它们不同，不肯随遇而安。它常常慎(shèn)重地选择住址，一定要排水优良，并且有温和的阳光。它不利用现成的洞穴。它的舒服的住宅是自己一点儿一点儿挖掘(jué)的，从大厅一直到卧室。

这一段通过一个对比，说明蟋蟀的住宅与其他昆虫住宅的不同。文中"随遇而安"一词一般是形容人的，这里作者用"随遇而安"来说昆虫，很有意思。蟋蟀和那些随遇而安的昆虫不一样，它们对自己的住宅有很高的要求。首先要排水优良，还要有温和的阳光，它们从来不寄居别人的巢穴，而是自己建造。虽然是在写昆虫的一种天然本能，但字里行间让我们感受到了蟋蟀勤劳能干的品质。

蟋蟀怎么会有建筑住宅的才能呢？它有特别好的工具吗？没有。蟋蟀并不是挖掘技术的专家，它的工具是那样柔弱，所以人们对它的劳动成果感到惊奇。

这一段承上启下，承接上文"蟋蟀的住宅都是自己挖掘的"，引出下文。

在儿童时代，我到草地上去捉蟋蟀，把它们养在笼子里，用菜叶喂它们。现在为了研究蟋蟀，我又搜索起它们的巢穴来。

在朝着阳光的堤岸上，青草丛中隐藏着一条倾斜的隧(suì)道，即使有骤(zhòu)雨，这里也立刻就会干的。隧道顺着地势弯弯曲曲，最多九寸深，一指宽，这便是蟋蟀的住宅。出口的地方总有一丛草半掩着，就像一座门。蟋蟀出来吃周围的嫩草，绝不去碰这一丛草。那微斜的门口，经过仔细耙（pá）扫，收拾得很平坦。这就是蟋蟀的平台。当四周很安静的时候，蟋蟀就在这平台上弹琴。

　　屋子的内部没什么布置，但是墙壁很光滑。主人有的是时间，把粗糙的地方修理平整。大体上讲，住所是很简朴的，清洁、干燥，很卫生。假使我们想到蟋蟀用来挖掘的工具是那样简单，这座住宅真可以算是伟大的工程了。

　　这里展开来写住宅的外部条件和内部结构。从"九寸深，一指宽""一丛草半掩着"等细节描写，我们可以看出作者观察得很细致，而且文中用了拟人的修辞手法，比如写蟋蟀在它的平台上弹琴；把自己的家打扫得干净整洁等，写得很生动。最后一句"假使我们想到蟋蟀用来挖掘的工具是那样简单，这座住宅真可以算是伟大的工程了"，这里用一个假设句，起到了欲扬先抑的效果。可想而知，蟋蟀不会使用什么复杂的工具，所以说这个假设是成立的，这样很自然地过渡到下一段。

　　蟋蟀盖房子大多是在十月，秋天初寒的时候。它用前足扒土，还用钳子似的大颚（è）搬掉较大的土块。它用强有力的后足踏地。后腿上有两排锯,用它们将泥土推到后面,倾斜地铺开。

"扒、搬、踏、推、铺"五个动词把蟋蟀挖洞的动作介绍得生动形象。

工作做得很快。蟋蟀钻到土底下干活,如果感到疲劳,它就在未完工的家门口休息一会儿,头朝着外面,触须轻微地摆动。不大一会儿,它又进去继续工作。我一连看了两个钟头,看得有些不耐烦了。

"如果感到疲劳,它就在未完工的家门口休息一会儿,头朝着外面,触须轻微地摆动。"这个形态描写惟妙惟肖。后一句说自己看得不耐烦了,说明蟋蟀建造住宅很细致,工作有条不紊,也从侧面烘托出了蟋蟀勤劳能干的品质。

住宅的重要部分快完成了。洞已经挖了有两寸深,够宽敞(chǎng)的了。余下的是长时间的整修,今天做一点儿,明天做一点儿。这个洞可以随天气的变冷和它身体的增长而加深加阔。即使在冬天,只要气候温和,太阳晒到它住宅的门口,还可以看见蟋蟀从里面不断地抛(pāo)出泥土来。

这一段是蟋蟀建设自己住宅的最后一步——整修,它对自己的住宅是有要求的,要一点点把住宅整修成自己需要的样子。

全文层次结构分明，首先是准备工作，其次是具体怎么挖，再到如何整修，循序渐进，将蟋蟀建造住宅的过程交代得清楚明白。文中还穿插了环境描写、细节描写、动作刻画等，是一篇很好的观察日记。

科普·小·讲堂

蟋蟀是靠什么发出鸣叫声的?

蟋蟀是靠摩擦翅膀来发出鸣叫声的。在蟋蟀的左右翅膀上,一边长着锉刀状的翅膜,相当于弦器,另一边长着较硬的翅膜,相当于弹器。左右两翅一张一合,振动时互相摩擦,蟋蟀便能发出声音。

雌性蟋蟀的翅膀上没有发声构造,所以会鸣叫的是雄性蟋蟀。在不同的音调和频率下,蟋蟀的鸣叫声代表着不同的意思。当它在夜晚发出响亮的长节奏鸣叫声时,是它在吸引异性,同时也是警告别的雄性蟋蟀,不要进入自己的领地。

名人轶事

　　有一天夜里，法布尔提着灯笼蹲在田野里，等待着昆虫出现。等了好久，他终于等到了一条蜈蚣，于是便认认真真地观察起来。光是蜈蚣怎样产卵，就一连看了好几个小时，不但没有叫苦叫累，反而变得更加精神，更加投入。忽然他感到周围越来越亮，抬头一看，原来太阳已经从东方升起。

　　还有一次，法布尔做了件更疯狂的事情。他为了观察螳螂，勇敢地爬上了一棵树，便聚精会神地观察起螳螂是怎样活动的。天渐渐暗下来，一位路人刚好路过树下，看见了树上的法布尔，便大喊："抓住他，抓住这个小偷！"树上的法布尔大吃一惊，原来路人竟把他当作小偷了！

语文书里的"大人物"

（升级版）

外国人物篇 下

浦宇平 编著

山东科学技术出版社

·济南·

图书在版编目（CIP）数据

语文书里的"大人物"：升级版 / 浦宇平编著. -- 济南：山东科学技术出版社，2024.3
ISBN 978-7-5723-1730-9

Ⅰ.①语… Ⅱ.①浦… Ⅲ.①名人－生平事迹－世界 Ⅳ.①K811

中国国家版本馆CIP数据核字（2023）第140465号

语文书里的"大人物"（升级版）
YUWENSHULI DE "DARENWU" (SHENGJI BAN)

责任编辑：李海英　韩晓萌　张梦叶

主管单位：山东出版传媒股份有限公司
出 版 者：山东科学技术出版社
　　　　　地址：济南市市中区舜耕路517号
　　　　　邮编：250003　电话：（0531）82098088
　　　　　网址：www.lkj.com.cn
　　　　　电子邮件：sdkj@sdcbcm.com
发 行 者：山东科学技术出版社
　　　　　地址：济南市市中区舜耕路517号
　　　　　邮编：250003　电话：（0531）82098067
印 刷 者：山东临沂新华印刷物流集团有限责任公司
　　　　　地址：临沂市高新技术产业开发区新华路
　　　　　邮编：276017　电话：（0539）2925659

规格：32开（148 mm×210 mm）
印张：21　字数：270千　印数：1~10000
版次：2024年3月第1版　印次：2024年3月第1次印刷
定价：158.00元（全6册）

点一盏灯

我在二十岁做校园媒体的时候就爱写深度报道、人物访谈,总试图在时效的事件背后,探寻人性的幽微,挖掘潜藏的规律。把新闻做成历史,是我求学生涯的理想之一。

可惜造化弄人。大学毕业后,半推半就地裹挟在互联网的浪潮里,犹如一叶扁舟漂浮在时代巨轮的身侧,看似劈波斩浪,其实是随波逐流,在价值无从锚定的汪洋之上颠簸浮沉。总有人说,迎上了风口猪也会起飞——可我不想做一头猪,哪怕是一头会飞的猪。

于是手脚并用呼哧带喘地游上岸,希望脚踩大地,可以找到足以锚定更长时间、跨越更大时空的意义和价值。所幸之前做校园媒体时的习惯还顽强地留在身上,读一本书,听一则故事,聊一段掌故,我所关心的还是背后的人物、性情,或规律。白纸黑字的一段光荣事迹或是故纸堆里的一则人物生平，总让我觉得死气沉沉，而穿透文字和历史的迷雾，让这个人活生生地站到面前来，给他拍拍土、抖抖尘，一切都鲜活了。

小时候，总想"做个大人物""创番大事业"。而今身处现实丛林，踩着前人的脚印，努力踏出一条未必通往远大前程的道路，即便无人问津，却也渐渐悟出一些人活一世的意义。

孔子的伟大，不是因为"大成至圣先师"的名号——那是后世帝王粉饰太平的说辞，而是因为他"累累若丧家之狗"，在礼崩乐坏的时代，知不可为而为之，给华夏文明留下了一个孤独而高大的背影。

苏轼的伟大，不是因为诗书画俱佳的后世评价——那不过是天纵英才的毫末技艺，而是因为他以区区一介书生，短短几十年光阴，在迷雾中艰难前行，给知识分子留下一条"也无风雨也无晴"的归途。

哥伦布的伟大，不是因为开辟了通往新世界的航路——那惊涛骇浪的航路写满了贪婪和残酷，而是因为他独辟蹊径又坚持不懈，以超拔的顽强，为人类树起了一面勇敢闯荡、永不言弃的大旗。

闻一多的伟大，不是因为他在最后一次演讲时抛却

生死的大义凛然——那是热血沸腾的激愤呼告，而是他以诗人的赤子之心、以名士的孤傲气节，"铁肩担道义，辣手著文章"，给后学晚辈树起一座善恶分明的丰碑。

这才是大人物，这才是大事业。

大人物之"大"，是因其不以被人记住作为追求，但历史记住了他们，因为有了他们，这个世界才变得美好。

生活在这个已有无数大人物生活过的世界上，是我们的幸运。而人活一世的意义也在于此——以绵薄之力行必行之路，以赤子之心知不可为而为，在迷雾中奋力前行，为这个美好的世界点一盏灯，让它变得更加五光十色。

未来是我们的，更是你们的。

愿在前行的路上，遇到你。

于上海

目录

安徒生

1分钟了解安徒生 / 1
安徒生:世界儿童文学的太阳 / 3
课文赏析 卖火柴的小女孩 / 8

高尔基

1分钟了解高尔基 / 15
高尔基:搏击暴风雨的"海燕" / 17

泰戈尔

1分钟了解泰戈尔 / 24
泰戈尔:多才多艺的哲学诗人 / 26
课文赏析 花的学校 / 31

纪伯伦

1分钟了解纪伯伦 / 35
纪伯伦:用心灵呼唤爱与美 / 37

课文赏析　花之歌 / 43

贝多芬

1分钟了解贝多芬 / 46
贝多芬：用音乐扼住命运的咽喉 / 47
课文赏析　月光曲 / 55

达·芬奇

1分钟了解达·芬奇 / 62
达·芬奇：独一无二的全能天才 / 64
课文赏析　小毛虫 / 73

罗丹

1分钟了解罗丹 / 78
罗丹：欧洲传统雕塑艺术的集大成者 / 80

魏格纳

1分钟了解魏格纳 / 89
魏格纳：发现地球奥秘的人 / 90
课文赏析　真理诞生在一百个问号之后 / 96

1分钟了解安徒生

人物名片

安徒生（1805—1875），丹麦童话作家，被誉为"现代童话之父"，代表作有《卖火柴的小女孩》《海的女儿》《丑小鸭》等。

- 1805年出生于丹麦一个贫穷的家庭。
- 14岁孤身到哥本哈根闯荡。
- 1827年发表诗作《傍晚》。
- 1831年出版旅行随笔式诗集《幻想与速写》《旅行剪影》。
- 1835年出版第一部长篇小说《即兴诗人》和两部童话集。
- 1840年发表童话《没有画的画册》《恶毒树》。
- 1844年发表童话《丑小鸭》。
- 1846年发表童话《卖火柴的小女孩》。
- 1850年创作童话剧《梦神》。
- 1875年因病逝世。

安徒生：
世界儿童文学的太阳

安徒生1805年出生于丹麦欧登塞城一个贫穷的家庭，父亲是一名鞋匠，爱好文学，读过很多书，常常给孩子们讲故事。母亲是一名洗衣工，收入甚微。一家人挤在一间低矮破旧的小屋里，生活清贫。

也许是受到父亲的影响，安徒生从小就展现出丰富的想象力。他如饥似渴地阅读着借来的戏剧剧本，用破布给他的木偶玩具做衣服，根据剧本的描写在家中搭起玩具剧场。安徒生十一岁的时候，父亲病逝，母亲洗衣服的收入支付不了安徒生的学费，他不得不放弃学业。为了生活，小小的安徒生在裁缝店当起了学徒，后来又到香烟工厂做小工，受到很多压榨和欺凌。

1819年，十四岁的安徒生孤身到哥本哈根闯荡，梦想成为一名歌剧演员，可是剧院经理嫌他太瘦弱，在舞台上不像个样子。他只好去一个木匠家里当学徒，没多久，木匠嫌他个子小力气不够大，把他辞退了。安徒生又去拜访音乐学校的老教授，希望能跟他学唱歌，这位老教授赏识安徒生的嗓音，让他留了下来。可谁料想，由于冬天太冷，安徒生没有钱买过冬衣服，所以不断感冒咳嗽，嗓子很快嘶哑了。失去了唱歌的条件，他只好走出音乐学校的大门，去皇家剧院谋了一份勤杂工的差事。在剧院，小小年纪的安徒生一边干体力活，一边借机揣摩那些上演的戏剧，渐渐熟悉了戏剧艺术。

经过多年奋斗，安徒生在二十多岁时写出剧本《阿芙索尔》，被一家刊物发表。皇家剧院导演科林非常欣赏这个穷苦少年的天分，要求剧院出钱送安徒生去学校读书。1828年，安徒生进入哥本哈根大学深造，这是丹麦最好的大学之一。在学校里，安徒生废寝忘食地读书，积累了丰富的文学知识。离开学校后，他并没有直接工作，而是租了一间阁楼住下来，夜以继日地练习写作。功夫不负有心人，很快，哥本哈根几家有影响的报纸、文学期刊相继发表了安徒生的诗歌和游记，获得了广泛好评。很多出版商也主动找到他，要求出版他的作品，安徒生也因此从贫困的压迫中得以解脱。

1844年，安徒生发表了童话作品《丑小鸭》，他用同情的笔触和诗一般的语言，把丑小鸭的遭遇写得生动感人，为广大读者所喜爱。结合安徒生的自身经历，我们可以更好地解读这篇童话。总体来说，安徒生觉得自己就像是一只还没有蜕变成白天鹅的丑小鸭，心底骄傲而又自卑。安徒生一辈子没有结婚，可以说是孤独终老。

他二十几岁的时候就写自传，将自己恋爱不成功的原因归结为长相丑陋而且太穷，他性格中根深蒂固的自卑感使他很难与异性建立恋爱关系。也许正是因为这种自卑感，安徒生的作品很少有喜气洋洋的味道，比如著名童话《海的女儿》，写的是一个凄美的爱情故事。虽然充满绮丽的幻想，却是一个悲伤的结尾，充满着爱而不得的无奈：人鱼公主为了所爱之人，最终变成泡沫消散在大海中。

1846年，安徒生发表《卖火柴的小女孩》。也许受童年经历的影响，从他的童话作品中总能看到一些底层劳动人民生活的影子。而后他又陆陆续续发表了多部童话和小说，并被高度赞扬。

1875年，安徒生因肝癌逝世于朋友的乡间别墅。这位童话大师以顽强的毅力，克服种种困难，坚持不懈地进行创作，把生命献给了"未来的一代"。他一生共写了168篇童话故事，被译成一百五十多种语言，成千上万册童话书在全球陆续出版发行，给全世界的孩子带来了欢乐。为纪念安徒生在童话领域的杰出贡献，国际儿童读物联盟（IBBY）于1956年设立国际安徒生奖，由丹麦女王玛格丽特二世赞助。该奖每两年评选一次，以奖励世界范围内优秀的儿童图书作家和插图画家。

安徒生一生遭遇过很多不幸，但他没有选择仇恨、暴力和反抗，而是满怀对理想的追求，从情感中汲取爱与期盼，正如他的一首诗中所说："你不懂世界上最激烈的斗争而只认识爱。"这位伟大的作家用美的颜色，为悲惨的人生、痛苦的心灵印上了一层柔美隽永而典雅的色彩。所以在他的童话中，虽然小女孩被冻死了，却能在天堂与奶奶相见；丑小鸭虽然被嘲笑被欺负，最终还是变成了白天鹅；哪怕是最终化为泡影的小美人鱼，也让我们相信了爱情的美好……安徒生作品中对每个人物都寄托了自己的同情、理解、挚爱、尊重和歌颂，而且作品大都反映孩子的想法、观察和感受，这也是安徒生童话被世界各地的小朋友所喜欢的原因。安徒生的内心始终住着一个小孩，也正是这个小孩让我们看到了那么多精彩美妙的童话故事。

　　安徒生曾说："我这一生称得上是一部美丽动人的童话，情节曲折变换，引人入胜。"的确，他的故事慰藉了我们的童年，让美好的梦里绽放出一束烟花，让起落的人生多了一份勇敢和坚定，也让我们在认清生活的本质后，还能依然爱它。

名言名句

- 一个人不能总是一帆风顺的,总要什么都试一试,才能多知道些东西。

- 仅仅活着是不够的,还需要有阳光、自由和一点花的芬芳。

- 及时充分运用你的智慧,知识可以储备,智慧无可留待。

- 只要你是天鹅蛋,就是生在养鸡场里也没什么关系。

- 不管想象有多有力,如何闪耀,它都要让给现实。

- 生活本身就是最美妙的童话故事。

课文赏析

(三年级上册)

卖火柴的小女孩

平哥伴读

　　《卖火柴的小女孩》是安徒生的代表作,很能体现安徒生童话的风格。1845年,也就是作品发表的前一年,安徒生在意大利受到格洛斯顿城朋友们的邀请,去那里过圣诞节。在格洛斯顿城,马路旁挂着"欢迎安徒生先生到来"的条幅,书店里摆满了他创作的童话,安徒生乘坐马车在充满节日气息的街道上缓缓前行,一切都是那样温馨美好。然而,当他走到热闹的街道尽头时,看到一个蓬头垢面的中年妇女,手臂上挂着一个篮子,背上背着一个瘦弱的婴儿,有气无力地在路边乞讨。不远处,一个看上去只有五六岁的小女孩正在卖火柴,衣着单薄的她在寒风中瑟瑟发抖。可是,路过的人都满脸冷漠,仿佛这一切与他们无关。这个场景让安徒生产生了很大的触动,回去后不久就写下了著名的童话故事《卖火柴的小女孩》。本篇课文是节选的其中一部分内容,我们一起来看看。

外国人物篇 下

　　天冷极了，下着雪，又快黑了。这是一年的最后一夜——大年夜。在这又冷又黑的晚上，一个乖巧的小女孩，赤着脚在街上走着。她从家里出来的时候还穿着一双拖鞋，但是有什么用呢？那是一双很大的拖鞋——那么大，一向是她妈妈穿的。她穿过马路的时候，两辆马车飞快地冲过来，吓得她把鞋都跑掉了。一只怎么也找不着，另一只叫一个男孩捡起来拿着跑了。他说，将来他有了孩子可以用它当摇篮。

　　文章开头交代了时间、地点和小女孩的处境，文中的"大年夜"结合这篇童话的背景和西方节日的习俗应该指的是圣诞节。小女孩的出现是"赤着脚在街上走着"，说明家里很穷。继而又说她从家里出来的时候还穿着一双妈妈的拖鞋，因为太大，所以跑丢了。她为什么要跑呢？因为躲避飞快冲过来的马车。马车上坐着的有钱人与贫穷的小女孩形成鲜明对比。捡走另一只鞋子的小男孩的出现也说明在当时不公平的社会背景下，像小女孩这样穷苦的孩子还有很多。文章这一段很值得细细品味，每一句中都有超越字面含义的意味。

　　小女孩只好赤着脚走，一双小脚冻得红一块青一块的。她的旧围裙里兜（dōu）着许多火柴，手里还拿着一把。这一整天，谁也没买过她一根火柴，谁也没给过她一个硬币。

　　可怜的小女孩！她又冷又饿，哆哆嗦嗦地向前走。雪花落在她金黄的长头发上，那头发打成卷披在肩上，看上去很美丽，不过她没注意这些。每个窗子里都透出灯光来，街上飘着一股烤鹅的香味，因为这是大年夜——她可忘不了这个。

　　这两段通过两个对比来表现小女孩的饥寒交迫。"雪花落在她金黄的长头发上，那头发打成卷披在肩上，看上去很美丽，不过她没注意这些"，这是小女孩自身的一个对比。接下来"别人家窗子里都透出温暖的灯光""街上飘着烤鹅的香味"又形成了一个外在环境的对比。"对比"这种修辞方式可以更好地突出作者所要表达的内容，也能让读者的感受更加强烈。

　　她在一座房子的墙角坐下来，蜷着腿缩成一团。她觉得更冷了。她不敢回家，因为她没卖掉一根火柴，没挣到一个钱，爸爸一定会打她的。再说，家里跟街上一样冷。他们头上只有个房顶，虽然最大的裂缝已经用草和破布堵住了，但风还是可以灌进来。

　　这一段告诉我们小女孩除了贫穷还非常不幸，"爸爸一定会打她的"中"一定"一词说明小女孩经常会因卖不出火柴而挨打。外面很冷，家里也没有丝毫温情。

　　她的一双小手几乎冻僵（jiāng）了。啊，哪怕一根小小的火柴，对她也是有好处的！她敢从成把的火柴里抽出一根，在墙上擦燃了，来暖和暖和自己的小手吗？她终于抽出了一根。哧（chī）！火柴燃起来了，冒出火焰来了！她把小手拢在火焰上。多么温暖多么明亮的火焰啊，简直像一支小小的蜡烛。这是一道奇异的火光！小女孩觉得自己好像坐在一个大火炉前面，火炉装着闪亮的铜脚和铜把手，烧得旺旺的，暖烘烘的，多么舒服啊！唉，这是怎么回事呢？她刚把脚伸出去，想让脚也暖和一下，火柴灭了，火炉不见了。她坐在那儿，手里只有一根烧过了的火柴梗（gěng）。

我们现在很少用到火柴了，火柴的光其实非常短暂，火柴带来的温暖也是微乎其微的。可是就这一点点温暖的光亮对这个已经饥寒交迫到极点的小女孩来说，竟变成了奇异的火光。在火柴的亮光中，她想到了温暖的火炉。这是小女孩擦燃第一根火柴时所产生的幻觉。

她又擦了一根。火柴燃起来了，发出亮光来了。亮光落在墙上，那儿忽然变得像薄纱那么透明，她可以一直看到屋里。桌上铺着雪白的台布，摆着精致的盘子和碗，肚子里填满了苹果和梅子的烤鹅正冒着香气。更妙的是这只鹅从盘子里跳下来，背上插着刀和叉，摇摇摆摆地在地板上走着，一直向这个穷苦的小女孩走来。这时候，火柴灭了，她面前只有一堵又厚又冷的墙。

这一段写小女孩擦燃第二根火柴时产生的幻觉，这个幻觉是她当时特别期待却无法得到的。这次她在亮光中幻想到了烤鹅，因为她太饿了，她什么都没有，只能一次次擦燃火柴，在幻想之中寻觅。她的美好愿望和幸福憧憬只能寄托在幻想之中。

　　她又擦着了一根火柴。这一回，她坐在美丽的圣诞(dàn)树下。这棵圣诞树，比她去年圣诞节透过富商家的玻璃门看到的还要大，还要美。翠绿的树枝上点着几千支明晃晃的蜡烛，许多幅美丽的彩色画片，跟挂在商店橱(chú)窗里的一个样，在向她眨眼睛。小女孩向画片伸出手去。这时候，火柴又灭了。只见圣诞树上的烛光越升越高，最后成了在天空中闪烁的星星。有一颗星星落了下来，在天空中划出了一道细长的红光。"有一个什么人快要死了。"小女孩说。唯一疼她的奶奶活着的时候告诉过她：一颗星星落下来，就有一个人要离去了。

　　这一段写的是小女孩擦燃第三根火柴时产生的幻觉，穿插着非常棒的环境描写：美丽的圣诞树、明晃晃的蜡烛、摇曳着的彩色画片……多么美好的圣诞夜啊，可它从来不属于小女孩，她只能在幻想中感受这些美好。最后一段讲到了流星和奶奶，为小女孩的结局埋下一个伏笔。

　　她在墙上又擦着了一根火柴。这一回，火柴把周围全照亮了。奶奶出现在亮光里，是那么温和，那么慈爱。"奶奶！"小女孩叫起来，"啊！请把我带走吧！我知道，火柴一灭，您就会不见的，像那暖和的火炉，喷香的烤鹅，美丽的圣诞树一样，就会不见的！"

　　她赶紧擦着了一大把火柴，要把奶奶留住。一大把火柴发出强烈的光，照得跟白天一样明亮。奶奶从来没有像现在这样高大，这样美丽。奶奶把小女孩抱起来，搂在怀里。她俩在光明和快乐中飞走了，越飞越高，飞到那没有寒冷，没有饥饿，也没有痛苦的地方去了。

这部分写小女孩擦燃第四根火柴，幻想着见到了疼爱她的奶奶。奶奶其实就代表着小女孩向往的那个温暖平和的世界。

第二天清晨，这个小女孩儿坐在墙角，两腮通红，嘴上带着微笑。她死了，在旧年的大年夜冻死了。新年的太阳升起来了，照在她小小的尸（shī）体上。小女孩坐在那儿，手里还捏着一把烧过了的火柴梗。

"她想给自己暖和一下……"人们说。谁也不知道她曾经看到过多么美丽的东西，她曾经多么幸福，跟着她奶奶一起向新年的幸福中走去。

在安徒生笔下，小女孩的死不是冷冰冰的，他让人们相信小女孩只是去了另一个世界，那个世界充满温暖。就像文中最后说的那样，小女孩死了，嘴角却带着微笑……

安徒生把这个弱小生命的凄苦和悲惨命运与她对美好生活的向往与破灭叠化在一起描写，表达了他对穷苦人民悲惨遭遇的深刻同情和对当时贫富悬殊社会现实的强烈不满。可怜的小女孩连最起码的温饱都没有，却仍然保持着对美好生活的向往，这或许才是人性的本真所在，也是安徒生童话最深刻的地方。

名言名句

● 天才就是劳动，人的天赋就像火花，它可以熄灭，也可以燃烧起来，而逼它燃烧成熊熊大火的方法只有一个，就是劳动再劳动。

● 热爱书吧——这是知识的泉源！只有知识才是有用的，只有它才能够使我们在精神上成为坚强、忠诚和有理智的人，成为能够真正爱人类、尊重人类劳动、衷心地欣赏人类那不间断的伟大劳动所产生的美好果实的人。

● 世界上最快而又最慢，最长而又最短，最平凡而又最珍贵，最容易被人忽视而又最令人后悔的，就是时间。

1分钟了解高尔基

人物名片

高尔基（1868—1936），俄国革命文学作家、诗人、评论家，代表作有自传体小说三部曲《童年》《在人间》《我的大学》，散文诗《海燕》等。

1868年出生于诺夫哥罗德城的一个木工家庭。

4岁时父亲去世，随母亲寄住到外祖父家。

11岁开始谋生，当过学徒、搬运工、面包房工人等。15岁后开始流浪。

1913年发表自传体小说三部曲的第一部《童年》。

1905年投身无产阶级革命斗争。

1916年发表自传体小说三部曲的第二部《在人间》。

1923年发表《我的大学》。

1936年6月因病逝世。

高尔基：
搏击暴风雨的"海燕"

高尔基1868年出生于伏尔加河畔下诺夫哥罗德城一个木工家庭，原名阿列克塞·马克西莫维奇·彼什科夫。他的父亲是个聪敏、善良、乐观的人，在高尔基四岁时就去世了。父亲去世后，高尔基随母亲寄住到外祖父家，不久后外祖父生意破产，母亲也因病去世。因为家境贫寒，高尔基只上过两年小学，但他十分喜欢读书，利用一切机会如饥似渴地读书学习。正如他自己所说："我扑在书上，就像饥饿的人扑在面包上一样。"

在外祖父的建议下，十一岁的高尔基开始独自谋生。他去鞋店当学徒，除了在鞋店打杂，还要负责给店主生炉子、擦地板、洗菜、带孩子……高尔基每天从早晨干到半夜，饱受欺凌。即使如此，他也没有忘记读书，因为没钱买书，高尔基就到处借书来读。在劳累了一天之后，到了深夜，他就蜷缩在阁楼里借着微弱的灯光读书。鞋店老板娘认为高尔基读书是为了逃避干活，于是禁止他读书，还把他藏在阁楼里的书搜出来统统撕掉，高尔基就把撕烂的书一点点粘起来继续读。

语文书里的"大人物"

一天,高尔基读书入了神,忘记火炉上还烧着水,结果把铁壶给烧坏了。狠毒的老板娘看到后抄起一根木棍,不容分说就朝高尔基身上打,把他打得遍体鳞伤,满身是血,木刺都扎进了肉里。老板娘担心会出人命,不得不请医生来给他检查,医生从他的背上拔出了十二根木刺。善良的医生同情这个可怜好学的孩子,让高尔基去举报这个凶残的女人。老板娘害怕高尔基去告她虐待罪,于是假惺惺地说:"孩子,只要你不告发我,提什么条件我都答应。"高尔基想了想对她说:"只要你允许我在干完活后可以读书,我就不去告发你。"老板娘极不情愿地答应了。高尔基也因祸得福,以皮肉受苦的代价,换来了可以用工余时间读书的权利。

为了维持生计,高尔基后来又做过搬运工、面包房工人,还曾到俄国南方流浪,受尽苦难生活的折磨。他在伏尔加河一艘"善良号"轮船当洗碗工时,轮船上的厨师斯穆雷先生也是个书迷,他有满满一箱图书,而且愿意让小高尔基随便读,还常常让高尔基念书给他听。有了听众,高尔基非常开心,读书更加刻苦了。有一次,高尔基的房间失火了,为了抢救书籍,他险些被烧死。在高尔基的心里,书籍如生命一样可贵。后来他在书中写道:"凡是我身上一切好的东西,都要归功于书籍。书籍一面启迪着我的智慧和心灵,一面帮助我在一片烂泥塘里站起来,如果没有书籍，我早就沉没在烂泥塘里，被愚蠢和下流淹死了。"

高尔基自学文化知识，勤奋不懈地努力，在二十四岁时开始走上文学之路，先后发表了很多短篇小说和剧本，引起广泛关注。后来，他将自己当鞋店学徒、码头装卸工、面包房工人以及住贫民窟的艰苦经历记录下来，写成自传体小说三部曲《童年》《在人间》《我的大学》。尽管书中描写了很多悲惨的故事，但整部作品仍然像阳光穿透云层一样放射出乐观主义的思想光辉。

《童年》是高尔基自传体小说三部曲中的第一部，反映的是高尔基从三岁至十岁这段时间的生活片段。小说记述的是小主人公阿廖沙在父亲去世后，随母亲寄住在外祖父家的那段生活经历。其中有外祖母的疼爱与呵护，还有外祖母所讲述的优美童话对自己日后写作的熏陶，同时也有对自己两个舅舅为争夺家产的争吵以及在生活琐事中表现出来的自私与贪婪的厌恶。这种现实生活中的善与恶、爱与恨在他幼小的心灵中留下了深刻的印象。阿廖沙就是在这"令人窒息的、充满可怕景象的狭小天地里"度过了自己的童年。

《在人间》是高尔基自传体小说三部曲中的第二部。阿廖沙十一岁时，母亲不幸去世，外祖父也破产，小小年纪的他无法继续过寄人篱下的生活，只能走上社会，独自谋生。他在鞋店当过学徒，也在绘图师家、轮船上做过杂工，饱尝了人世间的苦难。在轮船上当洗碗工时，阿廖沙结识了一位同样喜欢读书的厨师，并在他的帮助下读了很多书，激发了追求正义和真理的决心。丰富的生活阅历和大量的阅读扩展了阿廖沙的视野，他决心要做一个坚强的人，不为环境所屈服。他怀着这样的坚定信念，离开家乡奔赴喀山。

《我的大学》是高尔基自传体小说三部曲中的最后一部，主要讲述了阿廖沙在喀山时期的生活。十六岁那年，他背井离乡，怀揣着读大学的强烈愿望来到喀山，但梦想最终破灭，他不得不为生存继续奔波。住大杂院，卖苦力，同流浪汉接触，和形形色色的小市民、知识分子交往，进了一所天地广阔的"社会大学"。在这所"大学"里，他的思想发生了很大变化，经受了多方面的考验，对人生的意义、对世界的复杂性进行了最初的探索。

三部自传体小说就是高尔基人生经历的写照，正是这些经历，让高尔基始终与劳动人民站在一起，同呼吸共命运。后来在先进的马克思主义文学理论的影响下，他逐渐树立了无产阶级文学思想，组织成立作家协会，培养文学新人，积极参加保卫世界和平的事业，成长为一个为人民而奋斗的革命战士，正如他诗中的海燕，勇敢地迎接暴风雨的洗礼。

延伸阅读

海 燕

《海燕》又名《海燕之歌》,是高尔基创作的一篇著名散文诗。诗歌热情歌颂了俄国无产阶级革命先驱坚强无畏的战斗精神。

在苍茫的大海上,狂风卷集着乌云。在乌云和大海之间,海燕像黑色的闪电,在高傲地飞翔。

一会儿翅膀碰着波浪,一会儿箭一般地直冲向乌云,它叫喊着,——就在这鸟儿勇敢的叫喊声里,乌云听出了欢乐。

在这叫喊声里——充满着对暴风雨的渴望!在这叫喊声里,乌云听出了愤怒的力量、热情的火焰和胜利的信心。

海鸥在暴风雨来临之前呻吟着,——呻吟着,它们在大海上飞窜,想把自己对暴风雨的恐惧,掩藏到大海深处。

海鸭也在呻吟着,——它们这些海鸭啊,享受不了生活的战斗的欢乐:轰隆隆的雷声就把它们吓坏了。

蠢笨的企鹅，胆怯地把肥胖的身体躲藏在悬崖底下……只有那高傲的海燕，勇敢地，自由自在地，在泛起白沫的大海上飞翔！

乌云越来越暗，越来越低，向海面直压下来，而波浪一边歌唱，一边冲向高空，去迎接那雷声。

雷声轰响。波浪在愤怒的飞沫中呼叫，跟狂风争鸣。看吧，狂风紧紧抱起一层层巨浪，恶狠狠地把它们甩到悬崖上，把这些大块的翡（fěi）翠摔成尘雾和碎末。

海燕叫喊着，飞翔着，像黑色的闪电，箭一般地穿过乌云，翅膀掠起波浪的飞沫。

看吧，它飞舞着，像个精灵，——高傲的、黑色的暴风雨的精灵，——它在大笑，它又在号叫……它笑那些乌云，它因为欢乐而号叫！

这个敏感的精灵，——它从雷声的震怒里，早就听出了困乏，它深信，乌云遮不住太阳，——是的，遮不住的！

狂风吼叫……雷声轰响……

一堆堆乌云，像青色的火焰，在无底的大海上燃烧。大海抓住闪电的箭光，把它们熄灭在自己的深渊里。这些闪电的影子，活像一条条火蛇，在大海里蜿蜒游动，一晃就消失了。

——暴风雨！暴风雨就要来啦！

外国人物篇 下

这是勇敢的海燕,在怒吼的大海上,在闪电中间,高傲地飞翔;这是胜利的预言家在叫喊:

——让暴风雨来得更猛烈些吧!

以下是小学语文课本六年级上册"快乐读书吧"中《童年》一书的节选片段,同学们可以先来感受一下。

那时我病得很重,刚能勉强起身。我清楚地记得,我病着的时候,开始是父亲开开心心地照顾着我,后来他突然不见了,照顾我的人换成了外祖母,一个很奇怪的人。

"你从哪儿过来啊?"我问她。

她回答:"从上面来,从下城来,不是过来,是坐船来!人怎么能自己从水上过来呢,真是个小迷糊!"

这真可笑,又是上又是下的,让人糊涂。上面,楼上住的是几个染了大胡子的波斯人,而地下室住了一个卖羊皮的黄皮肤卡尔梅克老头。下楼梯可以从扶手上滑下去,要是摔倒的话就滚下去,这我一清二楚。可是这关水什么事?简直都乱套了。

"我怎么就迷糊呢?"

"因为你吵得人迷糊啊。"她说完也笑了起来。

平哥伴读

23

1分钟了解泰戈尔

人物名片

泰戈尔（1861—1941），印度诗人、文学家、社会活动家、哲学家，代表作有《吉檀迦利》《飞鸟集》《园丁集》《新月集》等。

- 1861年出生于印度一个贵族家庭。
- 11岁时跟着父亲到喜马拉雅山区旅行。
- 13岁就能创作长诗。

- 1910年发表诗集《吉檀迦利》。
- 1886年出版诗集《新月集》。
- 17岁赴英国留学。
- 1913年，因《吉檀迦利》获得诺贝尔文学奖。

- 1924年到中国访问。
- 1930年访问苏联。
- 1941年8月在祖居宅第平静离开人世。

泰戈尔：
多才多艺的哲学诗人

1861年，泰戈尔出生于印度加尔各答市的一个贵族家庭，父亲是印度小有名气的哲学家和宗教改革者。泰戈尔是家中最小的孩子，他有六个哥哥，有的献身于印度的文艺复兴运动，有的从事社会改革运动。这些都对泰戈尔的思想产生了深远的影响，并使他从小就受到文学的熏陶。

泰戈尔的父母并没有因为他是家中最小的孩子而溺爱他，父亲常以自己的行为来影响儿子。每天早晨，父亲会早早把泰戈尔叫醒，父子俩一起背诵古诗。早饭之后，父亲让泰戈尔听自己颂唱经文，然后父子俩一块儿去散步。散步的时候，父亲会给他讲各种知识，还教他读英文。在父亲的影响下，泰戈尔越来越喜欢读书，家里丰富的藏书让泰戈尔陶醉其中，可以说他从小就博览群书。

泰戈尔生性活泼，但他的童年受到很大的束缚。由于泰戈尔的母亲去世很早，父亲外出工作时，他就由家中的男仆照看，为了减少看护的麻烦，男仆把泰戈尔关在一间屋子里，不准他自由行动。有一个仆人常常用粉笔在地上画一个圆圈，让泰戈尔坐在里面，并且吓唬他说，如果迈出这个圆圈，就会有危险。小小年纪的泰戈尔不敢反抗，只能通过窗口窥（kuī）视外面花园的景色，暂时忘却被"囚禁"的痛苦。

泰戈尔一天天长大，越来越渴望走出家宅庭院的藩篱，去看看外面的世界。他天天吵着要跟哥哥去学校，无奈之下，父亲只得把他送进了东方学校。可是，这所学校管理严酷，教学刻板，凡是不会背诵功课的儿童都要到木凳上罚站，还要伸开双臂，手掌上托着石片，这让生性热爱自由的泰戈尔十分厌恶。不久父亲又将他转入一所师范学校，在这所学校，他专心读书，年终考试取得了全班第一名的好成绩。一年以后，他又进了英国人办的"孟加拉学校"，虽然没有遇到什么特别不如意的事情，可他总觉得这所学校死气沉沉，像一座医院。父亲理解他的心情，不再强迫他去学校，而是请人在家里教他。他跟着家庭教师学习历史、生物、物理、几何、音乐以及英国文学等，还读了很多诗歌，对诗歌的兴趣一天天浓厚起来。

十一岁那年，泰戈尔跟着父亲到喜马拉雅山区旅行。火车一路飞驰，碧绿的田野、潺（chán）潺的河流、广袤（mào）的草原从眼前飞快地掠过。他们沿途游览了好多地方，山路两旁古松参天，云飞雾绕，鸟语声声，皑皑白雪在峰岭熠熠闪光……泰戈尔从没这么高兴过，他捡拾五颜六色的石子、喝山泉水、露宿山林……晚上，父子俩在星空下读书，父亲给他讲天文知识。他穿梭在山间纵情呼喊，欢快地又跳又唱，陶醉在大自然的雄浑气魄和瑰丽景色之中。旅行历时四个月，给泰戈尔带来了心灵上的冲击，也激起了他对生活的热爱和创作的灵感。旅行结束后，他开始写诗。许多个夜晚，他或伏在灯下思索，或披着月光在花园里徘徊构想，写出了一首首优美的小诗，因此在家中得到"诗人"的称号。

1878年，泰戈尔遵照父兄的意愿赴英国留学，最初学习法律，但接触一段时间后他发现自己并不喜欢法律，于是转而学习英国文学和西方音乐。回国后，泰戈尔专门从事文学活动，主张把印度古老的文化与西欧文化结合起来，创作出《暮歌》《晨歌》等作品，抒发个人内心的感受，描述绚丽的大自然。1886年，他出版了著名的诗集《新月集》，诗作纯朴、自然，从内容到形式都开创了一代新诗风。

1910年，泰戈尔发表诗集《吉檀迦利》，以轻快欢畅的笔调歌唱生命的枯荣和生活的悲喜，表达了对祖国和人民的热爱。1913年，该诗集的英译本出版，泰戈尔以此获得诺贝尔文学奖，成为第一个获得此奖项的东方作家。

> **诺贝尔文学奖：** 根据瑞典科学家诺贝尔的遗嘱设立的五个诺贝尔奖之一，每年评选一次，旨在奖励在文学领域创作出具理想倾向之最佳作品者。莫言是第一个获得该奖项的中国作家。

1924年，泰戈尔到中国访问，这位亚洲第一位诺贝尔文学奖获得者的到访，引起中国文坛轰动，受到许多著名人士的热烈欢迎，徐志摩、林徽因等还与泰戈尔留下了十分珍贵的纪念照片。泰戈尔从年幼起就向往中国这个古老而富饶的东方大国，他深深地被中国文化所吸引，并不无深情地说："我相信我的前世一定是个中国人。"泰戈尔的诗风对中国现代文学产生了重大影响，启迪了郭沫若、徐志摩、冰心等一代文学家，冰心正是受到泰戈尔《飞鸟集》的影响，写出诗集《繁星·春水》。

1941年8月，泰戈尔在加尔各答祖居宅第里平静地离开人世。自此，这位伟大的哲学诗人走完了自己如夏花般绚烂、如秋叶般静美的一生。

泰戈尔一生创作出版了五十多部诗集，被称为印度的"诗圣"。他的浪漫主义诗句常常能为心中布满迷雾的青年打开一扇窗，治愈心灵。除诗歌外，他还发表了十二部中长篇小说、三十多部散文、二十多种剧本、一百多篇短篇小说，还画了一千五百多幅画，创作了两千多首歌曲。其中，《人民的意志》于1950年被定为印度的国歌。

林徽因
(1904—1955)：著名女建筑师、诗人和作家，人民英雄纪念碑和中华人民共和国国徽深化方案的设计者之一。

郭沫若
(1892—1978)：中国新诗的奠基人之一、中国历史剧的开创者之一、古文字学家、考古学家、社会活动家。

徐志摩
(1897—1931)：现代诗人、散文家，新月派代表诗人，代表作有《再别康桥》《翡冷翠的一夜》等。

名言名句

- 埋在地下的树根使树枝产生果实，却并不要求什么报酬。

- 我宁愿要那种虽然看不见但表现出内在品质的美。

- 不要因为你的胃口不好而抱怨你的食物。

- 如果你因错过太阳而流泪，那么你也将错过群星。

- 天空虽不曾留下痕迹，但我已飞过。

- 如果把所有的错误都关在门外的话，真理也要被关在门外了。

- 我们热爱这个世界时，才真正活在这个世界上。

花的学校

《花的学校》选自泰戈尔的儿童散文诗集《新月集》。诗集出版时,泰戈尔风华正茂,第一个女儿刚好降生,新的生命和不断取得成功的事业带给他阳光般的心情。诗集问世之后,泰戈尔被誉为"儿童诗人"。来看课文:

当雷云在天上轰响,六月的阵雨落下的时候,湿润的东风走过荒野,在竹林中吹着口笛。

于是,一群一群的花从无人知道的地方突然跑出来,在绿草上跳舞、狂欢。

妈妈,我真的觉得那些花朵是在地下的学校里上学。

他们关了门做功课。如果他们想在放学以前出来游戏,他们的老师是要罚(fá)他们站墙角的。

雨一来,他们便放假了。

树枝在林中互相碰触着,绿叶在狂风里簌(sù)簌地响,雷云拍着大手。这时,花孩子们便穿了紫的、黄的、白的衣裳(shang),冲了出来。

语文书里的"大人物"

你可知道,妈妈,他们的家是在天上,在星星所住的地方。

你没有看见他们怎样地急着要到那儿去吗?你不知道他们为什么那样急急忙忙吗?

我自然能够猜得出他们是对谁扬起双臂来,他们也有他们的妈妈,就像我有我自己的妈妈一样。

《花的学校》这首小诗非常富有童趣,我们来深入解读一下,仔细体会蕴含在诗中的意境和象征意义。

先来看第一句:当雷云在天上轰响,六月的阵雨落下的时候,湿润的东风走过荒野,在竹林中吹着口笛。泰戈尔用诗的语言来写打雷下雨刮风,读到"雷云轰响"四个字时,就好像我们耳边真的有雷声响起。这就是生动的语言表达,让读者身临其境,如果只用"打雷"两个字,就会显得干干巴巴。

接着来看:六月的阵雨落下的时候,湿润的东风走过荒野,在竹林里吹着口笛。这句把东风比喻成人,"走"本来是人的动作,但是诗人把风当成人,风刮过,就像人走过一样。接着,声音描写又出现了,风在竹林里吹着口笛,这里也用了拟人手法,其实是说风吹过竹林时发出那种呼呼的声音。"走过""吹着"这两个动词,给人一种轻松惬意的感觉。这就是诗的语言,委婉生动,富有画面感。

看下一段:一群一群的花从无人知道的地方突然跑出

来，在绿草上跳舞、狂欢。这句写的是在雨水的滋润下，花开了。我们平时一般讲到花时通常说一朵花，但这里诗人说一群一群的花，一个"群"字，说明花很多，很密集，一片生机勃勃。"从无人知道的地方突然跑出来"，无人知道的地方，增加了神秘感，就像天使、精灵一样，我们一般是不知道他们住在哪里的，很神秘。雨一下，花儿忽然就开了，"在绿草上跳舞、狂欢"有没有一种肆无忌惮的感觉？这里又是一种拟人的手法，表现花开之后那种兴奋，那种充满生命力、蓬勃旺盛的感觉。

第三句没有写花，也没有写雨，而是镜头切换出一个小孩的形象，这个小孩在跟自己的妈妈说：妈妈，我真的觉得那些花朵是在地下的学校里上学。他们关了门做功课。如果他们想在放学以前出来游戏，他们的老师是要罚他们站墙角的。

诗人借小朋友之口，把花开放之前在泥土里汲取养分的过程，说成是在地下的学校上学做功课，非常有想象力。功课做不完就出来玩游戏会被罚站，这样的情节贴近孩子的生活，充满童趣。

看下一个场面：雨一来，他们便放假了。树枝在林中互相碰触着，绿叶在狂风里簌簌地响，雷云拍着大手。这时，花孩子们便穿了紫的、黄的、白的衣裳，冲了出来。风雨之中，花孩子们冲出来。再大的风雨也阻挡不住花孩子的热情,他们穿着紫的、黄的、白的衣裳冲出来。为什么是各种颜色的衣服啊?因为花是有各种颜色的。他们是怎么出来的?冲出来的。诗人不说跑出来,也不说走出来,一个"冲"字,表达出花孩子们那种迫不及待的心情。

这些迫不及待冲出来的花,要去哪里呢?后面还是借由这个孩子的口吻说出来。你可知道,妈妈,他们的家是在天上,在星星所住的地方。这种想象力果然是大诗人才有的。花不是长在地上的吗?他们的家怎么会在天上呢?从常理的角度看,这好像不科学,但是诗歌不是科学,是艺术创造,是想象,是美。

继续看后面:你没看见他们怎样地急着要到那儿去吗?你不知道他们为什么那样急急忙忙吗?我自然能够猜得出他们是对谁扬起双臂来,他们也有他们的妈妈,就像我有我自己的妈妈一样。接连用了两个反问句来强化花孩子们急于回家的心情。他们和我一样,急于要见到自己的妈妈。因为雨是他们的妈妈,雨哺育了花,天空就是他们的家。雨点从天空落下来,就像妈妈从家里出来,迎接美丽的花儿回家。

泰戈尔依照儿童的思维,以灵动的语言、明快的格调和瑰丽的联想,描绘出儿童的种种动人情态和奇思妙想。通过孩子和妈妈的对话,赞美了人类生活中最为宝贵的两样东西:童真和母爱,使整首诗散发出人性的光辉。

1分钟了解纪伯伦

人物名片

纪伯伦（1883—1931），著名作家、诗人，阿拉伯文学的主要奠基人，20世纪阿拉伯新文学道路的开拓者之一，主要作品有《泪与笑》《先知》《沙与沫》等，素有"黎巴嫩文坛骄子"和"艺术天才"的美誉。

- 1883年出生于黎巴嫩一个小山村。
- 1888年就读于以赛亚修道院小学。
- 1894年母亲带着他们兄妹移居美国。
- 1898年只身返回黎巴嫩，学习阿拉伯古典文学。
- 1903年陆续发表短篇散文。1904年举办首次个人画展。
- 1908年前往巴黎学画。
- 1911年客居纽约，出版《折断的翅膀》。
- 1920年发表散文诗集《先驱者》。
- 1923年发表《先知》。
- 1931年4月10日因病逝世。

纪伯伦：
用心灵呼唤爱与美

1883年1月6日，纪伯伦出生于黎巴嫩北部的一个小山村，小时候他的家庭状况并不是很好，父亲是一个本分的山民，因无法面对生活压力而嗜（shì）酒麻痹自己，使得一家人生活更加窘迫。在纪伯伦的印象中，父亲经常喝醉酒回家，对家人十分粗暴，所以纪伯伦与父亲的关系也日渐紧张。相反，他的母亲却温柔善良，不仅为家庭默默付出，而且尊重和理解孩子们。母亲在纪伯伦心中是爱与美的化身，也是他心灵和感情的支柱。后来父亲因故入狱，家被查抄，房子和为数不多的财产也被没收，母亲携他和两个妹妹以及同母异父的哥哥搬到一所偏僻的小屋居住。1894年，在纪伯伦十一岁的时候，母亲带着他们兄妹移居美国，在波士顿唐人街过着清贫的生活。

1898年，十五岁的纪伯伦只身返回黎巴嫩，学习阿拉伯古典文学，还在黎巴嫩各地旅

黎巴嫩：
位于亚洲西南部，地中海东部沿岸，习惯上归入中东国家。

行，寻访名胜古迹，了解自己民族的历史文化。四年后当他重返波士顿时，得知年仅十四岁的妹妹被肺病夺走了生命。纪伯伦和妹妹的感情一直很好，妹妹临死之前，非常想见哥哥一面，但是这个愿望终究没有实现。不久之后，灾难再次降临到这个不幸的家庭——纪伯伦的哥哥也因病去世了，还没来得及悼念哥哥，纪伯伦最爱的母亲也在接连痛失儿女的打击下一病不起，随后撒手人寰（huán）。

母亲的离世，对纪伯伦来说无疑是巨大的打击。母亲在纪伯伦心中有着不可替代的位置，他后来在《母亲颂》中写道："人的嘴唇所能发出的最甜美的字眼，就是'母亲'，最美好的呼喊，就是'妈妈'……谁失去了母亲，谁就失去了让他依偎的怀抱、向他祝福的手和眷顾他的眼睛……"

为了表达对母亲的怀念，纪伯伦曾经用一幅画描绘了母亲临终前的瞬间，题为《走向永恒》，画中的母亲从容平静，脸上没有一丝痛苦。纪伯伦日后回忆母亲对他文学创作的启迪时强调："我的母亲，过去，现在，仍在灵魂上属于我。我至今仍能感受到母亲对我的关怀，对我的影响和帮助。这种感觉比母亲在世的时候还要强烈，强烈得难以测度。"

在短短十五个月里，三位亲人相继去世，因为治病，家中欠下了一大笔债务。纪伯伦变卖了家中的财物，靠写文章、卖画、做零工来赚钱还债。此时，纪伯伦在波士顿的老师戴伊向他伸出了援手，在经济上和精神上给予他帮助。

在纪伯伦的一生中，除母亲以外，还有两位女性在他心中占有重要位置，影响着他的创作，那就是他的好友玛丽·哈斯凯尔和梅伊·齐雅黛。

1904年，纪伯伦与年长自己十岁的玛丽相识，两人因相互欣赏而结下友谊。在玛丽的日记中，记录了纪伯伦曾向她求过婚，但她不想让婚姻生活束缚纪伯伦的艺术天赋，便以自己年长为由婉拒，两人成为终生的挚友。

1908年，纪伯伦在玛丽的资助下赴巴黎学画，并得到罗丹等艺术大师的亲授指点。这期间，他阅读了尼采、卢梭、伏尔泰等人的作品，从中汲取营养，为后期的文学创作打下了基础。1911年，纪伯伦返美后长期客居纽约，从事文学与绘画创作。

1914年，纪伯伦开始与巴黎女作家梅伊·齐雅黛通信，双方虽然从来不曾见面，但他们之间相互倾慕，惺惺相惜。这段通信关系一直延续到纪伯伦逝世前不久。纪伯伦致梅伊的书

尼采

（1844—1900）：德国哲学家。西方现代哲学的开创者，同时也是卓越的诗人和散文家。

信均以阿拉伯文写成，得以保留的虽然只有三十多封，却有着极高的文学价值。

　　这些或美好或痛苦的经历让纪伯伦对爱和生命有了更深的思考，这在他的代表作《先知》中充分展现出来。《先知》发表于1923年，这部作品的核心就是爱、美与生命。纪伯伦在作品中解释了"什么是爱""如何去爱"等哲学问题。比如他在谈及父母对孩子的爱与教育问题时提出，父母与孩子是分别属于自己的个体，双方都是自由的，父母不应该以爱之名，去"占有"孩子的思想与人生选择，更多的应该是尊重与爱护。这与泰戈尔的观点一致，都认为"爱不是占有，也不是被占有，爱只能在爱中满足"。《先知》出版后立即在美国引起轰动，并在短短数年内风靡世界，至今发行总量已逾七百万册，被誉为"东方赠送给西方的最好礼物"。甘地、冰心及都深受其影响，把他的作品视为人生经典、心灵解药。纪伯伦曾说："这是我思考了一千年的书。或许在下一个一千年，纪伯伦的'先知'意识依然会熠熠生辉。"

披头士乐队

（The Beatles）：又称甲壳虫乐队，由约翰·列侬等四名成员组成。1960年，乐队于英格兰利物浦市成立，其音乐风格源自20世纪50年代的摇滚乐。

《先知》之后,纪伯伦又写了《先知园》,还希望之后再写一部《先知之死》,作为完整的《先知》三部曲。然而,他的心愿终未能实现。1931年4月10日,纪伯伦因积劳成疾离开人世,年仅四十八岁。他的灵柩于当年8月被运往黎巴嫩,这位一生颠沛流离、历经重重磨难的天才,最终回到了自己的祖国。在他安眠的地方立着一块纪念碑,上面用阿拉伯文写着:"这里,纪伯伦长眠在我们中间。"

名言名句

- 你背朝太阳，就只能看到自己的影子。

- 一个人的意义不在于他的成就，而在于他所企求成就的东西。

- 昨天不过是今天的回忆，明天不过是今天的梦想。

- 不要因为走得太远，忘了我们为什么出发。

- 别忘了大地是喜欢和你的赤脚接触，风是希望和你的头发相戏的。

- 理性独自掌权，是一种局限的力量；热情不加束缚，则是自我焚烧的火焰。

课文赏析

(六年级上册)

花之歌

　　这篇《花之歌》是纪伯伦的一首散文诗,诗人用花的语言为我们呈现了一幅生动美好的自然画卷,文中尽显"纪伯伦风格"中的轻柔、凝练、隽(jùn)秀与清新,对爱与美的呼唤贯穿始终。

　　虽然文章题目是花之歌,但从头到尾都没有出现一个花字。诗人用第一人称从花的视角描绘了四季更迭、花开花落的景象,抒发了对人生意义的独特感悟。来看课文:

　　我是大自然的话语,大自然说出来,又收回去,藏在心间,然后又说一遍……

　　这里是比喻和拟人两种修辞方法的套用,"我是大自然的话语",这个"我"其实是花,把花拟人成"我",又把"我"比喻成大自然的话语,用得很巧妙。"大自然说出来,又收回去,藏在心间,然后又说一遍……"隐喻自然界花开花谢、循环往复的过程。

我是星星,从苍穹(qióng)坠落在绿茵中。

绿茵就是草地,而点缀草地的不就是花吗?这繁花点点就如苍穹里的星星,多么美妙啊!诗意的语言就是通过意象与意境形象委婉地表达,把自己的思想情感变成一幅美丽的画面呈现出来。如果这里直接说"花从苍穹坠落到草地中",就会让人纳闷,花怎么会在天上?但这里把花比作星星,像星星那么美那么灿烂,落入绿茵中,就非常自然了。

我是诸元素之女:冬将我孕育,春使我开放,夏让我成长,秋令我昏昏睡去。

用一个排比句写出四季之中花的变化、花孕育生长的过程。只有诗人才能用如此美的语言表达出来。

我是亲友之间交往的礼品,我是婚礼的冠冕,我是生者赠予死者最后的祭献。

这句写花的功用,可以作为表达情意的礼物。

清早,我同晨风一道将光明欢迎;傍晚,我又与群鸟一起为它送行。

我在原野上摇曳(yè),使原野风光更加旖旎;我在清风中呼吸,使清风芬芳馥(fù)郁。我微睡时,黑夜星空的千万颗亮晶晶的眼睛对我察看;我醒来时,白昼的那只硕大无朋的独眼向我凝视。

"千万颗亮晶晶的眼睛"说的是夜晚的星辰,"那只硕大无朋的独眼"指的是白天的太阳。这段话都是对仗的句子,"我在原野上摇曳,我在清风中呼吸""我微睡时……我醒来时……"对仗可使诗词在形式和意义上显得整齐匀称,给人以美感,是汉语所特有的艺术表现手法。

我饮着朝露酿成的琼(qióng)浆,听着小鸟的鸣啭、歌唱;我婆娑(suō)起舞,芳草为我鼓掌。我总是仰望高空,对光明心驰神往;我从不顾影自怜,也不孤芳自赏。而这些哲理,人类尚未完全领悟。

这一段非常押韵:琼浆、歌唱、鼓掌、神往、自赏,读来朗朗上口,前面两句写动态的景色,后面揭示出一个深刻的道理。渴饮朝露,向往光明,不顾影自怜,也不孤芳自赏,这是花的神韵和精神,也是作者坚守的品格和情操,更是我们应该有的向往和追求。

> **硕大无朋:**
> 形容无比的大。出自《诗经·唐风·椒聊》:"椒聊之实,蕃衍盈升。彼其之子,硕大无朋。"

> **顾影自怜:**
> 望着自己的影子,自己怜惜自己,形容孤独失意的样子。也指自我欣赏。出自陆机的《赴洛道中作》:"伫立望故乡,顾影凄自怜。"

1分钟了解贝多芬

人物名片

贝多芬（1770—1827），德国著名音乐家，维也纳古典乐派代表人物之一，被尊称为"乐圣"，代表作有《英雄》《命运》《田园》等九部交响曲。

4岁时，父亲强迫他弹钢琴。8岁第一次登台演出。

1770年12月16日出生于德国波恩。

11岁发表第一首作品《钢琴变奏曲》。

26岁时听力开始减弱。

13岁进入波恩剧院乐队当小乐师。

1787年访问维也纳，遇见莫扎特。

1792年定居维也纳。

1800年4月，《第一交响曲》等曲目在维也纳皇家宫廷音乐会上首演。

1824年5月，《第九交响曲》在维也纳首演。

1827年3月26日在维也纳辞世。

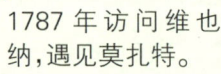

1803年，《第二交响曲》在维也纳剧院首演。

贝多芬：
用音乐扼住命运的咽喉

  1770年12月16日，贝多芬出生于德国波恩一个平民家庭，他的童年是不幸的，主要因为他有一个"虎爸"。这位"虎爸"是宫廷乐团的一位男高音歌手，音乐上也算有点天赋，但他不思进取，喜欢酗酒，常常喝到酩（mǐng）酊（dǐng）大醉，对家人从没有好脾气。虽然父亲自己在音乐上没什么成就，但他对贝多芬的期望非常高。贝多芬从四岁开始就被父亲强迫弹钢琴，而且父亲对他的要求非常严厉，近乎苛刻。他经常把贝多芬锁在房间里从早到晚练习钢琴、小提琴，每天都会扔一堆乐谱让贝多芬背诵。有时喝醉了，还会把睡梦中的贝多芬拉起来彻夜练琴。父亲想用强制性手段将他培养成 **莫扎特** 式的神童，这种严厉苛刻的教育方式让贝多芬变得倔强敏感、暴躁易怒。好在贝多芬并没有因此而厌倦音乐，反而从这些流

莫扎特
(1756—1791)：古典主义时期奥地利作曲家，维也纳古典乐派代表人物之一。莫扎特一生完成了六百余部(首)不同体裁与形式的音乐作品。

语文书里的"大人物"

维也纳： 奥地利的首都，市内古典音乐气氛浓厚，有"世界音乐之都"和"乐都"等美誉。

淌的音符中找到了属于自己的世界。

贝多芬八岁时第一次登台演出，十一岁辍学，专心在家学习音乐。十三岁进入波恩剧院当小乐师，有机会师从指挥家和作曲家聂弗学习，聂弗是一位具有多方面才能的音乐家，对贝多芬帮助很大。1787年，贝多芬来到维也纳，在这里和他的偶像莫扎特相遇了。当时，十六岁的贝多芬默默无闻，而莫扎特早已名满欧洲。可能是贝多芬的相貌太一般了，起初莫扎特对这个年轻人并没有太大的兴趣。他给了一段音乐素材让贝多芬用钢琴即兴发挥，自己却到隔壁屋子和别人聊天去了。然而，当隔壁房间传来充满激情的钢琴声时，莫扎特不由自主地跑回钢琴旁。莫扎特对音乐的感悟力是非凡的，他从这个年轻人的琴声中听到了无穷的创造力和灵感。演奏完毕，莫扎特对屋内的人说："注意这个孩子，有朝一日，他的琴声必将轰动世界！"然而，正当贝多芬打算向莫扎特长期学习时，传来一个不幸的消息——他的母亲病逝了。贝多芬不得不返回老家。当五年后他再次来到维也纳的时候，莫扎特已不在人世了。

母亲去世后，贝多芬挑起了养家的重担，

他只能靠拼命给贵族们演奏来维持生活。十九岁时，贝多芬有幸成为"交响乐之父"海顿的学生，海顿性格很好，也十分欣赏贝多芬的才华，但他无法容忍贝多芬那种大胆的创新精神和桀骜不驯的性格，师生之间时常由于见解不同而发生分歧。

贝多芬常常随身携带一个笔记本，在散步时也不忘将突发的灵感记录下来。他作曲十分严谨，后人曾在他的手稿中找到过《命运交响曲》的十几种不同构想。

贝多芬热爱音乐，热爱钢琴，除了吃饭睡觉，他几乎都坐在钢琴旁。然而，就在他一心准备投身音乐大干一场时，命运再次向他露出了狰狞的面孔。贝多芬在一次演奏中发现自己的听力出了问题，而且随着年龄的增长听力越来越差。对音乐家而言，还有什么比"听力差"更悲惨的事情呢？

要知道，人的耳朵在85分贝以上的环境中长期停留就会影响听力，而钢琴发出的声响在80~90分贝。医生曾劝说贝多芬放弃音乐、放弃演奏，但他断然拒绝，对他而言，音乐就是生命！正是这份热爱的力量让贝多芬坚

> **海顿**
> （1732—1809）：古典主义时期作曲家，维也纳古典乐派奠基人，代表作品有《创世纪》《四季》等。

持了下来,他渐渐发现,音乐不只是动听的声音,也是一种思想的语言,虽然听不到是一种遗憾,但自己可以用灵魂去创作和演奏。音乐给了贝多芬第二次生命,让他从中找到心灵的寄托。

贝多芬的内心总是交替地经历着希望和失望、顺从和反抗,这无疑成了他创作的灵感源泉。1801年,贝多芬与比自己小十四岁的朱列塔·圭恰迪尔坠入爱河,不幸的是因为门第的鸿沟,两人最终分手。贝多芬在遭受这一打击之后,创作出著名的《月光奏鸣曲》,这首曲子感情激切、炽热,把由等级制度造成的内心痛苦和强烈悲愤全部倾注其中。

到了晚年,贝多芬彻底失去了听力,他只能通过在谈话册上写字与别人交流,他的音乐事业也陷入低谷。在生命的最后十年,他的耳朵全聋,健康状况恶化,生活贫困,精神上备受折磨,但他仍以巨人般的毅力创作了《第九合唱交响曲》,总结了他光辉的、史诗般的一生,这部作品创造了他理想中的世界,展现了人类的美好愿望。

1826年12月,贝多芬因肝病引发严重的肝腹水,于次年3月在一个暴风雨之夜与世长辞。虽然他的葬礼上没有亲人,但有两万多群众自发来送别这位对世界音乐发展有着深远影响的伟大音乐家。

贝多芬一生遭遇了许多不幸,但他没有沉沦,反而和命运顽强抗争，"扼住命运的咽喉"是他用一生去实践的。他的身高不到一米六，却和**拿破仑**一样创造了一个音乐的英雄时代。他的一生创作了九部交响曲、三十五首钢琴奏鸣曲，还有大量的艺术歌曲和舞曲，其中就有闻名世界的《田园》《英雄》《命运》，以及《致爱丽丝》《月光奏鸣曲》《欢乐颂》等，他与**巴赫**和莫扎特一起被视为最伟大的三位古典音乐家。

关于贝多芬的传记很多，平哥最想给大家推荐的是法国作家罗曼·罗兰的长篇小说《约翰·克利斯朵夫》，二者到底有何关系呢？罗曼·罗兰本身对音乐非常有研究，他这部小说的主人公其实就是以贝多芬为原型的。小说的主人公约翰·克利斯朵夫也有一个酗酒的父亲，从他几次恋爱的故事中也能明显地看到贝多芬的影子，约翰·克利斯朵夫其实就是文学化、艺术化的贝多芬，所以我推荐给大家阅读。同时这本书也是我个人非常喜欢、非常推崇的成长小说，它在我的成长过程中曾给予过我巨大的力量。

拿破仑
(1769—1821)：即拿破仑一世，十九世纪法国伟大的军事家、政治家，法兰西第一帝国的缔造者。

巴　赫
(1685—1750)：德国作曲家、键盘演奏家，一生创作了大量的音乐作品，被称为"西方音乐之父"。

名言名句

- 涓滴之水终可磨损大石，不是由于它的力量强大，而是由于昼夜不舍的滴坠。

- 我要扼住命运的咽喉，它妄想使我屈服，这绝对办不到。生活是这样美好，活它一千辈子吧！

- 在全人类中，凡是坚强、正直、勇敢、仁慈的人，都是英雄！

- 成名的艺术家反为盛名所拘束，所以他们最早的作品往往是最好的。

- 卓越的人一大优点：在不利与艰难的遭遇里百折不挠。

- 音乐应当使人的精神爆出火花。

- 我愿证明，凡是行为善良与高尚的人，定能因之而担当患难。

> 延伸阅读

发烫的手指

二百多年前,在维也纳一家简陋的小旅馆里,一位旅客正躺在床上,闭目倾听从楼上传来的钢琴声,琴声时而高亢激昂,时而委婉深沉。

这是谁呢?弹得这么好,他觉得自己从来没有听过这么美妙的琴声。突然,一滴水落在他的脸上,他睁开眼睛往天花板上望去,这时,又有一滴水落下来。

天花板怎么会渗水呢?他很疑惑,就想上楼去看看。走到楼上,透过门缝,他看见一位年轻的先生正在全神贯注地弹琴,身边还放着一盆水,不时把手在水盆里浸一下,然后甩甩手又继续弹。原来,他弹得太久,十个手指都发烫了,需要随时用凉水冷却一下。因为匆忙,水溅了一地,顺着地板缝滴到楼下。

"你知道吗?他就是大音乐家贝多芬先生。"旁边的侍者轻声说。

"是吗?"这位旅客睁大眼睛,心中不禁暗暗赞叹,"真努力呀,伟大的音乐家!"

课文赏析

（六年级上册）

月光曲

贝多芬一生创作了大量举世闻名的音乐作品，《月光曲》就是其中的一首。这篇课文介绍了《月光曲》是怎样谱成的，虽然只是一个传说，但仍不妨碍它是一个很美的故事。

两百多年前，德国有个音乐家叫贝多芬，他谱写了许多著名的乐曲。其中有一首著名的钢琴曲叫《月光曲》，传说是这样谱成的。

第一段是全文的一个概况，介绍作者要讲的究竟是什么故事。

有一年秋天，贝多芬去各地旅行演出，来到莱茵河边的一个小镇上。一天夜晚，他在幽静的小路上散步，听到断断续续的钢琴声从一所茅屋里传出来，弹的正是他的曲子。

语文书里的"大人物"

　　这一段讲故事的起因,用环境描写引出故事发生的背景。文中说贝多芬到各地旅行演出,来到一个小镇上,听到有人正在弹他的曲子,说明贝多芬是一个深受人们喜爱的音乐家。

　　贝多芬走近茅屋,琴声忽然停了,屋子里有人在谈话。一个姑娘说:"这首曲子多难弹啊!我只听别人弹过几遍,总是记不住该怎样弹,要是能听一听贝多芬自己是怎样弹的,那有多好哇!"一个男的说:"是啊,可是音乐会的入场券(quàn)太贵了,咱们又太穷。"姑娘说:"哥哥,你别难过,我不过随便说说罢了。"

　　在这里我提一个问题:这一段讲的是谁,在干什么呢?我相信大多数同学会回答"讲的是一个女孩和她的哥哥在房间里对话"。是这样吗?再读一遍第一句"贝多芬走近茅屋,琴声忽然停了,屋子里有人在谈话"。其实,正确的回答是"贝多芬听到哥哥和妹妹在茅草屋里的对话"。从对话中我们了解到:妹妹很喜欢弹钢琴,很热爱音乐;哥哥很疼爱妹妹,对不能满足妹妹的愿望深感遗憾;而妹妹很懂事,她听出哥哥话中不安的意思,能体谅哥哥的难处,所以反过来安慰哥哥,把自己想听音乐会的强烈愿望淡淡地称作"随便说说"。从这里可以看出兄妹俩互相体贴,这种感情非常珍贵,十分感人。

贝多芬听到这里，推开门，轻轻地走了进去。茅屋里点着一支蜡烛。在微弱的烛光下，男的正在做皮鞋。窗前有架旧钢琴，前面坐着一个十六七岁的姑娘，脸很清秀，可是眼睛失明了。

这一段讲的是贝多芬走进房间看到的情况。从贝多芬的视角中我们知道刚刚在弹琴的女孩双目失明。到这里，文章顺序就基本捋顺了：散步的贝多芬听到了什么、看到了什么，接下来就是贝多芬会说什么，会做什么。

皮鞋匠看见进来个陌生人，站起来问："先生，您找谁？走错门了吧？"贝多芬说："不，我是来弹一首曲子给这位姑娘听的。"

姑娘连忙站起来让座。贝多芬坐在钢琴前面，弹起盲姑娘刚才弹的那首曲子。盲姑娘听得入了神，一曲弹完，她激动地说："弹得多纯熟哇！感情多深哪！您，您就是贝多芬先生吧？"

贝多芬没有回答，他问盲姑娘："您爱听吗？我再给您弹一首吧。"

盲姑娘的疑问说明她不敢相信，但是又很笃定只有贝多芬才能弹出如此纯熟的曲子。她内心除了"激动"还有"难以置信"。盲姑娘肯定是很喜欢贝多芬的，她不但爱音乐，而且懂音乐，虽然她看不见，却能一下子听出是贝多芬本人在弹这首曲子。而正是这种"懂得",也让贝多芬为自己能在穷人中有这样的知音而深深感动,正是这种激情促使他创作了《月光曲》。

一阵风把蜡烛吹灭了。月光照进窗子,茅屋里的一切好像披上了银纱,显得格外清幽。贝多芬望了望站在他身旁的兄妹俩,借着清幽的月光,按起了琴键。

这里用环境描写烘托了一个艺术创作的氛围,也将兄妹俩包括读者拉入情境之中。

皮鞋匠静静地听着。他好像面对着大海,月亮正从水天相接的地方升起来。微波粼(lín)粼的海面上,霎时间洒满了银光。月亮越升越高,穿过一缕一缕轻纱似的微云。忽然,海面上刮起了大风,卷起了巨浪。被月光照得雪亮的浪花,一个连一个朝着岸边涌过来……皮鞋匠看看妹妹,月光正照在她那恬静的脸上,照着她睁得大大的眼睛。她仿佛也看到了,看到了她从来没有看到过的景象——月光照耀下的波涛汹涌的大海。

这一段主要写了《月光曲》带给兄妹俩的感受,作者将这种感受描绘成一幅优美的画卷。开始,曲调可能是舒缓的,使人联想到月亮升高,穿过微云。再后来,曲调是高昂激越的,使人联想到月光下海面风起浪涌。用兄妹俩的感受来侧面衬托乐曲的美妙和贝多芬伟大的创造才能。

兄妹俩被美妙的琴声陶醉了。等他们苏醒过来，贝多芬早已离开了茅屋。他飞奔回客店，花了一夜工夫，把刚才弹的曲子——《月光曲》记录了下来。

最后一段点明了《月光曲》是怎么谱成的，和首段呼应，而且还是从兄妹俩的反应侧面衬托出琴声的美妙。为什么兄妹俩没有及时发现贝多芬的离去呢？因为他们完全沉浸在音乐中了。贝多芬悄然而来，悄然而去，给兄妹俩带来一片温馨的人间之爱和一次美妙的艺术享受，也给自己带来了一次意外的创作收获。

名言名句

- 生活中不是没有美,而是缺少发现美的眼睛。

- 工作就是人生的价值,人生的欢乐,也是幸福之所在。

- 只要你从中收获了经验,做什么都不算是浪费时间。

- 任何倏忽的灵感事实上不能代替长时间的工夫。

- 美是到处都有的,只有真诚和富有感情的人才能发现它。

- 艺术是大自然映现在人间的东西,重要的是要好好磨镜子。世间的活动,缺点虽多,但仍是美好的。

名人轶事

人不痴　不成事

贝多芬对于音乐创作的热情与执着无人能及。他经常沉浸在创作的世界中，忘记了周围的一切，甚至忘记了吃饭。

一天，贝多芬感到肚子有些饿，便来到一家饭馆，准备用餐。他点完菜后，开始等待。然而，他的思绪早已飘远，手中不断敲着桌子，嘴中哼唱着旋律。突然，他一拍大腿，灵感涌现，他立刻拿起桌上的菜单，翻到背面，开始记录下他的灵感。他完全沉浸在了音乐的海洋中，忘记了时间的流逝。不久后，服务员准备上菜了，他看到贝多芬全神贯注的样子，决定不去打扰他。一个小时后，服务员终于按捺不住，走到贝多芬身边，询问他是否需要上菜。贝多芬仿佛刚刚从梦中惊醒，他马上从口袋里掏出钱，要服务员结账。服务员一脸困惑地说："先生，您还没吃饭呢！"而贝多芬却回答："不，我已经吃过了。"

贝多芬抓起写满音符的菜单，冲出了饭馆。他的这种痴迷和执着，正是他伟大音乐成就的基础。他为人类留下一部又一部的音乐作品，让人们感受到音乐的魅力。

1分钟了解达·芬奇

人物名片

达·芬奇（1452—1519），意大利著名画家、雕塑家、发明家，意大利文艺复兴后三杰之一，代表作有《蒙娜丽莎》《最后的晚餐》等。

- 1452年出生在意大利的芬奇镇。
- 14岁到佛罗伦萨韦罗基奥的画坊学习绘画。
- 1494年到1498年创作完成《最后的晚餐》。而后埋头于几何学的研究和数学实验。
- 1503年开始创作肖像画《蒙娜丽莎》。
- 1513年应邀到罗马，创作出著名的素描自画像。
- 1516年到法国从事艺术创作和科学研究。
- 1519年5月2日因病与世长辞。

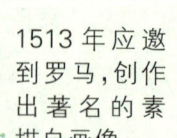

达·芬奇：
独一无二的全能天才

达·芬奇是人类历史上绝无仅有的天才，他学识渊博、多才多艺，是画家、雕塑家、发明家，通晓音乐、天文学、生物学、哲学、建筑学和军事工程学等。达·芬奇给后世留下了大批未经整理的手稿，他全部的科研成果尽数保存在他的手稿中。爱因斯坦认为，达·芬奇的这些手稿如果在当时就发表的话，科技至少可以提前三十至五十年。

达·芬奇1452年出生于意大利托斯卡纳的芬奇镇，他的父亲是佛罗伦萨的一位法律公证员，十分富有，母亲卡泰丽娜是一位普通的农妇。小时候的达·芬奇特别喜欢画画，据说当地有位农民做了一个盾牌，请达·芬奇的父亲在盾牌上作画。为了锻炼达·芬奇，父亲把作画的任务交给了他。达·芬奇花了一个月的时间在盾牌上画出一个口吐毒烟、浑身冒火的妖兽，然后请父亲观赏，没想到父亲被这幅画吓得差点尖叫起来，因为它实在是太逼真了！后来，达·芬奇的父亲把这幅画卖给了佛罗伦萨的艺术中介，米兰公爵不惜重金买下了它。当时的著名画家及雕塑家弗罗基俄对这幅画也很欣赏，于是决定收达·芬奇为徒。

　　弗罗基俄是一位很严厉的老师，他给达·芬奇上的第一堂课就是画鸡蛋。刚开始，达·芬奇画得很有兴致，在连续上了三节画鸡蛋的课后，他有点儿想不通了：一个小小的鸡蛋有什么好画的？老师告诉他，鸡蛋虽然普通，但天下没有绝对相同的两个鸡蛋，即使同一个鸡蛋，角度不同，投来的光线不同，画出来也不一样，因此，画鸡蛋是基本功，要练到画笔能听从大脑的指挥，得心应手，才算功夫到家。达·芬奇听了老师的话，很受启发。他每天拿着鸡蛋，一丝不苟地照着画。一年，两年，三年……达·芬奇画鸡蛋用的纸堆得越来越高，绘画水平也突飞猛进，很快超过了老师。

> **路易十三：**
> 法兰西波旁王朝第二任国王。

> **卢浮宫博物馆：**
> 始建于1204年，位列世界四大历史博物馆之首。馆藏有被誉为世界三宝的《维纳斯》雕像、《胜利女神》石雕和《蒙娜丽莎》油画。

达·芬奇一生最大的成就是绘画，有两幅作品名垂青史，一幅是举世闻名的《蒙娜丽莎》，前后用了十四年时间才创作完成。这幅画的神奇之处在于：在不同角度、不同光线下欣赏，你都会得到不同的感受。据说当时法国国王路易十三对这幅画特别着迷，还让他的女儿们模仿蒙娜丽莎的微笑。现在这幅画成了巴黎卢浮宫博物馆的三大镇馆之宝之一，每年到卢浮宫欣赏这幅画的人数大约有六百万。达·芬奇另一幅杰出的画作是《最后的晚餐》，这幅壁画收藏于意大利米兰圣玛利亚感恩教堂，记录了耶稣和他十二个门徒的故事。画面中人物的惊恐、愤怒、怀疑等神态以及手势、眼神都刻画得精细入微、惟妙惟肖，让人看了之后感觉这样的景象仿佛就发生在眼前，堪称美术史上最完美的典范之作。

除了绘画，达·芬奇在科学、医学、工程等领域也取得了突出的成绩。达·芬奇一生如孩童一样对世界充满着好奇，临终前他曾在日记中留下了这样的问题：明天一定要搞清楚啄木鸟舌头的结构。

达·芬奇对解剖学很感兴趣，解剖不仅让他从医学的角度了解人体构造，还让他从画家的角度去熟悉人体的比例以及肌肉纹理、骨骼构成等。他曾通过一组画来呈现人体比例，比如人的双臂展开的长度等于他的身高，脚的大小和前臂长度是差不多的，等等。达·芬奇一生留下了大量有关人体解剖的笔记和素描图，解剖素描图的精确度令人吃惊，被称为"近代生理解剖学的始祖"。最为奇妙的是，达·芬奇还设计了一套做心脏修复手术的方法。2005年，一名英国外科医生利用这种方法为一名患者做了心脏修复手术。

达·芬奇喜欢航空，做梦都想飞起来，因此他设计出了一款独特的飞行器。他还设计了坦克、潜水艇、滑翔机、扑翼飞机和直升机、旋转浮桥以及各种各样的工程器械和武器。这些设计都是从他手稿里呈现的，有一些他做过模型，有些只保留了手稿。2008年，三十六岁的瑞士男子特帕使用由达·芬奇设计的金字塔型降落伞从距离地面六百米高的直升机上成功降落。我们现在汽车上用的变速箱在达·芬奇的手稿中也有雏形。直到现在，达·芬奇手稿中还有一些东西是现代科学无法解释的。如果要列举人类历史上里程碑式的、具有划时代意义的人物，达·芬奇肯定位列其中。

达·芬奇留给后世的手稿是用镜像字书写的，为什么是镜像字呢？原来达·芬奇是个左撇子，当时写字用的是蘸墨的羽毛笔，我们写字的顺序一般是从左往右，如果是左撇子就很容易因墨迹未干而弄脏笔迹。达·芬奇的厉害之处就在于，他能用左手从右往左写，不仅顺序反着，连整个字母也是反着的，所以后人只有借助一面镜子才能读懂他的文字。

达·芬奇是一位刻苦勤勉、惜时如金的人，他可以用三年的时间只为画好一个鸡蛋；整宿整宿泡在实验室进行解剖、绘制；夜以继日地进行研究发明；为了争取到更多的工作时间，他还创造了一种特殊的睡眠法，即每工作四小时睡十五分钟。这样，他每天花在睡眠上的时间累计不足两个小时，从而争取到更多的时间工作。达·芬奇之所以取得如此瞩目的成就，不仅仅是因为他有着超乎寻常的天赋，更因为他始终保持着对世界的好奇并愿意为之付出百分之百的努力和汗水。

名言名句

- 劳动一日,可得一夜的安眠;勤劳一生,可得幸福的长眠。

- 人的智慧不用就会枯萎。

- 愚昧将使你达不到任何成果,并在失望和忧郁之中自暴自弃。

- 不管过去还是现在,科学都是对一切可能的事物的观察。

- 爱好是由知识产生的,知识愈准确,爱好愈强烈。

- 你如果要做一个艺术家,你要牢记:必须开拓你的胸襟,务必使心如明镜,能够照见一切事物,一切色彩。

延伸阅读

名画背后的故事

15世纪90年代,小说家班戴洛还只是个孩子,那时他在米兰的圣玛利亚感恩教堂做见习修道士,常会看到达·芬奇在修道院的北墙上绘制伟大的画作——《最后的晚餐》。

班戴洛曾这样描述:达·芬奇通常在拂晓时分就爬上脚手架,在墙壁上辛勤地作画。有时他会在那里从早干到晚,直到暮色降临才停止一天的工作。他手里一直拿着画笔画个不停,常会忘记吃饭或喝水。有时候,他会连续几天不碰画笔,一天中有好几个小时伫立在他的作品前,双臂交叉放在胸前,独自一人用挑剔的眼光审视着画中的人物。他的绘画速度很慢,常常要对前一天画好的部分不断进行修改。为了寻找可供参考的模特,他有时好多天不动笔。修道院副院长以为他工作偷懒,便去向米兰大公(米兰的最高统治者）告状。当大公找达·芬奇问话时，他回答说："这幅画还有两个头像没画好，一个是耶稣，很难从人间找到这样神圣的仪容来做模特。另一个就是犹大，他的叛徒嘴脸很难表现，如果副院长催得太急的话，我只好照他的尊容来画了。"大公听了哈哈大笑，并没有责备他。

达·芬奇在艺术上追求完美，从来不会对作品有一星半点的凑合，无论从作品构图、人物形象、画面效果，都力求做到无可挑剔。就这样，这幅《最后的晚餐》花了近七年时间才完成。

科普小讲堂

达·芬奇临终前在日记中留下的问题：啄木鸟舌头的结构到底是什么样的呢？

素有"森林医生"之称的啄木鸟长着一个又硬又尖的长嘴巴，敲击树干时"笃笃"作响，嘴巴就像医生的听诊器一样，通过声音，啄木鸟能准确找到害虫躲藏的位置。啄木鸟的舌头长得也很特别，又长又细，能伸出嘴外十四厘米，大约是它嘴巴长度的三倍。由于舌头太长，嘴里容纳不下，就从上颚穿过右鼻孔，分两叉绕过头颅，再从下颚回到口腔中。舌尖上能分泌黏液，并且长有许多细小的倒刺，舌根生有两条能伸缩的筋。这样，即便害虫隐藏得很深，啄木鸟也可以准确无误地将它钩出来，就是幼虫和虫卵也休想逃脱。当啄木鸟用坚硬的嘴巴不断用力敲击树干时，它奇异的舌头和头骨的结构给它的头部形成一层保护，所以啄木鸟在工作时不用戴头盔，它的头也不会被震坏。

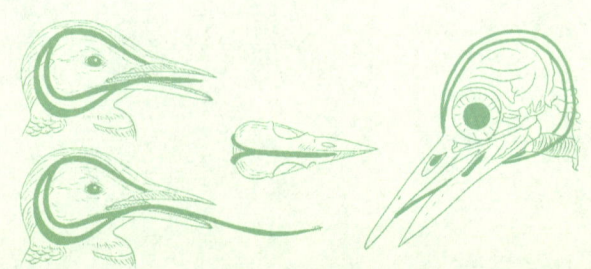

课文赏析（二年级下册）

小毛虫

达·芬奇的这篇《小毛虫》短小精悍，讲述了一只小毛虫从结茧到破茧成蝶的过程，以及这个过程中的所见、所思、所想。一起来看课文：

一条小毛虫趴在一片叶子上，用新奇的目光打量着周围的一切：大大小小的昆虫又是唱，又是跳，跑的跑，飞的飞……到处生机勃勃。只有它，这个可怜的小毛虫，既不会唱，也不会跑，更不会飞。

这一段前后两句话形成一个明显的反差，周围的昆虫又唱又跳又跑又飞，而小毛虫却什么都不会。通过这样的对比，可以看出整篇文章是一个欲扬先抑的写法。

小毛虫费了九牛二虎之力，才挪（nuó）动了一点点。当它笨拙地从一片叶子爬到另一片叶子上时，它觉得自己仿佛周游了整个世界。

这一段写小毛虫如何笨拙，它跑也跑不快，爬得也很吃力，从一片叶子爬到另一片叶子的距离，就好像周游了整个世界，这是一个夸张的修辞手法。

尽管如此，它并不悲观失望，也不羡慕任何人，它懂得：每个人都有自己该做的事情。它，一条小小的毛虫，眼前最要紧的是学会抽丝纺织，为自己编织一间牢固的茧（jiǎn）屋。

"尽管如此"是一个带有转折意味的关联词。尽管小毛虫很笨拙，但它并不悲观失望，也不羡慕其他任何人，它明白目前自己该做的事是编一个茧屋，这是羽化成蝶的第一步，只要努力去做好就可以了。

小毛虫一刻也没有迟疑，尽心竭（jié）力地工作着。它织啊，织啊，最后把自己从头到脚裹进了温暖的茧屋里。

"以后会怎样呢？"它在与世隔绝的茧屋里问。

"万事万物都有自己的规律！"小毛虫听到一个声音在回答，"你要耐心等待，以后会明白的。"

这两段讲述小毛虫尽心竭力地工作，终于把茧屋搭起来了，它终于有了一个可以化茧成蝶的空间。在与世隔绝的茧屋中，小毛虫剖析着自己的内心：万事万物都有自己的规律！只要尽心竭力，耐心等待就好。

时辰到了，它清醒了过来，再也不是以前那条笨手笨脚的小毛虫。它灵巧地从茧子里挣脱出来，惊奇地发现自己身上生出了一对轻盈（yíng）的翅膀，上面布满色彩斑斓（lán）的花纹。它愉快地舞动了一下双翅，如绒毛一般，从叶子上飘然而起。它飞啊飞，渐渐地消失在蓝色雾霭（ǎi）之中。

最后一段作者用欣喜的笔调描写小毛虫变成了一只"灵巧、轻盈"的蝴蝶，实现了自己生命的升华。"舞动双翅""如绒毛一般""飘然而起"等词汇与第一、二段中可怜、笨拙的小毛虫形象形成鲜明对比，突出了小毛虫的变化。

小毛虫破茧成蝶的过程，也正是我们每个人成长的过程。只要懂得自己该做的事，踏实努力去做，总有一天你会明白，所有走过的路都是必经之路，所有的努力都不会白费。

语文书里的"大人物"

科普小讲堂

我们都知道，美丽的蝴蝶是由毛毛虫蜕变而成的，从一条其貌不扬的毛毛虫到如精灵般美丽的蝴蝶，蜕变过程到底是怎样的呢？一起来了解下吧：

1. 卵

蝴蝶妈妈在温度适宜的条件下，先将卵产在幼虫喜欢吃的植物叶子上，为幼虫准备好食物。

2. 幼虫

几天之后，卵孵化成幼虫，开始吃大量的树叶，把自己吃得胖胖的。

3. 蛹

毛毛虫长大后，会找一处隐蔽的地方，将自己依附在树的茎干上，吐丝结茧，这个时候它们被称为蛹。在茧内，毛毛虫身体发生了完全变化，蛹的颜色也由绿色变为褐色。

4. 成虫

最终，蛹裂开，蝴蝶从里面挣脱出来。这时候，它的翅膀是柔软的，几个小时后，翅膀舒展变硬，它就可以翩翩起舞，自由地在树丛花间穿行了。

1分钟了解罗丹

人物名片

罗丹（1840—1917），法国雕塑艺术家，代表作有《思想者》《青铜时代》《巴尔扎克》等。是欧洲雕刻"三大支柱"之一。

- 1840年出生于法国巴黎的一个平民家庭。
- 5岁时进入小学学习，对美术产生浓厚的兴趣。
- 14岁进入设计学校学习，与雕刻结缘。
- 23岁在卢浮宫博物馆学习绘画。
- 1876年至1877年间完成雕塑《青铜时代》。
- 1880年开始创作《地狱之门》。
- 1886年为文学家维克多·雨果塑像。
- 1898年完成巴尔扎克的塑像。
- 1917年11月17日去世。

罗丹：
欧洲传统雕塑艺术的集大成者

罗丹1840年出生于法国巴黎的一个平民家庭，他的父亲是一名警务信使，母亲是一位普通的家庭妇女。罗丹五岁入学，在学校是个害羞的穷学生，因看不清楚黑板上的数字而讨厌数学，对历史、拉丁文也深觉乏味，唯独对美术有着浓厚的兴趣。罗丹在学校里不停地画画，他后来曾对自己的朋友说："我所能回忆起的关于少年时的情景只有绘画。母亲经常光顾的那家杂货店，常用从图册上撕下来的纸做成袋子装梅子，我喜欢描摹上面的图案，它们是我最初的模特。"在姐姐的支持下，父亲终于同意把他送进美术学校。姐姐靠自己辛苦挣来的钱支付他读美术学校的学费，因此罗丹对姐姐有着很深厚的感情。

在学校读书期间，青涩的罗丹遇到了让他终生敬仰的启蒙老师荷拉斯·勒考克。勒考克对艺术有着独到的见解，他反对那些学院派的教条主义，经常鼓励罗丹要忠于真正的艺术感觉，正是这种教导影响了罗丹的一生。罗丹坚信"艺术即感情"，他后来的全部作品都证明了这一观念。

罗丹常去卢浮宫临摹大师的名画，但由于家庭贫寒，没多久他就买不起昂贵的油画颜料，于是转到雕塑班学习，并从此爱上了雕塑。在启蒙老师勒考克的介绍下，罗丹跟随法国著名的雕塑家巴椰学习，这段学习经历为罗丹的艺术创作打下了良好的基础。经过三年艰苦而勤奋的学习，罗丹踌躇满志，准备报考巴黎美术学院。虽然勒考克邀请当时著名的雕塑家曼德隆作为罗丹的推荐人，但罗丹还是不幸落选了。第二年去考试依然落选。到了第三年，罗丹又去报考，一个之前的主考人看到罗丹的名字，居然不负责任地在报名表上写了一句"此生毫无才能，继续报考，纯系浪费"。就这样，这位未来的欧洲雕塑巨匠，竟被巴黎美术学院永远拒之门外。这对渴望成为雕塑家的年轻人来说，无疑是一个沉重的打击。

更为不幸的是，一年之后，罗丹的姐姐因感情受挫进入修道院，两年后猝然离世。罗丹为此悲痛不已，为了寻求安慰，他去修道院当起了修道士，但创作的欲望一刻都没有停止。善良而通达的修道院院长埃玛尔从罗丹受压抑的神情中看出了他的心思，他创造条件让罗丹有机会去画画和雕刻。埃玛尔发现罗丹在雕刻方面有着异于常人的天赋,于是劝说他离开修道院,继续从事雕塑事业。带着对埃玛尔院长的感激与尊敬,罗丹在离开前为他做了一件雕像,这件雕像显示出二十三岁的罗丹已经具备当一名雕塑家的洞察力和技巧了。

罗丹重新回到勒考克身边,在他的帮助和支持下,开始了边工作边自学的奋斗生涯。雇不起模特,他就请一个塌鼻的乞丐给自己当模特。乞丐虽然长相丑陋,但罗丹在这些丑陋和沉痛的肌理中感受到的是生命的顽强和坚韧。他突然意识到生活的美丑和艺术的美丑是不一样的,人们在思想上所感受的内容要远远超过视觉感受。雕塑艺术是一门强有力的语言,好的雕塑作品必须要穿过表象,去除成见,传达情感的真实、世界的真实,只有这样,这些事物才能在艺术中复活。而这一艺术思想正是雕塑大师**米开朗基罗**在晚年所苦苦追寻的。

凭借自己对雕塑艺术独特的感悟力和创作热情,罗丹先后创作出《青铜时代》《地狱

米开朗基罗

(1475—1564):意大利文艺复兴时期伟大的绘画家、雕塑家、建筑师和诗人。与拉斐尔和达·芬奇并称为文艺复兴后三杰。代表作品有《大卫》《创世纪》等。

之门》等作品。《地狱之门》的创作是一项艰巨的工程，罗丹耗费了近二十年的时光才得以完成。其中，《地狱之门》门顶上塑造的一尊雕像就是广为人知的《思想者》。《思想者》塑造了一个强有力的劳动男子形象，他紧皱眉头，弯腰屈膝，右手托着下颌，深沉的目光以及拳头触及嘴唇的姿态，表现出一种极度痛苦的心情。男子神态庄严肃穆，似乎在审视着宇宙中的一切。

  罗丹不仅是一位雕塑大师，同时又是一位开明的好老师，他从不约束自己的学生，鼓励学生在艺术创作上保持自己独特的风格。罗丹的创造精神影响着他的学生，在他的学生中出类拔萃者甚多，有些甚至能与自己比肩。

  1916年，罗丹把自己的全部作品捐给法国政府。第二年，这位伟大的艺术家与世长辞，享年七十七岁。

  罗丹的一生是被人攻击和嘲讽、同时亦为人理解和支持的一生，他始终以一种伟大的人格正确面对这一切，秉持着自己的艺术追求。他同情底层劳动人民，热爱自己的祖国，将感情融入一件件作品中，让每一件作品都体现出思想和精神魅力，给人以深沉之美。

延伸阅读

罗丹为巴尔扎克塑像

> **巴尔扎克**
> （1799—1850）：法国小说家、剧作家，被称为现代法国小说之父，欧洲批判现实主义文学奠基人。代表作有《人间喜剧》《高老头》等。

1891年，罗丹接受了法国文学家协会的一份订单，为已故文学大师**巴尔扎克**塑像。为了更好地完成作品，罗丹阅读了大量巴尔扎克的作品，仔细研究他的举止和神态，前后创作了四十尊巴尔扎克塑像，但都不满意。一天，罗丹正对着一尊雕像思索，恰巧雕刻家布尔德尔来拜访他，看到巴尔扎克的手被塑造得十分精彩，赞叹不已，并久久地凝视着这双手。罗丹看到这一情景后，竟做了一件令人意想不到的事情——他抡起锤子砸掉了那双手。他怕那双手过分突出而让人们忽略了人物的主体部分。罗丹坚持"整体感高于一切"，假如某一细节分散了观者的注意力，哪怕它本身再优美动人，也要毫不留情地舍弃。

巴尔扎克像花费了罗丹六年的时间才完成，但第一次展出时却遭到了猛烈攻击，文学家协会拒收这尊雕像，有人甚至嘲笑雕像是"麻布袋里装着的癞蛤蟆"。面对铺天盖地的漫骂，罗丹在日记中写道："假如真理应该灭绝，那么后代就会把我的《巴尔扎克像》毁成碎块；若是真理不该死亡，那么我的《巴尔扎克像》终将立于不败之地。"

后来，越来越多的人发现，别人的作品虽然"形似"，却不能体现巴尔扎克高傲的气势和动人的风采，而罗丹的作品采用中国画"大写意"的手法，在一定"形似"的基础上加以夸张、取舍，达到了层次更高的"神似"，塑造出人们心目中那个披着睡袍彻夜不眠、在月光下独自行走思考的文学巨匠巴尔扎克。

罗丹最终胜利了。现在，这尊《巴尔扎克像》已被铸成铜像矗立在巴黎街头，受到后人的礼赞。

出类拔萃

chū lèi bá cuì

释义 形容超出同类。

例句 他的品行和他的成绩在班里都是出类拔萃的。

近义词 鹤立鸡群　超群绝伦

反义词 滥竽充数　碌碌无能

成语典故

这个成语出自《孟子·公孙丑上》："圣人之于民，亦类也。出于其类，拔乎其萃，自生民以来，未有盛于孔子也。"这是孟子回答他的学生公孙丑的一段话。

孟子是战国时期的思想家、教育家，继承了孔子的学说，有一天，学生公孙丑问他："老师，古代的伯夷、伊尹同孔子差不多吧？"孟子说："孔子的学生有若曾这样说过，凡是同类的都可以相比较，如麒麟同其他走兽比，凤凰同其他飞鸟比，泰山同其他丘陵比，河海同水洼细流比，而前者都远远超过了后者。圣人和其他人也是同类，但圣人已远远超出、高过其他人了，自有人类以来，没有人比孔子更伟大了。""出于其类，拔乎其萃"就是孟子对孔子的盛赞，从而引申出"出类拔萃"这个成语。

名人轶事

"丑化"父亲的罗丹

罗丹小时候，父亲一直希望他能掌握一门手艺，过平定安稳的生活。但是罗丹从小醉心于美术，想成为一名艺术家。为此，父亲极力反对，甚至撕毁罗丹的画，将他的画笔投入火炉。

十四岁时，罗丹师从著名的写实派画家奥拉斯·勒考克。刚开始，罗丹只会临摹，不善于观察。

一天，当他正对着一张白纸发愣时，勒考克走过来说："如果你一时无法观察入画，那就先画自己所熟悉的事物吧。"

罗丹一下子醒悟了过来，拿起铅笔开始在纸上画一些线条，与此同时，脑子里浮现出自己不听话时父亲生气发怒的样子——咬牙切齿，怒目圆睁……罗丹飞快地将其画在纸上。

"这会是谁呢?"看着罗丹的画,勒考克问。

"我父亲!"罗丹脱口而出。

"你竟把父亲画得这么丑?"勒考克吃惊地问,"现实中的他,真是如此?"

"是的,他发怒时,就是这样子!"罗丹回应道。

"罗丹先生,你画得的确不赖,可你这样丑化甚至是在侮辱父亲,难道不觉得过分吗?"勒考克生气地说道,"一个连自己父亲都不尊重的人,是难成大器的!"

听老师这么一说,罗丹有些慌张了,但他还是辩解道:"可这就是我眼中的真实父亲,即便您不喜欢,我也要这样画。"说完,罗丹便站了起来,做好了被老师赶出去的准备。

而勒考克却被感动地热泪满眶——他见过太多年轻有为的艺术家,却因为迫于学院派的教条,抛弃了真实的自己,转而循规蹈矩地仿制一些大师们的艺术品,看似对前辈的尊重,实则是对艺术的"扼杀",而小小年纪的罗丹,竟能忠实于自己的内心,并为此不畏强势,这种魄力实在难得!

自此,勒考克开始喜欢上了遵从内心、对前辈不阿谀奉承的罗丹,并将自己的毕生所学全都无私地教授给了他。

1分钟了解魏格纳

人物名片

魏格纳（1880—1930），德国著名气象学家、地球物理学家，大陆漂移理论的创始人，代表作有《海陆的起源》。

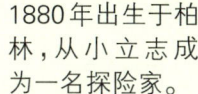 1880年出生于柏林，从小立志成为一名探险家。

1905年以优异的成绩获得气象学博士学位。

1906年加入著名的丹麦探险队。

30到37岁，去格陵兰考察。

1910年住院期间发现了大陆轮廓的吻合。

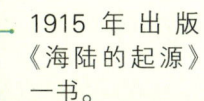 1915年出版《海陆的起源》一书。

1929年率领探险队第三次去格陵兰考察，并建立科考站。

1930年在格陵兰岛遇难身亡。

魏格纳：
发现地球奥秘的人

1880年11月1日，魏格纳出生于柏林，他的父亲是一名传教士，性情温和。魏格纳从小就喜欢幻想和冒险，童年时酷爱读探险家的故事，很多著名探险家成了他心中的偶像，特别是英国探险家约翰·富兰克林为开辟"西北航道"牺牲在去往北极途中的故事，给小魏格纳带来了很大的震撼。

要成为一名探险家，必须要有强壮的体魄，但魏格纳从小就体弱多病，隔三岔五感冒发烧。为了早日实现自己的探险梦，他开始进行严格的体能训练，比如用凉水冲澡、在天寒地冻中穿着单衣跑步、在冰冷的湖水中游泳，在炎热的夏季背着砂石包长途跋涉几十千米。他还特意选择崎岖的路段滑雪，摔倒了再爬起来，奋力向前，直至目的地。

由于父亲的阻止，魏格纳没能在高中毕业后加入探险队，而是进入大学学习气象学。1905年，他以优异的成绩获得了气象学博士学位，而后致力于高空气象学的研究。

1906年，魏格纳和弟弟参加了**探空气球**比赛，两人操纵的高空气球在空中连续飞行五十二小时，打破了当时的世界纪录。这年夏天，魏格纳终于实现了少年时代的梦想，加入了著名的丹麦探险队，到格陵兰岛从事气象和冰川调查工作。在那里，他度过了两年艰辛的探险生活。格陵兰岛巨大冰山的缓慢运动给他留下了极其深刻的印象，也为他后来面对世界地图迸发的联想无形中做了铺垫。

1910年秋天，魏格纳得了重感冒，住进医院。住院的那几日秋雨绵绵不断，使人心烦意乱。魏格纳性格豪放，天性好动，对他而言，这整洁宁谧的病房就像牢笼一般，让他坐卧难安。无聊之余，病房墙壁上的一张地图引起了他的兴趣，他常常看着地图出神，有时候还会站起来，用食指在地图上画着各个大陆的海岸线，借此消磨时光。他画完了

> **探空气球：**
> 把探空仪携带到高空，以进行温度、气压、湿度和风向等气象探测的气球。

大洋洲，又画南极洲；画完了非洲，又画南美洲。突然，他的手指慢了下来，停在地图上南美洲巴西的一块凸出的部分，眼睛却盯住非洲西海岸直角凹进去的部分。大西洋两岸的轮廓竟能这般不可思议地吻合！（同学们可以找一张世界地图看一下）

魏格纳顿时来了精神，他继续仔细观察。果然，巴西东海岸的每一个凸出部分，都能在非洲西海岸找到形状相似的海湾；同样，巴西的每个海湾也能在非洲找到相应的凸出部分，把它们拼在一起，简直就是一块完整的大陆。于是，这位年轻人的脑海里有了一个大胆的奇想：在太古时代，非洲大陆与南美洲大陆是贴合在一起的，它们之间并没有大西洋，后来因为不断破裂、漂移，才分割开的，而且这种现象也许不仅仅是非洲和南美洲特有的，而是所有的大陆板块都如此。这就好比两张破碎的报纸，如果按照其毛边可以拼接起来，报纸上的文字也正好整齐契合，那这两张纸原来必定是连在一起的。

很快，魏格纳就把自己的发现和想法告诉了著名科学家柯彭教授。教授肯定了他的假想，但也规劝魏格纳要谨慎，因为在他之前已有很多科学家提起过这种假设，但都没有足够的证据加以证明。而且当时比较权威的说法是

"海陆固定说",魏格纳提出的这一想法势必会挑战权威,论证起来还将涉及地质学、古生物学、古气候学等,绝非易事,所以教授劝他打消念头,不要为此枉费心思。

但魏格纳不是一个轻言放弃的人,他开始在各大洲之间的联系和对比中进行考察,在浩如烟海的资料中寻找大陆漂移的证据。一次,他在一份资料上查到,有一种叫中龙的远古时代爬行动物,其遗迹既见于巴西东部,也见于非洲西南部,这证实了南美洲和非洲大陆上的古生物化石有一定的相似性。显然,这些动物当时生活在同一块大陆上,否则,它们即使插上翅膀也难以飞渡重洋。这个重要的发现大大鼓舞了魏格纳,他充满信心,又做了很多考证工作。

1912年,在法兰克福召开的地质学会上,魏格纳作了题为《大陆与海洋的起源》的演讲,提出了关于大陆漂移的假设,在地质界引起了一场轩然大波,有人为之鼓掌喝彩,也有人认为这是奇谈怪论,甚至开玩笑说"这只是一个大诗人的梦而已"。魏格纳并没有因此而停住脚步,反而愈加充满了继续探索的勇气。而后,魏格纳又进行了跨格陵兰岛的深度考察,积累了丰富的第一手资料,为"大陆漂移说"提供了大量科学依据。

格陵兰岛：
世界上最大的岛屿，位于北美洲东北方，北冰洋和大西洋之间。全岛终年严寒，是典型的寒带气候。沿海地区夏季气温可达零摄氏度以上，内陆部分则终年冰冻。

  为了找到更多证据，1930年4月，魏格纳率领一支探险队迎着北极的暴风雪，第四次深入格陵兰岛进行考察。面对-65℃的酷寒天气，很多人失去了前行的勇气，只有他和另外两个追随者继续前进，终于胜利到达了中部的爱斯密特基地。

  11月1日，魏格纳在庆祝完自己的五十岁生日后，再次冒险返回海岸基地。这一天，格陵兰岛风雪漫天，气温低至-40℃，在白茫茫的冰天雪地里，魏格纳奋力前行，他坚定而又充满自信，一步步向真理迈近。不幸的是，因为过度劳累导致心力衰竭，魏格纳最终倒在了哀号的风雪中，再也没有苏醒过来。

(六年级下册)

真理诞生在一百个问号之后

这篇课文的作者叶永烈是著名的科普文艺作家、报告文学作家,也是《十万个为什么》的作者之一。此文是一篇科学杂文,通过波义耳、魏格纳等科学家的故事来阐明自己的观点:真理诞生在一百个问号之后。全文条理清晰,通俗易懂,字里行间闪烁着知性之美、智慧之美。来看课文:

有人说过这样一句话:真理诞生于一百个问号之后。其实,这句话本身就是一个真理。

文章开篇,作者开门见山提出观点,接下来是怎么证明这一观点的呢?

纵观千百年来的科学技术发展史,那些在科学领域有所建树的人,都善于从细微的、司空见惯的现象中发现问题,不断发问,不断解决疑问,追根求源,最后把

"?"拉直变成"!",找到真理。

　　这一段总体论证:可以说几乎所有对这个世界的探求都是从问号开始的,只有打破砂锅问到底,锲而不舍地追根求源,找到答案,才能最终发现真理。接下来通过典型事例来阐述,第一个提到的是著名化学家波义耳。

　　波义耳是17世纪英国著名的化学家。一天,他急匆匆地向自己的实验室走去,路过花圃时,阵阵醉人的香气扑鼻而来,他这才发现花圃里的花已经开了。他摘下几朵紫罗兰插入一个盛水的烧瓶中,然后开始和助手们做实验。不巧的是,一个助手不慎把一滴盐酸溅到了紫罗兰上,爱花的波义耳急忙把冒烟的紫罗兰冲洗了一下,重新插入花瓶中。谁知过了一会儿,溅上盐酸的花瓣竟奇迹般地变红了。波义耳立即敏感地意识到,紫罗兰中有一种物质遇到盐酸会变红。那么,这种物质到底是什么?别的植物中会不会有同样的物质?别的酸对这种物质会有什么样的反应?这一奇怪的现象以及一连串的问题,促使波义耳进行了许多

烧　瓶:
实验室中使用的有颈玻璃器皿,用来盛液体物质。

盐　酸:
无色透明的液体,有强烈的刺鼻气味,具有较高的腐蚀性。

实验。由此他发现，大部分花草受酸或碱（jiǎn）的作用都会改变颜色，其中以石蕊地衣中提取的紫色浸液最明显：它遇酸变成红色，遇碱变成蓝色。利用这一特点，波义耳制成了实验中常用的酸碱试纸——石蕊试纸。从那以后，这种试纸一直被广泛应用于化学实验中。

第二个事例是探险家魏格纳。

无独有偶。20世纪初的一天，因病住院的德国气象学家魏格纳正无聊地看着墙上的世界地图，突然发现南美洲东海岸的凸出部分与非洲西海岸的凹陷部分，竟然不可思议地互相吻合！魏格纳被自己偶然的发现惊呆了。这不会是一种巧合吧？他将地图上的一块块陆地作了比较，结果发现，从海岸线的情形看，地球上所有的大陆都能较好地吻合在一起。病愈之后，魏格纳开始认真地研究这个有趣的现象。他阅读了大量的相关文献，同时搜集古生物学方面的证据。他注意到，一位名叫米歇尔逊的生物学家发现，在美国东海岸有一种蚯蚓，欧洲西海岸的同纬度地区也有这种蚯蚓，而在美国西海岸却没有这种蚯蚓。魏格纳认为，这种蚯蚓的分布情况正说明，欧洲大陆与美洲大陆本来是连在一起的，否则，蚯蚓即使是插上翅膀也难以飞渡重洋。1915年，魏格纳系统整理了他的"大陆漂移学说"，出版了《海陆的起源》一书，在地质学界产生了重大影响。

第三个事例是睡眠研究专家阿瑟林斯基。

更有趣的是一位名叫阿瑟林斯基的俄裔（yì）美国睡眠研究专家。一次，他发现儿子在睡觉的时候，眼珠忽然转动起来。他感到很奇怪：为什么睡觉时眼珠会转动？这会不会与做梦有关？会是什么关系呢？阿瑟林斯基带着一连串的疑问，对自己八岁的儿子进行了实验，结果表明：脑电波的变化与做梦有关。接着，他又对二十名成年人进行了反复的观察实验，最后得出结论：睡眠中眼珠快速转动的时候，人的脑电波也会发生较大的变化，这是人最容易做梦的阶段。阿瑟林斯基的研究成果，成为心理学家研究做梦的重要依据。

在科学史上，这样的事例还有很多，这说明科学并不神秘，真理并不遥远。只要你见微知著，善于发问并不断探索，那么，当你解决了若干个问号之后，就有可能发现真理。

当然，见微知著、善于发问并不断探索的能力，不是凭空产生的。正像数学家华罗庚说过的，科学的灵感，绝不是坐等可以等来的。如果说科学领域的发现有什么偶然的机遇的话，那么这种"偶然的机遇"只会给那些善于独立思考的人，给那些具有锲（qiè）而不舍精神的人。

波义耳从"溅上盐酸的花瓣竟奇迹般地变红"这一现象中提出问题，然后不断实验，制成了石蕊试纸；魏格纳无意中看到地图上"南美洲东海岸的凸出部分与非洲西海岸的凹陷部分的大陆板块竟不可思议地互相吻合"，继而提出假设，然后不断收集资料，进一步考察，提出大陆漂移说；阿瑟林斯基从"儿子做梦时眼珠转动"这个现象，经过反复观察和分析，推断出凡睡者眼珠转动时都表示在做梦的普遍规律。而这几个人的共同之处都是善于观察、善于发问、不断探索。三个事例都是很平常的事情，却都从中发现了真理。所以作者接着总结道：科学并不神秘，也不遥远，关键在于见微知著，不断探索，善于独立思考，具有锲而不舍的精神。全文首尾呼应，结构严谨，令人信服，给人以启迪和思考。

锲而不舍 qiè ér bù shě

释义 雕刻一件东西，一直刻下去不放手，比喻做事情坚持到底，不半途而废。也形容有恒心，有毅力。

例句 能否做成学问，除必要的天赋外，很大程度取决于有无锲而不舍的精神。

近义词 持之以恒　坚持不懈

反义词 半途而废　知难而退

成语典故

荀子在《劝学》中用镂刻金石来说明学习一定要持之以恒的道理。他写道："锲而舍之，朽木不折；锲而不舍，金石可镂。"这句话的意思是如果镂刻而不能坚持下去，就连朽木也不会被折断；但若一直坚持不停地镂刻，就是金属、石头也会被镂穿。荀子在此告诫人们：学习知识是一个由少到多、日积月累的过程，高深渊博的学识是一点一滴积累而成的，所谓"不积跬步，无以至千里；不积小流，无以成江海"。所以人们学习时一定要有锲而不舍的精神，只有坚持不懈，才能取得成功。

名人轶事

大陆漂移说

1911年，魏格纳开始搜集资料，验证自己的设想。他首先追踪了大西洋两岸的山系和地层，结果令人振奋：北美洲纽芬兰一带的褶皱山系与欧洲北部的斯堪的纳维亚半岛的褶皱山系遥相呼应，暗示了北美洲与欧洲以前曾经"亲密接触"；美国阿巴拉契亚山的褶皱带，其东北端没入大西洋，延至对岸，在英国西部和中欧一带复又出现；非洲西部的古老岩石分布区可以与巴西的古老岩石区相衔接，而且二者之间的岩石结构、构造也彼此吻合；与非洲南端的开普勒山脉的地层相对应的，是南美的阿根廷首都布宜诺斯艾利斯附近的山脉中的岩石。

除了大西洋两岸的证据，魏格纳甚至在非洲和印度、澳大利亚等大陆之间，也发现有地层构造之间的联系，而这种联系都限于中生代之前，即2.5亿年以前的地层和构造。

　　沉浸在喜悦中的魏格纳又考察了岩石中的化石。在他之前，古生物学家就已发现，在目前远隔重洋的一些大陆之间，古生物面貌有着密切的亲缘关系。例如，中龙是一种小型爬行动物，生活在远古时期的陆地淡水中，它既可以在巴西石炭纪到二叠纪形成的地层中找到，也出现在南非的石炭纪、二叠纪的同类地层中。更有趣的是，有一种庭园蜗牛，既发现于德国和英国等地，也分布于大西洋对岸的北美洲。蜗牛素以步履缓慢著称，难道有本事跨过大西洋的千重波澜，从一岸传播到另一岸？当时没有人类发明的飞机和舰艇，甚至连鸟类还没有在地球上出现，蜗牛是怎么过去的？再来看一看植物化石——舌羊齿，这是一种古代的蕨类植物，广布于澳大利亚、印度、南美洲、非洲等地的晚古生代地层中。植物没有腿，也不会游泳，如何漂洋过海的？

　　为解释这些现象，魏格纳之前的古生物学家曾提出"陆桥说"，他们设想在这些大陆之间的大洋中，一度有狭长的陆地或一系列岛屿把遥远的大陆连接起来，植物与动物通过陆桥远涉千万里，到达另外的大陆。后来这些陆桥沉没消失了,各大陆被大洋完全分隔开来。这种观点被称为"固定论",即大陆与海洋是固定不动的。而魏格纳的解释则是"活动论",各大陆之间古生物面貌的相似性,并不是因为它们之间曾有什么陆桥相连,而是由于这些大陆本来就是直接连在一起的,到后来才分裂漂移,各奔东西。固定论与活动论的争论,与火成论与水成论的争论、渐变论与灾变论的争论一道,被人们称为地质学三大论战。